77 Everyday Verbs for Mastering English Conversation

get/give/take/go/come/do/be/have/make/know/like/prefer/let/keep/put/hold/bring/call/see/hear/listen/want/say/tell/speak/talk/leave/run/break/start/begin/help/ask/answer/think/work/feel/turn/check/need/mean/stand/fall/stop/stay/move/believe/set/mind/find/lose/forget/remember/pay/try/wait/hope/wish/send/finish/end/use/hand/meet/hang/show/play/save/spend/teach/learn/drop/catch/cut/hit/charge/cost/worry/care/eat/drink/cook/pass/follow/plan/prepare/pick/choose/decide/buy/sell/deal/afford/belong/apologize/excuse/thank/appreciate/change/remain/lend/borrow/owe/fill/file/fit/fix/lie/lay/pull/draw/ruin/risk/hurt/expect

英会話のための基本動詞完全マスター

E&C［著］

IBCパブリッシング

カバーデザイン　菊池　祐
編 集 協 力　株式会社エスクリプト、株式会社オフィスLEPS
翻 訳 協 力　久松紀子、鄭美羅

まえがき

基本動詞を楽しく学んで、ネイティブ感覚に近い英会話をマスターしましょう！

ネイティブスピーカーと流暢に英語で話すことは、読者の皆様も含め、英語学習者が心から願っていることだと思います。その願いを叶えてくれるのが、本書で学習する「基本動詞」という存在です。基本動詞とは、日常的に最もよく使われる単語で、毎日の生活のさまざまな場面で役に立ちます。基本動詞をマスターすることで、英語の自然な表現力を身につけ、豊かなコミュニケーションを実現することができるのです。

すべての言語は便利さを追求しており、ネイティブは日常生活で多くの基本動詞を使い分けています。基本動詞をベースにした表現は、私たちの想像をはるかに超えています。例えば、examineの代わりにgo overを使ったり、returnの代わりにgive backを使ったり、improveの代わりにget betterを使ったりと、基本動詞を活用した表現は数え切れないほどあるのです。基本動詞は、英会話の中心であり、不可欠な単語なのです。

『英会話のための基本動詞完全マスター』は、英会話を学ぶ人々にとって非常に貴重なリソースです。本書を通じて、英語の基礎をしっかりと固めるだけでなく、英会話の核心に迫ることができます。基本動詞は英会話の鍵となる存在であり、それをマスターすることで会話の幅が広がり、自信を持って英語を話すことができるようになります。

本書では、実践的に基本動詞を学ぶための例文が豊富に掲載されています。日常会話で頻出する表現や慣用句も幅広く取り上げられています。仕事や学校、家庭や趣味など、さまざまなシーンで使われる表現を網羅的に学ぶことができます。そして、基本動詞を使った表現を習得することで、より自然な英語の会話が可能になります。

この本を通じて基本動詞を学ぶことは、英会話の道を進む上で非常に賢明な選択です。楽しく基本動詞を学びながら、英会話の扉を開きましょう。英会話は遠い存在ではありません。私たちの身近なところで、その答えを見つけることができます。この本が、あなたが英会話のスキルを向上させ、自信を持ってコミュニケーションを取る手助けとなることを願っています。

本書の特徴

本書は、ネイティブが日常会話で頻繁に用いる50の基本動詞とさらに覚えておきたい27の動詞を中心に、1,000を超える動詞句と慣用表現を収録しています。

Section 1　基本動詞50（Basic Verbs 50）

ネイティブが日常的に頻繁に使用する50の基本動詞に基づき、実生活で欠かせない動詞表現を体系的に整理しました。

Section 2　さらに覚えておきたい基本動詞27（More Basic Verbs 27）

Section 1の50動詞に加えて、さらに覚えておきたい頻出動詞を集めました。

音声

各動詞の表現と例文を、各項目ごとにQRコードからスマートフォンなどで聞くことができます。

● 音声一括ダウンロード ●

本書の朗読音声（MP3形式）を下記URLとQRコードから無料でPCなどに一括ダウンロードすることができます。

https://ibcpub.co.jp/audio_dl/0764/

※ダウンロードしたファイルはZIP形式で圧縮されていますので、解凍ソフトが必要です。

※MP3ファイルを再生するには、iTunesやWindows Media Playerなどのアプリケーションが必要です。

※PCや端末、アプリケーションの操作方法については、編集部ではお答えできません。付属のマニュアルやインターネットの検索を利用するか、開発元にお問い合わせください。

Section 1 基本動詞50

Section 2　さらに覚えておきたい 基本動詞27

Section 1

Basic Verbs 50

基本動詞50

get
give
take
go
come
do
be
have
make
know
like/prefer
let
keep
put
hold
bring
call
see
hear/listen
want
say
tell
speak
talk
leave
run
break
start/begin
help
ask/answer
think
work
feel
turn
check
need
mean
stand
fall
stop
stay/move
believe
set
mind
find/lose
forget/remember
pay
try
wait
hope/wish

幅広い表現に使える基本動詞

get

getだけで会話ができると言われるくらい、幅広い用途と意味を持つ動詞です。文脈によってobtain「手に入れる」、catch a vehicle「乗る」、reach「到着する」、understand「理解する」などさまざまな意味になります。また、haveやmakeと同様に「～させる」という意味の使役動詞としても使われます。get+過去分詞で「～になる」、be+過去分詞で「～である」。

1. もらう（receive）、得る（obtain）、（賞罰、点数などを）受ける、買ってあげる

I got an e-mail from her yesterday. 昨日、彼女からメールを受け取った。

She got me a cell phone for my birthday. 彼女は私の誕生日に携帯電話を買ってくれた。

2. 到着する、至る、理解する

Will you get home okay? ちゃんと家に帰れる？

She didn't get the joke. 彼女はその冗談を理解しなかった。

3. get（*something*）＋形容詞［過去分詞］　～になる、…を～させる

He just got married. 彼は結婚したばかりだ。

Let's get started. さあ、始めよう。

Don't get me wrong. 誤解しないでね。

4. get *something*+過去分詞［*someone* to do］　～させる

I have to get my car fixed. 車を修理してもらわないと。

She got me to leave. 彼女は私を帰らせた。

get *someone* （人）を連れてくる、～に連絡する

getの後に人が来る場合、文脈によってさまざまな意味になります。giveのように電話を代わってほしいときに使われるほか、「～と連絡をとる」「～を逮捕する」など、状況に応じてさまざまな意味で使われます。

Please **get** me **Susan**.
スーザンを連れてきて。

You can **get me** on the phone.
君は僕に電話で連絡をとることができるよ。

The police finally **got her**.
警察はついに彼女を逮捕した。

Give me **Rick** in sales, please.
営業のリックにつないでちょうだい。

A: Sam wants help with his computer.　サムがコンピューターについて聞きたいことがあるって。

B: **Get Helga** on the phone. She'll help him.　ヘルガに電話して。彼女ならわかるわ。

get it [me, you] ～（物事、私、あなた）を理解する、～がわかる

getをunderstand「～を理解する」という意味で使うこともあります。I don't get it.はI don't understand it.のくだけた表現。itの代わりにyouを使って、I don't get you.とも言います。

I don't **get it**. Why are you late again?
どういうことだ。なぜまた遅刻したんだ？

I need to be with someone who **gets me**.
誰か私をわかってくれる人が必要だ。

You **got that right**. It's the best restaurant in town.
君はわかっているね。それは町で一番のレストランだよ。

A: Let me know if she likes me, okay?　彼女が僕のことを好きかどうか教えてくれない？

B: You **got it**.　わかったよ。

get the point　理解する

get itと同じくこの表現もgetをunderstand「〜を理解する」という意味で使っています。get the pointまたはget your pointは、相手の論点を理解しているという意味。また、get the pictureは全体的な文脈や状況を理解しているという意味になります。

Clearly you're not **getting the point**.
君は全く理解していないよ。

I **get the point**. I won't do that.
わかったよ。そんなことしないよ。

All right, I **get your point**.
ああ、君の言いたいことはわかるよ。

Now you're **getting the picture**.
やっと君は理解し始めているね。

I got it, Jill. I **get the picture**. I know what it means.
わかったよ、ジル。話が見えた。それが何を意味するかわかったよ。

A: Do you see what I'm trying to say?　僕が何を伝えようとしているかわかるかい？
B: I **get the picture**.　わかるよ。

get the idea　アイデアを思いつく、理解する、わかる

単独でget the ideaを使うと、「理解する」「わかる」という意味になりますが、get the idea from 〜の場合は、「〜からアイデアを得る」という意味で使われることがあります。また、get the wrong ideaと言うと「誤解する」という意味になります。

Where did you **get the idea** to do this?
これをするのに、どこからその発想が浮かんできたんだ？

I'm beginning to **get the idea**.
理解し始めているところだ。

She seems to **get the idea**.
彼女は理解しているようだ。

I just never **got the idea** that they were really happy.
彼らが本当に幸せそうなのが全く理解できないね。

A: Did you understand what I said?　僕が言ったことを理解したかい？
B: Oh sure, I **got the idea**.　もちろんわかったよ。

I'll get it.　理解する、(電話、家のベル等に) 出る、(ものを) 取る。

家のベルが鳴って「私が出ます」と言うときや、オフィスで電話が鳴り、同僚から Will you answer the phone?「電話に出てもらえますか？」と頼まれて「私が出ます」と言うときに使う表現。

Don't touch the phone! **I'll get it.**
電話に触らないで。僕が出るよ。

I'll get it. I guess it's for me.
わかった。これはたぶん僕宛だな。

Honey, I'm taking a shower. Would you **get that**?
ハニー、シャワーを浴びてるところなんだ。電話に出てくれないか？

Would you **get that** please? People have been calling to congratulate me all day.
電話に出てくれない？　みんな僕を祝おうと一日中電話をかけているんだ。

A: I think I hear the phone ringing.　電話が鳴っているみたい。
B: **I'll get it**. You stay here and relax.　僕が出るよ。ここでくつろいでていいよ。

get *one's* act together　準備を整える、しっかりする

直訳すると *one's* act「人の行為、行動」を get together「集める」するということで、つまり「てきぱきする、きちんとする」という意味になります。また、「元気を取り戻す」「気を引き締める」などの意味でも使われます。似た意味の表現として、get a grip「落ち着く」、get a life「元気を出す」、get real「真面目にやる」などがあります。

Get your act together.
しっかりしなさい。

Let me **get my act together.**
僕に準備させてください。

You have got to **get your act together.**
君はしっかりしないといけないよ。

A: Come on, **get your act together**.　さあ、準備するんだ。
B: But I'm just so tired today.　でも今日はとても疲れてるんだ。

get a minute [second]　時間がある

「少しの間(a minute)時間がある」という意味の表現。自分のために時間を割いてもらえるかどうかを相手にたずねるときによく使われる。a minuteの代わりにa second [sec] を使うことも多い。ちなみに、(for) a minute [second] だけで、「少しの間」という意味。

例文 Hey, Sam, you **got a minute**? I really need to talk to you.
やあ、サム、ちょっと時間あるかい？　君と話さなきゃならないんだ。

When you **get a minute** I'd like to talk about the case.
君に時間がある時に、その事例について話したいんだ。

Got a sec? We need to discuss the meeting schedule.
今時間ある？　ミーティングのスケジュールについて話し合わなきゃならないんだ。

Can I talk to you outside **for a second**?
外で少しの間、君と話せるかな？

A: Can I speak to you privately?　君と2人で話せるかな？
B: I'll be over when I **get a minute**.　時間ができたらすぐに行きます。

get the feeling ~　～のような感じがする、～な気がする

get the feelingは「～な感じがする、～な気がする」という意味。I get the feelingで「そんな気がする」。受けた感覚や感じた内容をより具体的に述べるときには、get the feeling that 主語＋動詞を使います。

I **get the feeling** he's more interested in computer games than me.
彼は私よりもコンピューターゲームに興味があるように感じる。

I've **got a feeling** he'll be back.
彼が戻ってくるような気がした。

I've **got a feeling** she will not show up.
彼女は現れないだろうと思った。

I started to **get the feeling** that my secretary is coming on to me.
僕は秘書が僕を誘惑しているような気がしてきた。

A: I **get the feeling** she is upset.　彼女は動揺しているようだね。
B: Yeah, she's been crying all day.　ああ、彼女は一日中泣いていたよ。

get a hold of ~　～と連絡を取る、～を理解する、～を持っている

「～をつかむ（わかる）」あるいは「～と連絡を取る」という意味の表現です。a hold をaholdと１語にすることもあります。get a hold of *oneself*は直訳すると「自分自身をつかむ」ですが、take it easy、calm down「落ち着く」「しっかりする」という意味になります。

I can't **get a hold of** him.
彼と連絡を取ることができないんだ。

Let's get her to the hospital. **Get a hold of** her parents.
彼女を病院に連れて行こう。彼女の両親に連絡して。

Would you **get a hold of** yourself?
しっかりしてくれませんか？

A: Can you **get a hold of** an umbrella?　傘を見つけられるかい？
B: I have one in my briefcase.　書類かばんの中に１つ入ってるよ。

get to *someone*　人を困らせる、イライラさせる、こたえる

見慣れない表現かもしれませんが、「～を困らせる」「～をイライラさせる」という意味です。「～に接近する」「～に近寄る」という意味でもよく使われます。

It's really **getting to me**.
それは本当に僕を困らせているよ。

I guess the stress is **getting to me**.
おそらく僕はストレスにやられているのだろう。

I'm stuck in traffic, and it is really starting to **get to me**.
渋滞に巻き込まれて、とてもイライラし始めている。

We've got plenty of time before they **get to me**.
彼らが来るまでにたっぷり時間がある。

A: The noise really **gets to me**.　雑音にイライラさせられるよ。
B: It's from the construction site.　工事現場から聞こえてくるね。

get mad [angry, upset]　怒る、頭にくる、動揺する

getがbecomeと同じ意味で使われている表現。get＋形容詞で「〜(の状態)になる」の意味になるので、get madは「怒る（怒った状態になる)」。getの代わりにbeを使うと「〜である」になり、be madで「怒っている」となります。

I promise I won't **get angry** anymore.
もう怒らないと約束するよ。

Don't worry, I'm not going to **get mad**.
心配しないで。怒らないから。

I think you'**re** still **angry** with me.
僕が思うに君はまだ僕に腹を立てているね。

Why **are** you **upset** with me? What did I do wrong?
なぜ君は僕に腹を立てているんだ？　何か間違ったことでもしたかい？

A: Don't **get mad** at your kids.　子どもに対して怒っちゃだめだよ。
B: They aren't studying hard enough.　彼らは一生懸命勉強していないんだ。

get better　良くなる

病気や事業の不振などから少しずつ回復する様子を表す表現で、進行形be getting betterで使われることが多い。反対の意味を表す表現はget worse「悪化する」。

I know it's tough now, but things will **get better**.
今大変なのは分かってるよ、でもきっとうまくいくさ。

I kept hoping things would **get better**.
僕は物事が良くなることを願い続けていた。

We think the baby's **getting better**.
赤ちゃんの体調は良くなっていると思うよ。

I'm **getting better** every day.
日に日に良くなっているよ。

I was too depressed. It just kept **getting worse** and worse.
僕はあまりにも落ち込んでいた。それはますます悪くなるばかりだった。

A: I will let you know if she's **getting better**.　彼女が良くなったら、君に知らせるよ。
B: I hope she gets better soon.　すぐ良くなるといいね。

get caught 捕まる、巻き込まれる

get caughtは「捕まる」で、get caught up in ～「～に巻き込まれる、～で動けなくなる」は夕立ちや渋滞などといった好ましくない状況に遭ったときに使う表現。get stuckは「動けなくなる」。

I **got caught** speeding.
私はスピード違反で捕まった。

We **got caught** in the storm at the lake.
私たちは湖で嵐に巻き込まれた。

I **got caught** cheating in the class.
授業中にカンニングしたのがばれちゃったよ。

I **got stuck** in traffic this morning.
今朝、渋滞に巻き込まれた。

A: How come you're late? なぜ遅刻したの？
B: I **got caught** in traffic. 渋滞に巻き込まれたんだ。

get married 結婚する

get [be] married to *someone*で「～と結婚する」という意味。

Are you really **getting married**?
あなたは本当に結婚するのですか？

I **was married to** Barbara for 30 years.
私はバーバラと30年間結婚生活を送った。

Jim wants to **stay married to** her because he loves her.
ジムは彼女を愛しているので、彼女と結婚したままでいたい。

A: Why don't we **get married**? 僕たち結婚しない？
B: Never. That's out of the question. ありえない。問題外よ。

get going [started] 出発する、始める

get going [started] はstart「出発する」、leave「去る」、start working on「〜に着手する」という意味です。Let's get going.「始めよう」、あるいはI have to get going.「行かなければ」という表現でよく使われます。

Come on, honey! Let's **get going**.
さあ、ハニー！　出発しよう。

Let's **get started** on the wedding plans!
結婚式の計画にどんどん取り掛かろう。

I've got to **get started** on my speech!
スピーチを始めないと！

She's really interested in what you **got going on**.
彼女は君が始めたことに興味津々だよ。

Whatever you **got going on**, fill me in.
君がどんなことを始めようと、僕に詳しく教えてくれよ。

A: Let's **get going**.　さあ、出発しよう。
B: Where do you want to go?　どこに行きたい？

get *someone* [*something*] ＋前置詞句 （人、もの）を（前置詞句）の状態にさせる

getの幅広い用法のひとつです。get＋*someone* [*something*] ＋副詞・前置詞句で「*someone* [*something*] を〜の状態にする」という意味。文脈や状況によって、意味をとらえる必要があります。

I promise to **get you out of here** as quickly as possible.
僕はできるだけ早く君をここから出すことを約束するよ。

We have to **get her to** a hospital.
僕たちは彼女を病院に連れて行かなきゃ。

She **got me in** this room.
彼女は私をこの部屋に入れた。

She can **get you in** trouble. You'd better stay away from her.
彼女は君をトラブルに巻き込むかもしれない。彼女から離れていた方がいいよ。

The subway will **get you to** the museum.
この地下鉄に乗れば、博物館に行くことができます。

A: **Get Tina to** a hospital quickly.　早くティナを病院に連れて行って。
B: Did she have an accident?　事故に遭ったのかい？

Don't get me wrong. 誤解しないでよ。

意図せず相手の気に障ることをしてしまったり、相手の誤解を招く状況になってしまったりしたとき、Don't misunderstand me「誤解しないで」という意味で使う表現です。

Don't get me wrong, I'd love to work with you.
思い違いをしないで、心から君と仕事をしたいと思っているよ。

Don't get me wrong, but you look awful.
悪く思わないでね、でもあなたはひどい顔だわ。

Don't get me wrong. I just like the kissing.
誤解しないでよ。キスが好きなだけ。

A: Do you really hate my shoes? 君は本当に僕の靴が嫌いなのか？
B: **Don't get me wrong.** I think they're OK. 誤解しないで。靴は問題ないよ。

get it done 終わらせる、やっておく

getを使役動詞「〜させる」という意味で使った表現で、get + *someone* [*something*] +過去分詞で「*someone* [*something*]を〜させる」。get it [this] doneで「それ[これ]を終わらせる」となる。Please get it [this] done by 〜「いつまでにそれ[これ]を終わらせて」という表現でもよく使われる。

Don't worry. I will **get it done** for you.
心配しないで。私が君の分もやっておくから。

Please **get it done** by the afternoon.
午後までにそれを仕上げておいてください。

We'd like to **get this thing done** today.
私たちは今日中にこれを終えたい。

A: Please **get it done** right away. すぐにそれを終わらせてよ。
B: Don't worry, you can count on me. 心配しないで。僕を信頼してくれていいよ。

get together　集まる、会う

meet「〜に会う」と同じ意味の句動詞ですが、特に親しい人とお酒を飲んだり食事をしたりするために会うときに使います。名詞形はget-together「集まり、パーティー」。

We should **get together** more often.
私たちはもっと頻繁に集まるべきだ。

Are we going to **get together** this weekend?
今週末は集まる？

I have to **get together** with my mother. It's her birthday.
僕は母と会わなくちゃならないんだ。彼女の誕生日だからね。

Let's **get together** (sometime).
（ときどき）会おう。

A: Let's **get together** at 3 o'clock in my office.　僕のオフィスで3時に会おう。
B: That'll be fine. See you then.　了解。じゃあまたその時にね。

get in touch with　（人）と連絡を取る

「〜と連絡をとる」または「〜に電話をする、手紙を書く」という意味。keepを使ってkeep in touch withというと「継続して連絡をとる」という意味が強く、get in touch withは一時的な行為に焦点を置いています。get in touch with *something*は「〜を理解する、実情に通じる」という意味なので注意しましょう。

Where can I **get in touch with** her?
どこで彼女に連絡を取ることができるの？

Let's **get [keep] in touch**!
連絡を取り合おうよ！

Where can I **get in touch with** you tomorrow?
明日、どこであなたと接触することができますか？

I tried to **get in touch with** you.
僕は君に連絡しようとしたんだ。

A: I heard you talking on the phone.　僕は君が電話で話していたのを聞いたよ。
B: Your mom was trying to **get in touch with** you.
君のお母さんが君と連絡を取りたがっていたよ。

More Expressions

■ **get nowhere** らちが明かない
This is getting us nowhere!
これではらちが明かないよ！

■ **get in the way** 妨げになる
I don't want to get in the way.
僕は邪魔をしたいわけじゃないんだ。

■ **get away (from)** 休憩を取る、～から離れる
I'm glad you were able to get away today.
今日は休みが取れてよかったね。

■ **get back to work** 仕事に戻る
I'd like to get back to work as soon as I can.
できる限り早く仕事に戻りたいと思う。

■ **get into** 参加する、入る
I will never get into medical school.
僕は絶対に医学部には入れないだろう。

■ **get ahead** 進歩する、昇進する
Don't get ahead of yourself.
先走りするなよ。

■ **get by** 通り過ぎる、何とか生きていく
Could I get by please?
通り抜けても良いですか？

■ **get on *one's* nerves** （人）の神経に障る、イライラさせる
It's getting on my nerves.
それは私をイライラさせる。

■ **get up** 起床する
I got up at 6:30, like I usually do to feed Mary.
私はメアリーに食事を与えるために、ふだん通り6時30分に起きた。

■ **get the sack** クビになる
Do you think he'll get the sack?
彼はクビになると思う？

■ **get wind of** （うわさなど）をかぎつける
I got wind of it.
そのうわさをかぎつけた。

■ **get a crush on ~** ～に熱をあげる、好きになる
I've got a crush on you.
僕は君が好きになった。

■ **get [have] a thing for ~** （人）に気がある、惹かれている
He has (got) a thing for her.
彼は彼女が気になっている。

■ **get a move on (~)** ～を急ぐ、始める
I'd better get a move on it.
急がなくちゃ。

■ **get cold feet** おじけづく、ためらう
What's the matter? Are we getting cold feet?
どうしたっていうんだ？　おじけづいているのか？

■ **get back on *one's* feet** （病気などから）回復する
I'm getting back on my feet.
僕は回復してきているよ。

■ **get the hang of ~** ～のコツをつかむ
You'll get the hang of it.
君はすぐコツをつかめるさ。

■ **get [take] the hint** ヒントに気づく
I get the hint.
僕はヒントに気づいている。

■ **get＋交通手段** （車など）を呼ぶ、に乗る
Please get an ambulance.
救急車を呼んでください。
Where can I get a taxi?
どこでタクシーに乗ることができますか？

■ **get help** 助けを呼ぶ
We got to get help.
私たちは助けを呼ばなくてはならない。

■ **get *one's* own way** 好きなようにする
What a bitch! She always gets her own way.
なんてやつだ！　彼女はいつもやりたい放題だ。

■ **get even with ~** （人）に仕返しをする
Did you get even with him yet?
もう彼に仕返しをしたかい？

give

giveはgetと違い、単純に「人に〜をあげる」という意味で使われる動詞ですが、広い範囲でgetが同義語として使われます。第4文型give *someone something*でよく使われますが、第3文型ではtoを使ってgive *something* to *someone*となることに注意しなければなりません。動作動詞の名詞形を目的語にしたさまざまな熟語（例：give a call）があります。

1. （…に）〜をあげる、与える

I gave Susan the necklace.　私はスーザンにそのネックレスをあげた。
That gives me an idea.　それのおかげで私はあるアイデアを思い付いた。

2. give＋動作名詞　〜する

Could you give me a hand?　手を貸してくれませんか？
I'll give her a chance.　僕は彼女にチャンスを与えるだろう。

3. （パーティー、会議などを）開いてあげる

Let's give a party for her.　彼女のためにパーティーを開こう。
Shouldn't we give a party for him?　僕たちは彼のためにパーティーを開くべきじゃないかな？

give (*someone*) a hand　（人）に手を貸す、手伝う

give (*someone*) a callと同様に、give *someone*の後にa (an) ＋名詞を続ける形の表現。a handは「人手」という意味で、give *someone* a handで「～を手伝う」。具体的に何をして手伝うのかについては、give *someone* a handの後に-ingやwith+名詞を使って表します。

Give me a hand with the homework or I'm dead!
宿題を手伝ってよ、じゃないと死んじゃう！

Do you think you can give me a hand today?
今日手伝ってもらえるかな？

Give me a hand with this, Tom.
トム、これをやるのに手を貸して。

Can you give me a hand with this box?
この箱を運ぶのを手伝ってくれない？

A: Could you give me a hand?　手伝ってくれませんか？
B: What do you need?　何をしてほしいんだい？

give (*someone*) a chance　（人）に機会を与える

同様に、give *someone*の後にa (an) ＋名詞を続ける形の表現。give (*someone*) a chanceで「～にチャンスを与える」。chanceの代わりにopportunityも使います。何をするためのチャンスかを具体的に述べるときは、chance [opportunity] to+動詞を使います。

You have to give me a chance to explain.
君は僕が説明する機会を設けなければならない。

Won't you give me just one more chance?
もう一回だけやらせてくれない？

I'll give you another chance.
もう一回やっていいよ。

I'm going to give you an opportunity to do that.
僕は君がそれをするチャンスを与えようと思う。

A: Bob did a poor job while working.　ボブは勤務中仕事ぶりが悪かった。
B: Give him a chance. He'll improve.　彼にチャンスをあげて。よくなるから。

give (*someone* [*something*]) a try （人）に〜を挑戦させてやる、（もの）を試す

give (*someone* [*something*]) a tryで「〜を試す」「〜にやらせてみる」。give it a tryは、成功するかどうかはわからないが「試しにやってみる」という意味になります。このtryは「試し」という意味で、代わりにshotを使いGive it a shot.というと「（思い切って）やってみる」となります。

例文 I'm willing to **give it a try**.
ぜひ挑戦したいと思っています。

I'll **give them a try**.
試してみますね。

Why don't you **give it a try** right now?
すぐに挑戦してみたらどう？

Give it a try [shot]！
試しにやってごらん！

Let's **give it a try**.
試しにやってみようよ。

A: My stomach is always hurting these days. ここのところずっとおなかが痛いんだ。

B: **Give this** medicine **a try**. この薬を使ってみて。

give (*someone*) a ride （人）を乗せてあげる

give (*someone*) a rideは「〜を車に乗せてあげる」。a rideの代わりにa liftもよく使われます。また、giveの代わりにgetを使うと「車に乗る」、offerを使うと「車に乗せようと申し出る」という意味になります。

How about I **give you a ride** home?
家まで乗せて行ってあげようか？

I'll **give you a ride** on my way home.
家に帰るついでに送っていってあげるよ。

Can I **get a ride** with you to the hospital?
病院まで乗せてってくれない？

A: How did they get to the theater? 彼らはどうやって劇場に行ったの？

B: Rob **gave them a ride** in his car. ロブが車に乗せてやったんだ。

give *someone* [*something*] a break

（人）に休憩を与える、（人）を大目に見る、（Give it a breakで）落ち着けよ

a break「小休止、中断、休暇」は何かをしているときに、少し休んだり、止めたりすることを表す。give *someone* a breakで「～に休憩を与える」「～を大目に見る」という意味があります。Give me [it] a break!「いい加減にして！」「勘弁してくれ」はとんでもない話をしたり、考えられない行動をする人に対してよく使う会話表現。

He needs to **give himself a break**.
彼は自分自身に休憩を与える必要があります。

Give me a break. I haven't done this before.
ちょっと待ってよ。こんなの初めて。

Oh, **give me a break**. I had only 10 minutes to prepare for this.
ああ、勘弁してくれ。10分間しか準備する時間がなかったんだ。

Give it a break [rest]！
黙れ！

A: Can I see your license, please?　免許証を見せてもらえる？
B: Please **give me a break**.　大目に見てよ。

give (*someone*) *one's* word　（人）に約束する

give *someone one's* wordは「～に約束する」という意味で、I give you my word.で「私はあなたに約束する」となります。I'll promise you.と同じ意味。take *one's* wordは「～の言葉を信じる」。

I **give you my word** that I will not touch her.
彼女に手を出さないと約束するよ。

I will **give you my word** that I'll do what I can.
僕ができる限りのことはすると誓うよ。

Can you **give me your word** that Jack can be trusted?
ジャックは信用できると言い切れる？

A: Do you think Ralph finished the report?　ラルフはレポートをやり終えたと思う？
B: He **gave me his word** it would be completed.　彼は終わらせると僕に約束したよ。

give *someone* a hard time

（人）をつらい目に遭わせる、責める、～の手を焼かせる

give *someone* a hard timeは文字通り「～に大変な時を与える」という意味で、「～をつらい目に遭わせる」「～の手を焼かせる」「～を困らせる」ということ。give *oneself* a hard timeは「自分を責める」となります。

Why did you **give me such a hard time**?
なぜ僕をそんなにつらい目に遭わせたんだ？

I guess you like to **give me a hard time**.
君は僕を困らせるのが好きみたいだね。

Please don't **give me a hard time**.
僕を責めないでよ。

Don't **give yourself too hard time**.
自分をあまり責めるなよ。

A: Your clothes are really ugly today.　今日の服のセンスはひどいね。
B: Come on, don't **give me a hard time**.　頼むよ、からかわないでよ。

give *something* some thought

（もの）について考える、検討する

give *someone* a hard timeと同じく、give A Bを使った表現で、「～について考える、検討する」という意味です。よく使われる表現、I've been giving [I've given] it some thought「ちょっと考えてみたけれど」。

The teacher looked back and **gave it some thought**.
先生は振り返って、そのことを考えてみた。

You should **give it some thought**.
君はそれを少し考えた方がいいよ。

I'll **give it some thought**.
それについて考えてみるよ。

A: I can offer you a job in London.　君にロンドンでの仕事を紹介できるんだ。
B: I must **give it some thought** before I take it.　受ける前に少し考えてみないと。

give *someone* some time　(人)に時間・猶予を与える

give *someone* some timeは「～に時間を与える」という表現。漠然とした時間を与えるならsome time、もう少し長く時間を与えるならmore time。a few weeksやa monthを使って具体的な期間を表すこともできます。何をするための時間かを具体的に述べるには、時間の後にto+動詞を続けます。

例文

I just need you to **give me some time.**
もっと僕に時間を与えてほしいだけなんだ。

She didn't **give me enough time** to quit smoking.
彼女は僕が禁煙するのに十分な時間を与えなかった。

Give me more time. I'm not a miracle worker.
もっと時間をくれよ。僕は奇跡は起こせないよ。

You've got to **give me a few more minutes.**
もう少し時間をくれないかなぁ。

A: I haven't heard from Annie in a few days.　ここ2、3日アニーから返事がないんだ。

B: **Give her some time** to send you an e-mail.
彼女が君にメールを送るまで、彼女に猶予をやれよ。

not give a damn　気にしない、かまわない

not give a damn [shit, fuck] は、「～をまったく気にしない」という意味の俗語表現。気軽に使ってはいけません。何を気にしないのかを述べるときには、give a damn [shit, fuck] の後にabout ～もしくは疑問詞+主語+動詞を続けます。

I **don't give a damn** what the boss says.
僕は上司が何と言おうと気にしないよ。

You **don't give a damn** about me!
君は僕のことを気にしていないんだな！

I **don't give a shit** what they think.
彼らがどう考えようとかまわない。

A: I quit. I **don't give a damn** about this company.　辞めた。こんな会社どうでもいいや。

B: But you need a job to pay your bills.
でも、君は請求書の支払いをするのに仕事しないといけないだろう。

give it to *someone* straight　（人）にストレートに言う、はっきりと言う

一般的なgive it to *someone*はgive *something* to *someone*の*something*がitになっているもので、「それを～にあげる」という意味です。しかし、give it to *someone* straightの形で「～にストレートに言う、はっきりと言う」という意味があります。また、冒頭のgive it to *someone*には「～を厳しく叱る、責める、やっつける」という意味もあります。

例文 **Give it to me straight.**
はっきり言えよ。

They really **gave it to** me at the meeting.
彼らは会議で僕をひどく叱った。

Give it to someone else. I don't want it.
誰かほかの人にあげなよ。僕は要らない。

Mike **gave it to** me as a gift.
マイクはそれを僕にプレゼントしてくれた。

A: How can I break up with my boyfriend?　どうやったら彼と別れられるかしら？

B: Be honest with him. **Give it to him straight.**　正直になるんだ。彼にはっきり言うしかないね。

I'd give anything to [for] ~　～のためなら何でもする、どんな犠牲でも払う

I'd give anything to [for] ～は仮定法を使った表現。I'dはI wouldの短縮形。to [for] 以下に対して、「～ができるなら[～のためなら]、私は何でもする」という意味になります。anythingの代わりに、my right arm、the worldなどを使うことも。

I'd **give anything to** have her back.
彼女とよりを戻すためなら何でもするよ。

I'd **give the world to** go out with Jane.
ジェーンと付き合うためならどんなものでも犠牲にするだろう。

I'd **give my right arm to** see my family again.
家族に再び会うためなら何でもするだろう。

A: You look so sad today.　今日、なんだか悲しそうだね。

B: **I'd give anything to** be with my girlfriend.　彼女と一緒にいるためなら何でもするよ。

give birth to ~ ～を産む

give birth to ～「～を産む」は、「子どもを産む」「ある問題を起こす」という意味で使われる表現。give birth to *someone* [*something*] のように、toの後に産んだ子どもや生じた問題などを続けます。

例文

I just **gave birth to** three children.
私は３人の子どもを産んだ。

You and Jill will **give birth to** a very smart baby.
君とジルの間にはとても賢い子どもが産まれるだろう。

His wife recently **gave birth to** a beautiful baby daughter.
彼の妻は最近、可愛い娘を産んだ。

You think it's easy **giving birth to** seven children?
君は７人の子どもを産むのが簡単なことだと思うかい？

A: **Gina gave birth to** twins last Saturday. ジーナが先週の土曜日に双子を産んだよ。

B: Her husband must be so happy! 彼女のだんなさんはとてもうれしいだろうな！

give away 手放す、譲る、暴露する

give awayはもともと、お金をもらわず、無料であげることをいいます。そこから派生して、「～をただでやる」「～を寄付する」「～を配る」「（秘密など）をばらす」「（機会など）を逃す」などの意味を持ちます。giveawayは名詞で「景品、サービス品、おまけ」。

This is mine. I don't want to **give it away**.
これは私のものよ。あげたくないわ。

I don't want it and I'm going to **give it away**.
それは要らないから、手放すことにするよ。

Don't **give away** your thoughts so easily.
君の考えをそんなに簡単に口にするなよ。

A: What will you do with the items in your apartment?
君のアパートにあるものをどうするつもりなんだい？

B: I'll **give away** most of them to my friends. そのほとんどを友達に譲ろうと思っているんだ。

give off *something*　(匂い)を放つ、出す

give off *something* は「〜を発する」という意味で、匂い、光、熱、音などに使います。人でも物でも何かを発するものであれば主語になります。

The flowers **gave off** a nice smell.
花はいい匂いを発していた。

You're **giving off** the positive energy all the time.
君はいつだって、ポジティブなエネルギーを発散しているね。

A woman **gives off** a certain scent when she breathes.
女性は息をするとき、いい匂いがする。

The bathroom was **giving off** a terrible stink.
浴室は、とんでもない悪臭を発していた。

Your food is **giving off** a delicious aroma.
君の食べ物は美味しそうな匂いがしているね。

A: What is that terrible smell?　なんだこのひどい匂いは？
B: That factory is **giving off** a strong odor.　あの工場が強烈な悪臭を放っているんだ。

give *something* over　〜に引き渡す、任せる

give *something* over (to *someone*)「〜を引き渡す、預ける、任せる」は、hand over「〜を手渡す、引き渡す、譲り渡す」と同じ意味の表現。give *oneself* over to 〜は「〜に専念する、ふける」という意味になります。

Give it over to your mother.
君のお母さんにそれを渡しといて。

He regrets that he **gave himself over** to gambling in his youth.
彼は若いころギャンブルに没頭したことを後悔している。

I'll **give the money over** to Charles.
僕はチャールズにお金を渡すよ。

Why don't you **give this book over** to Tom?
この本をトムに渡したらどう？

A: Where did your new computer go?
君の新しいコンピューターはどこに行ったんだい？
B: I had to **give it over** to my brother.　弟にあげなければならなかったんだ。

More Expressions

- **give (~) priority** ～を優先する
  I want you to give this top priority.
  君にはこれを最優先してもらいたい。

- **give *something one's* okay** ～に許可を出す
  The boss refuses to give it his okay.
  上司はそれに許可を出すことを拒否した。

- **give way to ~** ～に道を譲る、移行する
  We will have to give way to the new method of production.
  私たちは新しい生産方法に移行しなければならないだろう。

- **give rise to ~** ～を引き起こす、生じさせる
  This decision will give rise to a lot of negative publicity.
  この決断で多くの否定的な評判が生まれるだろう。

- **give *someone* pleasure** （人）に喜びを与える
  It gives me great pleasure to introduce Mr. Carter.
  カーターさんを紹介してもらえて僕はとてもうれしいよ。

- **give *oneself* a treat** 自分にご褒美を与える
  I think I'm going to give myself a treat!
  自分にご褒美を与えようと思うの！

- **give or take＋時間/数量** （時間、数量が）およそ、約
  He's three feet tall, give or take an inch.
  彼の身長は3フィートにプラスマイナス1インチくらいだ。

- **give my love [best/regard] to ~** （人）によろしくと伝える
  Give my best to your wife.
  奥さんによろしく言っておいて。

- **Don't give me that.** 何言ってるんだ。
  Don't give me that. I know all the details.
  何言ってるんだ。全部知ってるんだから。

- **give in (to)** （～に）屈する、降伏する
  I am not going to give in to this.
  僕はこれに屈しないつもりだ。

- **give up** あきらめる、断念する
  It's not impossible. Don't give up yet.
  不可能ではないよ。まだあきらめないで。

- **give out ~** ～を公表する
  The hospital won't give out any information.
  病院は何の情報も公表しないだろう。

- **give (*someone*) a call [ring, buzz]** （人に）電話をかける
  I'll give you a call later tonight.
  今夜、あとで電話をするよ。

- **give *someone something*** （人）に（もの）をあげる
  Can you give me a discount for paying cash?
  現金で払うから値引きしてもらえない？

- **give back** 返す
  Give back the money you own me.
  貸した金を返してね。

take

takeは「～を取る」「(ある場所に)～を持っていく」という意味で、よくbring「～を持ってくる」と対比されます。「～を持っていく」様子や時、持っていく先を述べるときには、副詞やto+場所を表す名詞を使います。takeは「～を取る」という意味から「～を選択する」「～を受け入れる」という意味も派生します。また、giveと同様に、動詞の名詞形を目的語にして、さまざまな熟語を作ります。

1. 取る、獲得する、選択する、受け入れる

She took my arm.　彼女は僕の腕を取った。

I'll take this one.　これを買います。

2. 連れて行く、持って行く（take ～ to…）

I'm just taking my carry-on.　私は機内持ち込みの荷物しか持ってない。

I'll take it to my grave.　それを墓まで持っていくよ。

3. （時間、金、努力などが）かかる、要る

It took me 5 hours to get here.　ここまで来るのに5時間かかったよ。

It will take about one week to get the job done.

その仕事を終えるのに1週間くらいかかるだろう。

4. take+動詞の名詞形　～する

Are you going to take a shower right now?　今すぐシャワーを浴びるかい？

Why don't you take a walk with me?　僕と散歩しない？

take *one's* word for it （人）の言葉を信じる

take *one's* word for itとは「～の言葉を受け入れる」、つまり「～の言うことを信じる」と言う意味。take it from *someone*と言い換えることもできます。have *one's* word (for it) も同じ意味。ちなみに、give *one's* wordは「～に約束する」。

Take my word for it, and he's the best in the business.
僕の言葉を信じてよ。彼は営業ではトップなんだ。

We'll have to **take your word for it**.
私たちは君の言葉を信じなくてはならないだろう。

I'll **take your word for it**.
僕は君の言葉を信用するよ。

Take it from me, and Mom loves you.
私の言葉を信じて、ママはあなたを愛しているの。

A: **Take my word for it**. He's a real idiot. 僕の言葉を信じてくれ。彼は本物のばかだ。

B: I'll keep that in mind. 心に留めておくよ。

take it personally 個人攻撃だととらえる、当てつけだと思う

take it personallyは直訳すると「個人的にそれを受け取る」となります。つまり「相手の言葉や行動を（そうではないのに）自分に向けられたものとして受け取る、腹を立てる」という意味です。率直に何かを話すとき、相手の気に障るかもしれない話を始めるときに、Don't take it personally.「悪く思わないで」「個人攻撃と思わないで」と言います。

Don't **take it personally**, but I won't take your word for that.
悪く思わないでくれよ、でも僕は君の言うことを信用しない。

He'll **take it personally**.
彼はそれを個人的攻撃だととらえるだろう。

I can't help but **take it personally**.
個人への当てつけとしか思えないよ。

A: Jerry told me that I'm boring. ジェリーは私がつまらないって言ったの。

B: Don't **take it personally**. He's unkind. 個人攻撃と思うなよ。彼は思いやりがないのさ。

I can’t take it anymore.　もう我慢の限界だ。

I can’t take it anymore.「それをこれ以上受け入れることができない」は決まり文句で、文字通り「もう我慢の限界だ」という意味になります。

例文

I can’t take it anymore. I’m so hungry.
もう我慢の限界だ。本当におなかが減った。

Okay, that’s it. **I can’t take it anymore.**
わかった、もういいよ。我慢の限界だ。

I can’t take it anymore! I’m putting an end to this!
もう我慢できない！　このことはもう終わりにしよう！

He couldn’t take it anymore so he quit the job.
彼は我慢の限界だったから仕事をやめた。

A: Everyone lies to me. I **can’t take it anymore.**　みんな私に嘘をつくのよ。もう我慢できないわ。

B: That’s not true. I am always honest with you.　それは違うよ。僕はいつも君に正直じゃないか。

take the blame　責任を取る（負う）、罪を着る

take the blameはI can’t take it anymore.と同じく「～を受け入れる」という意味のtakeを使った表現で、「非難を受け入れる」つまり「責任を取る」という意味になります。take the responsibilityも同じく「責任を取る」。

Don’t expect her to **take the blame for** that.
彼女がその罪をかぶるのを期待しちゃいけないよ。

You might **take the blame for** something you didn’t do.
君は君がやらなかったことに対して非難を受けるかもしれない。

I **take full responsibility for** that.
僕はそれに対してすべての責任を負っている。

We need to **take some of the responsibility** here.
私たちはここである程度の責任を負う必要がある。

A: Oh boy, our boss is really angry about the report.
ああ、上司が報告書の件でものすごく怒っているよ。

B: Well, I’m not going to **take the blame for** it.　まあ、僕は責任を負うつもりはないよ。

take credit for ~ 〜を自分の手柄にする、横取りする

take the blameは「責任を取る」でしたが、take credit for 〜 は「(ある事を成し遂げた手柄・功績) を受け取る」ということで、つまり「〜を自分の手柄にする」という意味で、会話でよく使われる表現です。takeの代わりにhaveやgetを使うこともあります。逆にgive credit for 〜 は「(…を) 〜の手柄・功績として認める」という意味になります。

例文

I can't **take credit for** that. I wasn't part of the project.
それは僕の功績に成り得ないよ。僕はそのプロジェクトに関わっていなかったんだ。

You **took credit for** my work, Peter!
ピーター、君は僕の仕事を自分の手柄にしたな！

I am sorry I **took credit for** your work.
君の仕事を自分の手柄にしたことを申し訳なく思うよ。

A: Allison **took credit for** buying the gift. アリソンはお土産を買ったことを自分の手柄にしたんだ。

B: She should because she paid for it. 彼女はそうすべきだよ。彼女がそのお金を払ったんだからね。

take chances [a chance] 賭けに出る、チャンスにかける

take chances [a chance]「運に任せて一度やってみる」とは、つまり「〜に賭けてみる」という意味。take the chanceは「そのチャンスに駆ける」、take *one's* chancesは「運を天に任せる」。ちなみに、take a risk (of 〜) は「(〜という) 危険を冒す」という意味です。

Let's **take a chance**. We might have some good weather.
賭けてみようよ。天気に恵まれるかもしれないよ。

I'll **take my chances**.
僕は賭けに出るよ。

Sometimes you have to **take chances**.
時には賭けに出なければならないときもある。

A: Have you ever gone bungee jumping? バンジージャンプをしたことがあるかい？

B: No, I don't like to **take chances**. ないわ。思い切った冒険はしたくないの。

take the opportunity　機会を生かす、この機をとらえて～する

take chances [a chance] は「～に賭けてみる」ですが、take the opportunity は「この機をとらえて～する」という意味。I'll take this opportunity to ～「この機会をとらえて～するつもりだ」はよく使われる表現です。

I'm going to **take the opportunity** to learn a new language.
私はこの機会に新しい言語を学ぶつもりだ。

You should **take the opportunity** to travel while you can.
できるうちに機会をとらえて旅行すべきだ。

I'd like to **take this opportunity** to say I'm getting married next month.
僕はこの機会に来月結婚することを報告したい。

You can **take this opportunity** to get to know her well.
この機会を利用して彼女をよく知ることができるよ。

A: Randy has a chance to start his own business.
ランディには自分で起業するチャンスがあるんだ。

B I hope he **takes the opportunity**. He might get rich.
この機会をうまく利用することを願うよ。お金持ちになるかもしれないね。

take a rain check　延期する、またの機会にする

rain check とは、野球の試合が雨天中止になったときに来場者に配るもので、次の試合を見るための交換チケットのこと。そこから派生して、take a rain check は招待や誘いなどを断るとき、「～を（今回はできないが）次の機会にする」という意味で使われます。

Can I **take a rain check**? I'm so tired today.
また今度にしてもいいかな？　今日はとても疲れているんだ。

I'll **take a rain check**.
またの機会にするよ。

You mind if I **take a rain check**?
またの機会にしてもいいですか？

A: Would you like to come up and see my apartment?
僕のアパートを見に来ないかい？

B: I would, but I'm going to have **to take a rain check**.
うん。でもまた今度にするよ。

take a bus　バスに乗る

takeの後にa bus、a taxiなどの乗り物がくると、「～に乗る」という意味になります。また、takeの後にroad「道」やstreet「通り」が来ると、「～の道、通りを行く」という意味になります。

I'm going to **take a cab** home.
僕はタクシーで家に帰るつもりだ。

The easiest way is to **take a taxi**.
最も楽なのは、タクシーに乗ることだ。

Which train should I **take** to Tokyo?
東京に行くにはどの電車に乗るべきですか？

You should **take a bus**.
バスに乗るべきです。

A: What is the best way to get to ABC Department Store?
ABC百貨店へ行くにはどの手段が一番良いですか？

B: **Take the bus**. You'll be there in twenty minutes.
バスに乗ったら。20分でそこに着くよ。

take a lesson　レッスンを受ける、学ぶ

take a lessonで「レッスン、授業を受ける」。take+教科名で「～の授業を受ける」、take+試験名で「～の試験を受ける」という意味になります。ちなみに、teach *someone* a lessonは「授業を教える」ではなく「痛い目に遭わせる、とっちめる」。learn a lessonは「教訓を学ぶ」という意味です。

My son **is taking** private piano and English **lessons**.
私の息子はピアノと英語の個人指導を受けているわ。

I've been **taking** dancing **lessons**.
私はずっとダンスのレッスンを受けているの。

I'm **taking** tennis **lessons** three times a week.
私は週に3回テニスのレッスンを受けている。

Why don't you **take** a yoga **class**?
ヨガのクラスを取らない？

A: You can **take a lesson** in drawing for free.
無料で絵画のレッスンを受けられるよ。

B: I'll try it. I like creating art.　やってみるよ。アート作品を作るのが好きなんだ。

take *someone* to ~ （人）を（場所）へ連れていく

take *someone* to ～は、takeを「～に連れて行く」という意味で使っている表現。take *someone* to ～は「～を別の場所に連れていく」。toの後ろに場所を表す名詞が続きます。toの後に動詞が続く場合は、「…を連れて行って～する」という意味になります。

Take me to lunch. I'm in the mood for lobster.
昼食に連れて行ってよ。ロブスターが食べたい気分なの。

I'd like to **take her out** for dinner on the weekend.
週末に彼女を夕食に連れ出したいと思っているんだ。

Please **take me to** the airport.
私を空港まで送ってください。

The train will **take you to** Haneda airport.
その電車で羽田空港に行けるよ。

A: Where are you going with Elise? エリーゼとどこに行くんだい？
B: I have to **take her to** a subway station. 彼女を地下鉄の駅まで送って行かなくちゃならいんだ。

take action 行動を起こす

take actionは、ある問題を解決するために必要な行動や対処を取るという意味で、take stepsだと「策を講じる、措置を取る」という意味になります。何のために行動するのかという目的を述べるには、actionやstepsの後にto+動詞を続けます。

We have to **take some actions** to protect the lives of the people.
私たちはその人たちの生活を守るために行動しなればならない。

They decided to **take action**.
彼らは行動を起こすことに決めた。

We have to **take steps** to protect ourselves.
私たちは私たち自身を守るために対策を講じないといけない。

We're **taking some steps** towards stopping this kind of action.
私たちはこのような行為をやめさせるために対策を講じているところだ。

A: Sometimes I feel scared when I walk home at night.
夜、家に帰るとき、時々怖いと感じることがあるわ。
B: You need to **take action** to protect yourself.
君は自分自身を守るために行動を起こさないとね。

take advantage of ~ 〜を利用する

take advantage of *someone*は「〜につけ込む」という意味で、人の親切や弱点などを巧妙に利用することをいいます。take advantage of *something*には否定的な意味はなく、「(機会など) を活用する」という意味です。

You should feel guilty about **taking advantage of** young people.
君は若者を利用することに罪悪感を感じるべきだ。

I decided to **take advantage of** the elderly people.
僕は高齢者層を利用することに決めた。

We're not going to **take advantage of** the situation.
僕らはその状況をうまく活用しようとしているわけではない。

Many people are **taking advantage of** the day off.
多くの人々が休日をうまく使っている。

A: This is a great price for a new TV.　これは新しいテレビにしては安いね。
B: You should **take advantage of** it while it's so low.
これだけ安いうちに買っとくべきだよ。

take place 起こる、開催される

take place「起こる、生じる」「開催される」は、happenの同義語として知られています。あることが起きる、発生するという意味です。

There's a charity dinner **taking place** downstairs.
下の階でチャリティイベントの夕食会がある。

Most exchanges **take place** by e-mail, text message, or IM.
ほとんどのやり取りはメール、テキストメッセージ、インスタントメッセージで行われる。

The robbery **took place** in a bank downtown.
その強盗事件は都心部の銀行で起こった。

Our date will **take place** next Saturday.
次の土曜日にデートをするんだ。

A: What's going to **take place** in the arena?　このアリーナで何が開催されるの？
B: There is a pop music concert tonight.　今夜、ポップミュージックのコンサートがあるんだ。

take part in ~ 　～に参加する

take part in「～に参加する」もparticipateと同義語としてよく知られています。take part in *something* は「～に参加する、加わる」。

I will not **take part in** such a scheme.
僕はそのような計画に参加するつもりはないよ。

You're going to **take part in** the camping trip?
君はキャンプ旅行に参加するつもりかい？

My mother is **taking part in** a political protest.
僕の母は政治的抗議運動に参加している。

Our friends are going to **take part in** our wedding.
友人は私たちの結婚式に参加する予定よ。

The students like to **take part in** science class.
生徒たちは科学の授業に参加するのが好きなの。

A: Did you **take part in** the festival? 君はお祭りに参加したかい？
B: No. I just stayed at home. いや、家にいただけだったよ。

take notes 　メモを取る

take notesは「メモを取る」という意味の表現。take note of ～は「～に注目する、注意をはらう」という意味で、pay attention to ～と同じ意味になります。

Please **take notes** whenever I tell you to.
私が指示するときはメモを取ってください。

Can you **take some notes** for me?
私のためにメモを取っておいてくれない？

I was so busy **taking notes**.
メモを取るのにほんとに忙しかったわ。

A: I won't be able to make it to the presentation. 僕はプレゼンに間に合わないだろうなぁ。
B: That's okay. I'll **take notes** for you. 大丈夫よ。かわりにメモを取っておくわ。

More Expressions

■ **take checks** 小切手を使う
Do you take [accept] credit cards?
クレジットカードは使えますか？

■ **take calls** 電話に出る
He won't take my calls.
彼は僕の電話に出ないだろう。

■ **take after** 似ている
You must take after your father.
君は君のお父さんに似ているに違いない。

■ **be taken ill** 病気になる
He's taken ill.
彼は病気にかかっている。

■ **be taken with [by] ~** ～に心を惹かれる
I was taken with the beauty of the sunset.
私は夕日の美しさに魅了されました。

■ **take [leave] a message** 伝言を引き受ける［する］
Could I take a message?
何か伝言はございますか？

■ **take the place of ~** ～にとって代わる
Nothing can take the place of good health.
何物も健康にとって代わることはできない。

■ **take it for granted** 当然のことと思う
Don't think I take it for granted.
僕が当然と考えていると思うなよ。

■ **take a shot** 試みる
Who's going to take the first shot?
誰が最初に挑戦しますか？

■ **take A for B** AをBだと思う
Do you take me for an idiot?
君は僕がバカだと思うかい？

■ **what it takes** 必要なもの
He doesn't have what it takes, does he?
彼は必要な素質を持ち合わせてないよね？

■ **take a bite** 噛みつく、かじる
She started to take a bite of a sandwich.
彼女はサンドウィッチにかじりつき始めた。

■ **take to *someone* [*something*]** （人、もの）を好きになる
He seems to have taken to the new secretary.
彼は新任の秘書が好きになったようだ。

■ **take a liking to ~** ～を好きになる
They've really taken a liking to me.
彼らは本当に私を好きになったようだ。

■ **take the lead** 主導権を握る
Right after we started getting into it, I took the lead.
私たちがそれについて議論を始めた直後、私が主導権を握った。

■ **take pity (on) ~** ～に同情する、を哀れむ
Does she often take pity on you?
彼女はよく君に同情するの？

■ **take A as B** AをBととらえる、解釈する
I'll take that as a compliment.
僕はそれを誉め言葉だと解釈するよ。

■ **take medicine** 薬を飲む
Are you currently taking medication?
現在、薬を飲んでいますか？

■ **take a break** 休憩する
Time to take a break. How about some coffee?
休憩の時間だ。コーヒーでも飲まない？

■ **take it slow** 慎重に物事を進める
Seriously, we're taking it slow.
冗談抜きで、慎重に進めています。

■ **take up ~** ～を始める、時間がかかる
Being a lawyer must take up a lot of time.
弁護士になるにはとても時間がかかるだろう。

go

go「行く」はその場にとどまることができず、別の場所に移動することを表す動詞。まずは、I'll go to ～「～に行くつもりだ」、I went to ～「～に行った」、I'm going to ～「～に行くところだ」という基本表現に慣れましょう。goには「あることが進んでいる、進行している」という意味もあり、How's it going?「調子はどう？」はよく使わる表現。car「車」やwatch「腕時計」などの機械が「動いている」という意味もあります。

1. (～に) 行く、～しに行く、(道が) 通じる

I have to go now.　今すぐ行かなくちゃならないんだ。
I went to the post office.　私は郵便局へ行った。
Does this road go to the station?　この道で駅に行けますか？

2. (物事、状況が) 進行する、進んでいく

How are things going?　調子はどう？
How did the game go?　その試合はどうだった？

3. go+形容詞　～になっていく

She went mad.　彼女は頭がおかしくなった。

4. (動く機械などが) 作動する

The car won't go.　その車は発進しないだろう。
I can't get the watch going.　時計を動かすことができないんだ。

go＋形容詞　～になっていく、～になる

getと同様、goも形容詞が続くと「～になっていく、～になる」の意味で使われます。例えばgo wrongは「失敗する」「うまくいかない」「故障する」、go badは「（食べ物などが）傷む」など、状態の変化を表して使われます。

例文

I will try to figure out what **went wrong**.
何がいけなかったのか、考えてみることにします。

I couldn't take calls. The phone **went dead**.
電話に出ることができなかったよ。電話が切れちゃった。

Time flies so fast. My hair's **going gray**.
時間は飛ぶように早く過ぎる。髪の毛が白髪になりつつあるよ。

Where did we **go wrong**?
どこで間違えたのだろう？

A: Should I buy this new cell phone?　この新しい携帯電話を買うべきかな？
B: It's very cheap. You can't **go wrong**.　とても安いよ。間違いはないでしょうね。

go＋動詞　行って～する

go and (to)＋動詞「行って～する」の表現からand (to)を省略したもの。go getで「取りに行く」という意味になります。come+動詞は「来て～する」。

I'll **go see** if I can get her.
彼女を連れてこれるかどうか見てくるよ。

Go get some rest.
ちょっと休憩してきてください。

You'd better **go see** a doctor as soon as possible.
君はできるだけはやく医者に診てもらった方がいいよ。

It's so hot! Let's **go get** some ice cream.
本当に暑い！　アイスクリームを食べに行こう。

I have to **go take** a shower.
シャワーを浴びに行かないといけない。

A: What would you like to do tonight?　今夜、何がしたいですか？
B: Let's **go see** a movie.　映画を見に行きましょう。

go too far　度を越える

go too farは「(人・言動が) 度を越す」。ある人の行動や言動がいき過ぎていて、叱ったり、文句を言ったりするときによく使う表現です。似ている表現にgo overboard「〜に夢中になりすぎる」「〜をし過ぎる」があります。

Cindy, this time you have **gone too far**.
シンディ、今回君は度を越えてしまった。

You've **gone too far**. You have to apologize to her.
やりすぎだ。君は彼女に謝らないといけない。

Her joke **went too far**. She's so mean.
彼女の冗談は度を越えた。彼女はとても意地悪だ。

He **went overboard**.
彼は調子に乗った。

A: Jim always does dangerous things.　ジムはいつも危ないことばかりするんだ。
B: One day he is going to **go too far**.　いつか度を越えるね。

to go　あと、残り、持ち帰りの

(have) +名詞+ to goで、「(やることや時間などが) 残っている、ある」という意味で使われます。一方で、レストランでto goと言えば「持ち帰り」の意味になります。

Just one week **to go** until my birthday.
私の誕生日まであとたった1週間だ。

We have to hurry. We have another 10 miles **to go**.
急がないといけない。あと10マイル (16キロメートル) あるんだ。

(I'd like) Two sandwiches and one orange juice **to go**.
持ち帰り用のサンドイッチを2つにオレンジジュースを1つ (ください)。

(Will this be/Is that) For here or **to go**?
ここでお召し上がりですか、それとも持ち帰りますか？

A: I'd like two hamburgers and a Coke.　ハンバーガー2つとコーラをください。
B: No problem. Is that for here or **to go**?
かしこまりました。ここでお召し上がりですか、それとも持ち帰りますか？

Here (There) ~ go　さあ行くよ、始めるよ、そうしよう、またそんなこと言って

hereとthereはgoと一緒になって、特有の表現を作り出します。「～に行く」という単純な意味で使われることもよくありますが、人にものを渡すときに「はい、どうぞ」と言ったり、誰かが何度も同じことをしたときに「またやったね」という意味で使われたりと、さまざまな場面で使われます。

例文

There you go again! You're such a jerk.
またやったのね！　あなたはなんてばかな人なの。

Oh no! Here we go again!
ああ！　またかよ！

There you go again. Don't be critical of yourself.
またそんなこと言って。自分を責めるなよ。

Well, there goes that theory!
ああ、またその話か！

会話例

A: Can I borrow five dollars from you?　5ドル借りてもいいかな？
B: Sure you can. There you go.　もちろん。はい、どうぞ。

I'm going.　行くつもりだ。

I'm going. は、「今から出ます (I'm leaving)」、または「集まりに参加します (I will join)」という意味で使います。参加しないときにはI'm not going.と言い、相手に「あなたは参加する？」と聞くときにはAre you going? を使うので覚えておきましょう。

例文

All right, I'm going. I'm going.
了解。行く。行くよ。

I'm going. I'll see you tomorrow.
僕は行くよ。じゃあまた明日ね。

I'm not going. I don't want to see her.
僕は行かないよ。彼女に会いたくないんだ。

I promise. I'm going. I'll meet you out there.
約束するよ。行くよ。そこで君と待ち合わせしよう。

会話例

A: I'm going. You'll never see me again.　僕は行くよ。君は二度と僕に会わないだろうね。
B: Why are you so upset with me?　なぜ君は僕にそんなに腹を立てているんだ？

go easy on ~　（人）に優しくする、～を大目に見る、～を控えめにする

go easy on ～はonの後にどのような名詞が続くかで意味が変わり、人が続くと「～に手加減する」、物が続くと「～を加減して使う、ほどほどにする」という意味になります。go easy on the whiskyは、「ウィスキーを飲むのを控えめにする」という意味。

例文 I told them to **go easy on** him!
彼に優しくするように言ったのに！

Go easy, Michael. You don't even know him.
慎重にいけよ、マイケル。君は彼と知り合いですらないんだ。

Go easy on me. This is my first time.
手加減してよ。初めてなんだ。

You've got to **go easy on** butter and cheese.
君はバターとチーズを控えめにしなければならない。

A: **Go easy on** the hot sauce, please.　チリソースを控えめにしてもらえる？
B: I forgot that you don't like spicy food.　あなたが辛い食べ物を好きではないことを忘れてたよ。

go about ~　～に（いつも通り）取り組む、～をこなす

go aboutは「～に取りかかる、取り組む」という表現で、そこには「いつも通りに」という意味が含まれることがよくあります。go about *one's* businessは「～の仕事を続ける」、go about *one's* livesは「いつも通りの生活を送る」。また、go aboutは「（うわさや病気が）広まる」の意味でも使われます。

Every day in America, people **go about** their lives.
アメリカでは毎日、人々がいつものように生活している。

I don't even know how I would **go about** it.
それにどう取りかかるのがよいかすらわからない。

How are you going to **go about** doing that?
どうやってそれに取り組むつもりですか？

The flu **went about** quickly, infecting many people.
インフルエンザが急速に広がり、多くの人が感染した。

A: So, you're getting a divorce from your husband?
じゃあ、あなたはだんなさんと離婚するつもりなの？
B: Yeah, but don't **go about** telling everyone.　そうなの、でもみんなには言いふらさないで。

go against　違反する、背く

go against ～は直訳すると「～に反対して行く」、つまり「～に反対する」「～に逆らう」「～に違反する」という意味。対立したり、不利になったりするときに使われる表現です。

例文

Never **go against** your basic instincts.
決して本能に逆らうんじゃないぞ。

Everything **went against** her.
すべてが彼女に不利になった。

It **goes against** everything that I believe to be good.
それは私が良いと信じているすべてのものに反する。

Does this **go against** her Catholic beliefs?
これは彼女のカトリックの信仰に反しますか？

A: Why don't you like that politician?　なぜあの政治家が好きじゃないの？
B: He **goes against** everything I believe in.　彼は僕が信じているものすべてに反対しているから。

go ahead　どうぞ、先へ進む、取りかかる

go aheadは命令文で「どうぞ」「お話しください」と行動や発言を促すときに使われる表現です。「前に進む」「（試合で）リードする」や「（仕事、予定、話を）進める、行う」という意味もあります。

例文

Go ahead, I'm still listening.
どうぞ話してください。まだ聞いていますよ。

Go ahead and tell them about that.
どうぞ、彼らにそのことを伝えてよ。

I don't think I can **go ahead** with it because it's wrong.
それは間違っているので、僕は進めることはできないと思う。

You guys **go ahead**. I'll catch up.
君たち先に行っててよ。追いつくから。

A: Please let me explain why I did that.　私がなぜあのようなことをしたか説明させてください。
B: I'm listening. **Go ahead**, but make it short.
聞いていますよ。どうぞ話してください、ただし簡潔にお願いします。

go around　周りを回る、ひと周りする、広まる

go aroundには「歩き回る」のほかに、「（うわさや病気が）広まる」「（物が）みんなに行き渡る」「回り道をする、立ち寄る」などの意味があります。go around -ing「〜して回る」という表現もよく使われるので覚えておきましょう。

例文 You can't go around suing people every time they call you names.
悪口を言われるたびに、訴えるわけにはいかないよ。

I don't ordinarily go around kissing guys at parties.
私は普段、パーティーにきている人にキスして回るなんてことはしないよ。

There's plenty of fruit and fish to go around.
皆に行きわたるように果物と魚が豊富にあります。

A: Go around and ask for a cigarette.　たばこを探しに行って、もらってきてよ。
B: Why? Have you run out of them?　なんで？　切らしたのか？

go away　立ち去る、治る

もともとは「離れて行く」＝「立ち去る」「出かける」などの意味があり、go away for＋期間で「〜の間、立ち去る、出かける」。命令文Go away! で「失せろ！」。そのほか、「（問題などが）解決される」「（痛みや不快感が）消える」という意味もあります。

I've had a long day. Go away.
長い一日だったよ。消えてくれ。

Go away! I don't want to see anybody.
どっか行けよ！　誰にも会いたくないんだ。

Will the pain ever go away? Will I feel better?
いったいこの痛みは治まるんですか？　良くなりますか？

We should go away for the weekend together.
僕らは今週末、一緒にどこかに行くべきだ。

A: I need you to help me with my homework.　君に宿題を手伝ってもらいたいんだ。
B: Go away. I'm too busy to help you.　どっか行けよ。忙しくて手伝えないんだ。

go off 立ち去る、持ち去る、赴く、作動する、止まる、出かける

go offは「離れて出て行く」、つまり「(誰にも言わずに)立ち去る、(〜を求めて)出かける、赴く」という意味。ほかに「〜を(許可なく)持ち去る」や「(銃などが)発射される」「(警報や目覚まし時計などが)突然鳴る」という意味もあります。

She **goes off** to pick fruit.
彼女は果物を取りに行く。

I'm surprised the detector didn't **go off**.
探知機が作動しなかったのが不思議だ。

I was late again today because the alarm clock didn't **go off**.
目覚まし時計が鳴らなかったので、今日また遅刻してしまった。

You **went off** with her and you never called.
君は彼女と一緒に出かけて、電話もくれなかったじゃないか。

A: What do you have planned for this weekend? 今週末のプランは決まった？
B: We're going to **go off** on a camping trip. キャンプ旅行に行くことになっているよ

go on 継続する

go onはWhat's going on?「どうしたの、何が起きているの」やAs time goes on「時が経つにつれて」などの表現でおなじみですが、副詞のonには「続けて、ずっと、どんどん」という意味があるため、go onも基本的には「進み続ける」「続く」「〜し続ける」という意味になります。Go on!は「頑張って！」あるいは「(話を)続けて！」と相手を励ますときの表現。go on to 〜で「(次の話題など)に移る」、go on to＋動詞で「続けて〜する」。

You don't look well. What's **going on**?
具合が悪そうだね。どうしたんだい？

What's **going on** with him?
彼はどうしたの？

As time **goes on**, I'm getting weaker.
時間が経つにつれて、僕はだんだん衰弱してきている。

Shall we **go on to** the next item on the agenda?
議題の次の項目に進みましょうか？

A: You look really tired, Karen 疲れていそうだね、カレン。
B: I know, but I need to **go on** with this race. そうなの、でもこのレースは続けなきゃ。

go out (with ~)　～(人)と外出する、～と付き合う

go out (with ～) は「～と一緒に外出する」、つまり「～とデートする、付き合う」という意味でよく使われます。go (out) on a dateで「デートに出かける」。「デートに誘う」はask sb to go out (with ～)。

Did I ask you to **go out with** me?
君に付き合ってくれって言ったっけ？

He's **going out with** Jane.
彼はジェーンと付き合っている。

Jennifer's going to **go out with** a millionaire.
ジェニファーは大金持ちとデートに行く予定だ。

Would you **go out with** me?
僕とデートしてくれませんか？

A: You should **go out with** us on Friday night.　君は金曜の夜、僕らと出かけるべきだよ。

B: I'd love to, but I have other plans.　ぜひそうしたいんだけど、ほかの予定があるんだ。

go out (to, for ~)　～に(するために)外出する

go outは文字通り「外へ出る」、つまり「外出する」こと。外出の目的を述べるには、後にfor＋名詞、あるいはto＋動詞を続けます。go out for lunch「ランチを食べに出る」、go out for a drink「酒を飲みに出かける」。

We **went out for** a movie last night.
私たちは昨夜、映画を見に出かけた。

Let's **go out** tonight if you're free.
君が空いているなら、今夜出かけようよ。

I can't **go out** tonight. Something's come up.
今夜は外出できないんだ。用事ができたんだ。

How about **going out for** a drink tonight?
今夜飲みに行くのはどう？

A: I'd like to **go out for** lunch on Friday.　金曜日、ランチに行きたいな。

B: Sounds good to me.　いいね。

More Expressions

■ **go for the day** 一日の仕事を終えて家に帰る

He's gone for the day.
彼は一日の仕事を終え家に帰った。

■ **go to the trouble** わざわざ〜する

Please don't go to any trouble for me.
わざわざ私のために苦労しないでください。

■ **go in for ~** 〜を受ける、〜を楽しむ、〜に参加する

My sister went in for a nose job in the past.
私の妹は昔、鼻の美容整形手術を受けました。

■ **go together** 気が合う、調和する、一緒に行く

We can all go together.
僕らはみんな一緒に行くことができる。

■ **go up** 上がる、登る

What goes up must come down.
上がるものは必ず下がる。

■ **Don't go there.** その話をするな、そこへ行くな。

Look, Michael, can we not go there?
ねえ、マイケル、その話はしないでもらえる？

■ **go Dutch** 割り勘する

Let's go Dutch.
割り勘しよう。

■ **let *someone* go** （人）を解雇する

My boss let him go.
上司は彼を解雇した。

■ **go nuts** 興奮する

She's going to go nuts for it.
彼女はそれに夢中になるだろう。

■ **go abroad** 海外へ行く

I go abroad on business several times a year.
私は年に数回、仕事で海外に行きます。

■ **let go of ~** 〜から手を放す

Let go of me.
私から手を放して。

■ **Way to go!** よくやった！おめでとう！

Way to go, Peter. I owe you.
よくやった、ピーター。君に借りができたよ。

■ **go all the way** 最後まで行く、行くところまで行く

They went all the way the other night.
彼らは別の晩に最後まで行った。

■ **go from bad to worse** さらに悪くなる

The situation went from bad to worse.
状況はさらに悪くなった。

■ **go beyond ~** 〜以上のことをする、〜に勝る

Your fraud goes beyond that.
君の詐欺行為はあれ以上だよ。

■ **go along (with ~)** 〜についていく、賛成する

Is she going to go along with this?
彼女はこれに賛成するつもりですか？

■ **go over ~** 〜を調べる

We'll go over your idea during lunch.
ランチしながらあなたのアイデアを検討します。

■ **go through ~** 〜を通過する、経験する

I don't think I could go through that pain again.
その痛みをまた堪えられるとは思えないよ。

■ **go (well) with ~** 〜と合う、うまくいく

If things go well, I'm going to be out with her.
順調に行ったら、彼女とデートするんだ。

■ **go without ~** 〜なしでやっていく

Just go without me.
僕抜きでやってくれ。

come

comeはgoとは反対に「来る」という意味。I'm coming!「今行きます！」というように、comeは相手の立場から見て「来る」ことを表します。会社に欠勤を伝えるときには、I can't go to work.ではなく、I can't come to work.と言います。また、comeは人や物が実際に来るだけでなく、「ある状況が～になる」という意味でも使われます。

1. 来る、(話す人の方に)行く、～しに来る

Can I come see you? 君に会いに行ってもいいかな？
Please come this way. こちらへどうぞ。
Will you be able to come? 君は来られる？

2. ～に着く、至る、到着する、出る

The e-mail hasn't come yet. そのメールはまだ届いていない。
The bill comes to $100. 請求書は合計100ドルになっている。
My order hasn't come yet. 僕の注文したものはまだ来ない。

3. ～出身だ、～で発生する、生じる

Where do you come from? 君はどこの出身？

How come ~?　なぜ～？

How come?「なぜ、どうして」はHow did it happen?「どうしてそうなったの」と同じで、相手が置かれている状況が「どうして起きたのか」、つまり「どうしてこうなったのか」と理由を聞くときに使う表現。How come you were late?「どうして遅れたの」というように、後に節をつなげればより具体的に質問できます。

例文

How come you're still at a job that you hate?
なぜ君はいまだに嫌いな仕事についているの？

How come? Do you have a schedule conflict?
なんで？　スケジュールが重なっているの？

How come she didn't show up last night?
なぜ彼女は昨晩現れなかったの？

How come you didn't tell me about that?
なぜそのことを私に教えてくれなかったの？

A: How come you're late?　なんで遅れたの？
B: I got caught in traffic.　交通渋滞に巻き込まれたんだ。

Here ~ comes　～がやってきた

Here ～ comes.は「～がやって来た」という意味で、強調でHereが倒置されています。Here comes ～ の語順になることもあります。There comes a point [time, moment] when 主語＋動詞は、「～するときが来る」という意味。

Here he comes.
ほら、彼が来たよ。

Here come my favorite cheerleaders!
僕のお気に入りのチアリーダーが来たぞ！

There comes a time when you take that next important step.
君が次の重要な一歩を踏み出すときがやってきた。

A: Here the bus comes. Is your money ready?　さあバスが来たよ。お金の準備はできてる？
B: Yeah. Is it still a dollar to ride downtown?　うん。町に行くのにまだ1ドルかい？

Come again? もう一回言ってくれない？

Come again?「何ですって？」は相手の話を聞き取れなかったときや意外な話を聞いたときに、聞き返すための表現。What did you say?「何て言った？」、Can you say that again?「もう一度言ってくれる？」と同じように使えます。(I'm) Sorry? やExcuse me?と言うこともできます。

Come again? Say it one more, please.
何ですか？　もう一度言ってください。

Come again? I didn't hear you well.
もう一回言ってくれない？　よく聞こえなかったんだ。

I'm sorry? What did you say?
すみません。何て言ったんですか？

A: I plan to quit going to university next week. 僕は来週、大学を辞めようと思う。

B: Come again? How will you ever get a good job?
なんだって？　いったいどうやっていい仕事を得るつもりなんだい？

come first 一番になる

come first「最初に来る」は「(主語) が最も大事だ、第一に優先すべきものだ」という意味。仕事好きな人ならWork comes first.で「仕事が第一だ」、医者ならPatients come first.で「患者が第一だ」という表現が使えます。人に何が一番大事なのかを聞くときにはWhat comes first?と言います。

Patients have to come first.
患者は最優先されなければならない。

You have a family. Home has to come first for you.
君には家族がいる。家庭を一番大事にしなくてはならないよ。

You always come first with me. Do I still come first with you?
あなたは私にとっていつも一番なのよ。あなたにとって私はまだ一番大切な存在なの？

I mean, for me, the client comes first.
つまり、僕にとっては、お客さんが最優先ってことさ。

A: His children are always successful in school.
彼の子どもたちは学校で常にいい成績を取っているよ。

B: The children's education comes first. 子どもの教育が最優先なんだ。

come and go　行き来する、現れては消える

come and goは文字通りに「やって来て、帰る(去る)」という意味があるほかに、「行ったり来たりする、出入りする」「現れては消える、つかの間である」という意味があり、知っているといろいろな場面で使えます。have come and goneの完了形で使われることが多いので覚えておきましょう。

I have stomachaches. They **come and go** like every few minutes.
おなかが痛い。数分ごとに痛くなったり痛みが消えたりするんだ。

Boyfriends and girlfriends **come and go**, but our friendship is for life!
彼氏や彼女は現れては消えるけれど、私たちの友情は一生だよ！

This is my home and I want to be able to **come and go** whenever I want!　ここは僕の家だ、そしていつでも行き来できるようにしたいんだ。

There's no chance my mother's already **come and gone**.
母がすでに来て、帰ったということはありえない。

A: Has Janet been over to see you today?　ジャネットは今日、もう君に会いに来たかい？

B: No, she **comes and goes** when she has free time.
まだだよ。彼女は時間があるときに来て、すぐ帰るんだ。

when it comes to ~　～のことになると

when it comes to～ は会話でよく使われるフレーズのひとつ。when it comes to+名詞 [~ing] で「～に関しては、～のこととなると」という意味で、自分の意見や考え方を述べるときによく使います。

When it comes to the law, there's absolutely nothing I can do.
法律のこととなると、私にできることは何ひとつない。

I've had some bad luck **when it comes to** relationships.
人間関係に関して言えば、いくらか運が悪いことがあった。

I'm not good **when it comes to** breaking up with girls.
女の子と別れるとなると、僕は下手なんだ。

A: Are you sure you can fix my notebook computer?
本当に私のノートパソコンを直してくれるの？

B: Trust me. I'm the best **when it comes to** computers.
俺を信じろよ。コンピューターのこととなれば、俺は一番なのさ。

come to think of it　考えてみると

come to think of itは何か新しい考えが頭に浮かんだときによく使われる表現。「(今)考えてみると」「そういえば」という意味で、文頭または文末でよく使われます。

Come to think of it, she doesn't want you to know that.
考えてみると、彼女はあなたにそれを知ってもらいたくはない。

Come to think of it, you should take a day off.
考えてみると、君は一日休みを取るべきだよ。

Come to think of it, I don't need it anymore.
考えてみると、僕はもうそれは要らないよ。

Come to think of it, I left my cell phone in the office.
そういえば、携帯をオフィスに置いてきてしまった。

A: Darn it! I forgot my glasses today.　しまった！　今日は眼鏡を忘れてしまった。
B: **Come to think of it**, I forgot my glasses too.　そういえば、僕も眼鏡を忘れたよ。

come across　偶然出くわす

come across「～に（偶然）出くわす、出会う」「～を見つける」は、予想していなかった場所で知り合いに会ったり、物を見つけたりしたときに使う代表的な表現。同じ意味で、run across、bump intoも使われるので覚えておくといいでしょう。

Going through her mail, she **came across** her invitation.
郵便物を調べてみて、彼女は招待状を偶然見つけた。

How did you **come across** this information?
どうやってこの情報を知ったんだ？

I **came across** one of his baby pictures last weekend.
先週末、たまたま彼の赤ん坊の頃の写真を見つけた。

I **bumped into** him on the stairs.
私は彼と階段でばったり会った。

A: Let me know if you **come across** a diamond ring.
ダイヤモンドの指輪を見つけたら知らせてね。
B: Did you lose the ring in my house?　その指輪を僕の家でなくしたのかい？

come forward　名乗り出る、人前に出る

come forwardは直訳すると「前に出る」ですが、「進んで申し出る、志願する」「名乗り出る」「提案する」という意味があります。人に何かを話したり、渡したりするために「前に出る」ということです。

Everybody knew it, but nobody **came forward**.
誰もがそれを知っていたが、誰も申し出なかった。

Why don't you just **come forward** and tell the police about that?
名乗り出て、それを警察に伝えたらどう？

The boys **came forward** one by one and gave Kate gifts.
男の子たちはひとりずつ前に出て、ケイトにプレゼントをあげた。

Thank you for **coming forward** with this.
このことを伝えに来てくれてありがとう。

A: How did the police find the criminal?　警察はどうやって犯人を見つけたの？
B: Someone **came forward** with information about him.　誰かが彼の情報を届け出たんだ。

come from　～から来る、～出身である

come fromはbe fromと同様に「人の出身地」を話すときの代表的な表現です。下の例文にあるように、会話では「物や考えの出所」を表すためにもよく使われます。

I know where you're **coming from**.
僕は君がどこの出身か知っているよ。

Where does it **come from**?
それはどこの原産ですか？

Where did this cake **come from**?
このケーキはどこで手に入れたの？

This is a great bed. Where did it **come from**?
これは素晴らしいベッドだ。どこで手に入れたの？

A: I **come from** a small town in the northern US.　僕はアメリカ北部の小さい街出身だよ。
B: You must have had cold winters there.　そこの冬はとても寒かったでしょうね。

come in　中に入る

come inは「中に入る」という元の意味から、「(部屋・家などに) 入る」「(電車・バス、飛行機などが) 到着する」という意味にもなります。「(情報などが) 入ってくる」「流行する」など、抽象的な概念についても使われます。come intoは「～(の中) に入る」「～な状態になる」「(財産・金) を相続する」などの意味があります。

例文 Do you want to **come in** for a beer or something?
ビールか何かを飲みに入ってこない？

The shirts **came in** many colors.
そのシャツにはたくさんの色違いがある。

I didn't **come into** your room.
僕は君の部屋に入っていかなかったよ。

You've recently **come into** a great deal of money.
あなたは最近、大金を手にしたんですね。

A: The new rules will **come into** effect Monday. 新しい規則は月曜日に施行されるんだって。

B: Many people are going to be confused. 多くの人々が困惑するだろうね。

come off　落ちる、～から降りてくる、うまくいく、印象を与える

come offには「～から落ちる」という意味があり、この点でget off「～から降りる」と似ていますが、「(計画・試みなどが) 成功する、うまくいく」という意味もあります。Come off it! は「馬鹿を言うな」「いい加減にしろ」という意味で、相手が嘘をついたり、いい加減なことを言ったりしたときにたしなめる表現。

I didn't **come off** well.
うまくいかなかったなあ。

I saw my husband **come off** the plane with a young girl.
私は夫が若い女の子と飛行機から降りてくるのを見た。

But somehow you **came off** as the bad guy.
でも、君はいくぶん悪い奴だという印象を与えたよ。

A: I really enjoyed talking to your brother. 君のお兄さんと話すのは本当に楽しかったよ。

B: He **comes off** well to the people he meets. 彼は会う人とうまくやるんだ。

come over　立ち寄る、やってくる

come over+人[場所]で「～にぶらっと立ち寄る、やってくる」。また、*Something* comes over *someone*は、「～が…を襲う、…の身にふりかかる」という意味。come byは「(ちょっと)立ち寄る」、come by *something* は「～をなんとか手に入れる」という意味で使われます。

例文

I'm sorry to come over on such short notice.
こんなに突然に立ち寄ってしまって申し訳ない。

Do you want to come over for dinner?
夕食を食べに来ない？

Come by first thing in the morning if you can.
可能ならば、朝一番に立ち寄ってよ。

I'll come by for a consult in the morning.
僕は今日の午前中に、相談しに立ち寄るつもりです。

A: Do you want to come over to my place tonight?　今夜私の家に来ない？
B: Sure, what time is good for you?　もちろん行くよ。何時ならいい？

come through　通り抜ける、やり遂げる

come throughは直訳すると「～を通り抜けて入ってくる」で、文字通り「通り抜けて入る」という意味のほかに、「やり遂げる」「(知らせなどが) 届く」「(結果や情報が) 発表される」という意味もあります。転じて「～に受かる、通る」「(病気などを) 切り抜ける」「期待にこたえる」などの意味で使われることもあります。

You're going to come through this operation just fine.
君はこの手術をとても順調にやり遂げるだろう。

Our approval didn't come through.
我々の承認は通らなかった。

She will come through this.
彼女はこれをやり遂げるだろう。

Excuse me! Coming through.
すみません。通りますよ。

A: Maybe your dad will lend us some money.
たぶん君のお父さんが僕たちにお金を貸してくれるよ。
B: He's always come through for me in the past.
これまでも、いつも私のために尽くしてくれたからね。

More Expressions

■ **(have) come a long way** 進歩を遂げる、はるばるやってくる

We've come a long way.
私たちは大きな成長を遂げた。

■ **come to terms with ~** ～を妥協する

I've come to terms with it, you have to too.
僕はそれを妥協したんだ、君もそうしなければならない。

■ **come as a shock** ショックである

This might come as a shock to you.
これは君にとってはショックなことかもしれない。

■ **for years to come** この先何年も

It will be okay for years to come.
この先何年もそれは大丈夫だろう。

■ **come close** 近づく、もう一歩のところである

The knife came close to touching her cheek.
ナイフは彼女のほほをかすめるところだった。

■ **come loose** ゆるむ、ほどける

The wires have come loose in your head!
あんたの頭のワイヤーがほどけてるのよ！

■ **come away** ～から離れていく、取れる

Will you please come away from that window?
窓から離れてくれませんか？

■ **come apart** バラバラになる、壊れる

The right front tire started to come apart.
右の前タイヤが崩壊し始めた。

■ **come between ~** （二者）の間に入り込む

If you try to come between me and my husband, I will take you down.
もしあなたが私と私の夫の関係を壊そうとするなら、あなたをやっつけるわよ。

■ **come for *someone* [*something*]** （人、もの）を迎えに行く、取りに来る

We had to come for you.
私たちはあなたを迎えに行かないといけなかった。

We've come for her things.
僕らは彼女のものを取りに来たんだ。

■ **be yet to come** まだこれからだ

Just remember that the best is yet to come.
一番いいものはまだこれから来るということだけは覚えておいてもらいたい。

■ **come up with ~** ～を思いつく

I've tried, but I can't come up with a solution.
試してみたけど、解決策を見つけられないんだ。

■ **come with ~** ～と一緒に来る

Please come with me on the New York trip.
一緒にニューヨーク旅行に来てください。

■ **come to ~** ～に来る、なる

Why didn't you come to the party?
何でパーティーに来なかったの？

■ **come out** 出てくる、現れる

When is that movie going to come out?
その映画いつごろ上映予定なの？

■ **come down** 降りる、決意する

You've got to come down now. We might be late.
今すぐ降りてきて。遅刻しちゃうよ。

■ **come around** ぶらっと訪れる

Did she come around here before?
以前、彼女はここに立ち寄ったことがあった？

■ **come up** 上がる、近づく

She has a birthday coming up.
彼女は自分の誕生日が近づいている。

■ **I'm coming.** 今、行きます。

I'm coming. What is it?
今、行きます。どうしたんですか？

do

doは代表的な動詞の一つで、「(何をするかはわからないが) する」あるいは「過ごす」などの意味があります。また、doの次に目的語を続けた、do *one's* job「仕事をする」、do *one's* best「最善を尽くす」などは頻出表現です。また、doの後に生活でよく使われる名詞を続ければ、do the dishes「皿を洗う」、do the laundry「洗濯をする」、do *one's* hair「髪を整える」など、日常生活で使える表現にもなります。さらに、助動詞として否定文や疑問文を作ったり、You do? やYou did what? のように前に出てきた動詞の代わり (代動詞) として使われることもあります。

1. する、行う、過ごす、生きる

What are you doing here? ここで何をしているの？
What do you do for a living? 職業は何ですか？
I'm doing okay. 元気にやっているよ。

2. 十分だ、適当だ、役に立つ

That will do for me. それは僕のためになるだろう。

3. do+特定の名詞　～をする

I hate to do the dishes. 僕は皿洗いが大嫌いだ。
Don't forget to do the laundry before you go out. 出かける前に洗濯するのを忘れないでね。

4. (～に損害や利益を) あげる、及ぼす

Could you do me a favor? お願いを聞いてくださいますか？

do well うまくいく、よく売れる

do wellは「うまくいく」「成功する」「よく売れる」という意味。何がうまくいったのかを具体的に述べるときにはwithを使い、do well with 〜で表現します。do fineで「十分間に合う」「うまくやる」「元気に過ごす」、do okayやdo greatで「うまくやっている」「元気にやっている」となるので、一緒に覚えておきましょう。

例文 You **did** it very **well**.
君はとてもうまくやったよ。

You're **doing great**, Jane. We're almost done.
君はよくやっているよ、ジェーン。もうほとんど終わりだ。

I'm **doing great** with Julie.
僕はジュリーととてもうまくいっているよ。

You're **doing great**! Don't you give up!
いい調子だ！　あきらめるなよ！

A: David, how's it going?　デイビッド、調子はどう？
B: I'm **doing well**.　元気にやってるよ。

will do 役に立つ、目的を果たす

物を主語にして*Something* will doと言うと、「〜で足りる」「〜に間に合う」「役に立つ」「ちょうどよい」という意味。 That will do. はThat'll be fine. やThat's fine. と同じく、「それでいいです」という意味になります。例えば、レストランなどで店員が「それでいいですか？」と聞くときに、That will do? と言い、客がThat will do. と言えば、「それで結構です」の意味になります。

Don't be shy, any suggestion **will do**.
恥ずかしがるなよ、どんな提案でも役に立つんだ。

Say some words. Any words **will do**.
何か言葉をかけて。どんなのでもいいから。

I don't need much. One of these **will do**.
そんなにいらないよ。このうちひとつで十分だ。

A: I don't have any fancy clothes for the party.　パーティー用のおしゃれなドレスがないの。
B: Your black dress **will do**. It's simple but elegant.
黒いドレスでいいよ。シンプルだけど素敵だよ。

do a good job うまくやる

do a good jobは「うまくやってのける」という意味で、仕事などをうまくやり遂げた人をほめるためによく使われます。goodの代わりに、nice、great、super、excellentなども使えます。Good job!「よくやった」「いいぞ」は頻出表現。Good for you!「よかったね！」「おめでとう！」はいいことがあった相手に対して言う表現なので、混同しないようにしましょう。

例文 Your interior designer **did a great job**.
君のところのインテリアデザイナーはいい仕事をしたね。

You **did a good job**! I was very impressed.
君はよくやった！　僕はとても感動したよ。

You **did a good job** here, Michael.
マイケル、君はここでよくやったよ。

I'm sure you **did a great job**.
僕は君がよくやったと確信しているんだ。

A: I'm baking a cake for Kevin's birthday. ケヴィンの誕生日にケーキを焼いているの。

B: **Do a good job**. He deserves something nice. うまくやってくれよ。彼には良いものをあげなくちゃ。

do *one's* job 自分の任務を果たす

job「仕事」やhomework「宿題」を目的語にして、doが「〜をする」という意味で使われています。I'm just doing my job.は、「私は自分の仕事をしているだけです」という意味で、誰かが自分のやっていることをほめてくれたとき、あるいは人が自分の仕事に文句をつけくるときに言う表現です。

I'm not an angel. I'm just **doing my job**.
私は天使じゃない。ただやるべきことをやっているだけ。

I **do my job**, you do yours. All right?
僕は僕の、君は君の仕事をこなす。いいね？

You can just **do your job**.
あなたは自分の仕事に専念してください。

A: He doesn't **do his job** very well. 彼は自分の仕事をちゃんとやらないんだ。

B: I know. He's going to be fired soon. 知ってるよ。彼はもうすぐ解雇されるだろうね。

do (*someone*) a favor　（人）の願いを聞いてやる

do (*someone*) a favorは「（人の）願いを聞く」。Could you do me a favor?で「お願いを聞いていただけますか」という意味です。後に具体的に依頼内容を続けることもできますが、Could you do me a favor and 動詞～？と依頼内容をand以下に続けることもできます。do *someone* good「人に利益を与える、人のためになる」、do *someone* harm「人に害を与える」も一緒に覚えておきましょう。

例文

Could you **do me a big favor**?
重要なお願いを聞いてくれませんか？

Could you **do me a favor and** bring me a drink?
お願いがあるのですが、飲み物を持ってきてくれませんか？

Do yourself a favor. Get back home today at least by 8 o'clock.
いいか、悪いことは言わない。今日8時までには家に帰りなさい。

A: Will you **do me a favor**?　お願いを聞いてくれない？
B: Certainly.　かしこまりました。

do *something*　何かする、行動を起こす

do *something*は「何かをする」で、具体的に何をするかは明確ではないが何かをしなければならない、という状況で使います。また、何もしないことはdo not anythingと表現します。I'd do anything for you.で「あなたのためなら何でもします」

You have to **do something** about her.
あなたは彼女のために何かをしないといけない。

Tom, can you **do something** about this?
トム、これをどうにかできるかい？

You guys! Let's go out. We have to **do something**!
お前ら！出かけるぞ。何か行動を起こさなくちゃ。

Don't get me wrong. I didn't **do anything**.
誤解しないでくれよ。僕は何もしなかったよ。

A: Look, can you **do something** for me?　ねえ、ちょっとお願いがあるんだけど。
B: Sure, what? もちろんだよ。なんだい？

~ I can do　私ができる～

canとdoを使う表現。～(that) I can doの形でさまざまな意味になります。all I could doで「私にできたことは全部」、nothing more I can doで「私がこれ以上できることはない」などがあります。

例文

It's too late. There's not much **I can do**.
遅すぎるよ。もうあまり僕ができることはない。

I **did** all **I could do**. I'll just wait and see.
僕ができることは全部した。結果を見守るだけだ。

That's all **I can do**. Don't expect too much.
それが僕ができるすべてだ。あんまり期待しすぎるなよ。

I just wanted to give you some gifts. It's the least **I can do**.
ただ君に贈り物をしたかっただけなんだ。それが僕にできる最低限のことだからね。

There's nothing more **I can do**.
私ができることはもう何もない。

A: Doctor, is my father going to die?　先生、お父さんは死んじゃうの？
B: Yes. I did all **I could do** for him.　うん。私が彼にできることは全部したよ。

do with ~　～で間に合わせる、どうにかする

do with ～ は「～に対応する」「～を処理する」「～と取引する」という意味でよく使われる表現。withの後には人や物が続きます。状況に応じてニュアンスが変わりますが、「(with以下の人や物を) どうする」「どうした」「どうすればいい」という意味になることがよくあります。

I don't know what I'm going to **do with** myself now.
僕は今、どうしてよいかわからない。

I don't know what to **do with** that.
それをどうすればよいかわからない。

I don't know what to **do with** a woman.
僕は女性にどう接すればいいかわからない。

What the hell are you **doing with** my client?
君は一体、私の顧客に何をしているんだ？

A: What did you **do with** my history book?　僕の歴史の本ってどうした？
B: I put it on the shelf above the desk.　机の上の棚に置いたよ。

do without ~　～なしで済ませる

do without ～ は「～なしで済ます、やっていく」という意味の表現。I don't know what I would [am going to] do without ～ は「私は～なしでどうすればいいのかわからない」。can [could] do without ～ は「～なしでやっていける[いけた]」。

I don't know what I would **do without** healthcare.
僕は医療なしではどうすればよいかわからない。

I don't know what I'd **do without** him.
彼なしでは僕はどうすればよいかわからない。

What would I have **done without** you?
君なしで僕はどうすればよかったんだ？

What would you **do without** me?
君は僕なしでどうするんだ？

A: Smoking is a very unhealthy habit.　喫煙はとても不健康な習慣だよ。
B: I know, but I can't **do without** cigarettes.　わかってるよ、でも煙草なしではやっていけないよ。

Neither did I. / So do I.　私もしません。／私もします。

Neither did I. は「私もしません[違います]」。この表現は相手の発言に対して言うもので、didは相手が行った動作・行為を指しています。逆に「私もします[同じです]」はSo do I. と言います。

You don't go to school? **Neither do I.**
あなたは学校に行かないよね？　私も行かないわ。

You think Tammy's lying? **So do I.**
タミーは嘘をついていると思うんだね？　僕もそう思うよ。

Apparently **so do I.** It's OK.
見たところ僕もだよ。問題ないね。

Honey, **so do I.** I love you too.
ハニー、僕もだよ。僕も君を愛しているよ。

A: He never lied to his mother or father.　彼はお母さんにもお父さんにも嘘をついたことがなかったんだ。
B: **Neither did I.** I was a very honest kid.　僕もだ。とても正直な子どもだった。

Why don't you ~? 〜してはどうですか？

Why don't you 〜？は「〜してはいかがですか」と相手に提案する表現。I want you to 〜は「あなたに〜してほしい」とより直接的ですが、それよりは控えめな表現です。また、Why don't I 〜？はLet me 〜「私に〜させてください」、Why don't we 〜はLet's 〜「〜しましょう」とそれぞれ同じ意味です。

例文

Why don't you come over for a cup of coffee?
コーヒーを１杯飲みに立ち寄りませんか？

Why don't you stay here and just hang out with me?
ここにいて僕と過ごしたらどう？

Why don't you ask him to help you?
彼に手伝ってくれるよう、頼んでみたらどうですか？

Why don't we get together on Saturday?
土曜日に集まらない？

A: I am feeling so tired right now. 今、とても疲れているように感じるよ。
B: **Why don't you** go to bed and get some sleep? 少し眠ったらどう？

You did what? 何をしたって？

You did what?「何をしたって？」は相手の言葉をきちんと聞き取れなかったときや、信じられない話を聞かされたときに使う表現。You did?「そうだったの？」やYou do?「そうなの？」は相手の話を聞いて、相槌を打つ表現。

例文

You did what? I can't believe it.
何だって？　信じられないよ。

You did what? How come you always hit your friends?
何をしたって？　なぜ君はいつも友だちをたたくんだ？

You did? What was he talking about?
そうだったの？　彼はどんなことを話していたの？

You do? That's fantastic!
そうなの？　それは素晴らしいね！

A: I bought a new computer for us to use. 僕は僕らが使うためのコンピューターを買ったんだ。
B: **You did what?** We can't afford that. 何をしたって？　私たちにはそんな余裕はないわよ。

be

be動詞は補語をとって「〜だ」と身分や様態を表すだけでなく、be＋副詞句で「〜にいる」という意味で使われます。be glad to＋動詞「〜してうれしい」、be sorry「すまなく思って」、be worried「心配で」、be angry「腹が立って」など、be+形容詞［過去分詞］の頻出表現を覚えておくと、会話に強くなるでしょう。命令文のbe+形容詞［名詞］、Don't be+形容詞［名詞］にも慣れておきましょう。

1. (〜に) いる

She isn't at home now.　彼女は今、家にいない。
Why is he in such a bad mood?　なぜ彼はあんなに機嫌が悪いんだい？

2. 〜だ

Will you be my wife?　僕の妻になってくれるかい？
Let's just be friends.　ただの友達でいようよ。

3. be+形容詞[過去分詞]〜　〜する

Why are you so angry with me?　なぜ君はそんなに僕に怒っているんだい？
He's really bad at counting numbers.　彼は本当に数を数えるのが苦手だ。

4. Don't be 〜　〜しないで、〜するな

Don't be such a baby!　聞き分けのないこと言わないで！
Be a good mother.　良い母でありなさい。

be all right [okay] 問題ない、大丈夫だ

all rightは「正常な、好ましい、健康な」という意味で、be all rightは、be good [fine]、be okayと同じ意味。何が（誰が）大丈夫なのかを具体的に述べるときには、be all right with *something* [*someone*] を使います。ちなみに、You're right.は「あなたの言っていることは正しい（その通りだ）」という意味。

例文

You're going to **be all right**, honey.
君はきっと大丈夫だよ、ハニー。

Everything's going to **be all right [fine]**.
万事、うまくいくよ。

It's going to **be okay [fine]**.
きっとうまくいくよ。

If it'**s all right** with you, I'd like to borrow it.
君がいいなら、それを借りたいんだけど。

A: I'll go with you to your house. 君の家に一緒に行くよ。
B: You don't have to walk me home. I'll **be okay**. 送ってくれる必要はないのよ。大丈夫。

be there [here] そこ［ここ］にいる

「行く」「来る」は一般的に動詞のgoとcomeで表しますが、会話ではbe thereやbe hereを使うこともよくあります。be there「そこにいる」はgoの代わりに、be here「ここにいる」はcomeの代わりに使います。

例文

I can **be there** in about an hour.
一時間後にそこに行けます。

(I'll) **Be right there**.
すぐに伺います。

Wait a moment. They are going to **be here**.
ちょっと待って。彼らがこちらに来てくれることになっているんだ。

He really wants you to **be here**.
彼は本当に君にここにいてもらいたいと思っているよ。

A: Make sure that you arrive on time tomorrow. 明日、時間通りに到着するように。
B: Don't worry. I'll **be there** early. 心配するなよ。早めに行くから。

That will be ~ それは～になるだろう。

That will be ～は「それは～になる」。特に、店などで代金を計算して、「金額が～になる」と言うときに使われる典型的な表現。That'll beの後に続けて金額を入れます。また、疑問文にしてWill that be ～？「～になりますか？」という表現もよく使われます。

例文 Here's your check. **That'll be** $40.
伝票です。金額は40ドルです。

Here we are, sir. **That'll be** $4.50.
はいどうぞ。4.5ドルになります。

Will that be all?
それで全部ですか？

Will that be cash or charge?
現金ですか、クレジットカードですか？

A: How much do I owe you? 君にいくら借りているっけ？
B: **That will be** three dollars and twenty-five cents. 3ドルと25セントになるね。

The point is (that) ~ 肝心なのは～だ

話の要点を一言でまとめるときに使う表現で、「言いたいのは～」「問題は～」という意味。The thing is (that) 主語＋動詞で表される「問題は～」「要するに～」と同じ意味になります。

The point is that we need to fix the computer.
肝心なのは、僕らはコンピューターを直さなければならないということです。

The point is I don't need this right now.
重要なのは、僕は今すぐにこれを必要としないということです。

The thing is I don't really believe you.
大事なのは、僕が本当に君を信用しているわけではないということだ。

The thing is that we're moving again to another city.
問題は、私たちはまたもや別の市に引っ越すということでです。

A: Could you please get to the point? はっきりとおっしゃってくださいませんか？
B: **The point is that** we are bankrupt. 実をいうと僕たちは破産しているんだ。

be happy with [about] ~ 　～に満足している

be happy with [about] ～ は「～に喜んでいる」「～に満足している」という意味の表現。be satisfied with ～「～に満足している」と同じ意味です。

My boss **is** so **happy with** my work.
私の上司は私の働きに非常に満足している。

I'**m** very **happy with** my decision.
僕は自分の決断に満足しているよ。

I'**m** not **happy about** this.
これには喜べないな。

What **are** you so **happy about**?
なぜあなたはそんなに喜んでいるの？

A: How do you like your new apartment? 　新しいアパートはどんな感じ？
B: I'**m happy with** it. It's very comfortable. 　満足しているよ。とても快適なんだ。

be angry with [at, about] ~ 　～に怒る

getの項目でget angry「腹を立てる、怒る」を紹介していますが、be angry (mad / upset)「怒っている、腹を立てている」も同様に頻繁に使われます。前置詞with、at、aboutと一緒に使われるので覚えておきましょう。

I wonder if the boss **is** still **angry with** me.
上司はまだ私に怒っているのかしら。

Why **are** you **so angry at** me?
なぜ君はそんなに私に怒っているの？

Don't **be mad at** him, it's our fault.
彼に腹を立てるなよ、僕たちのせいなんだから。

I'**m not upset about** anything.
僕は何にも怒っていないよ。

A: Why **are** you so **angry at** me? 　なぜそんなに僕に怒っているの？
B: Because you said I was lying! 　あなたが私のことを嘘つきって言ったからよ！

be sorry about ~ ～について残念に思う

be sorry about ～は「～について残念に思う」という意味で、人に謝るときや人を慰めるときによく使われます。I'm sorry about [for]＋名詞のほかに、I'm sorry to＋動詞、I'm sorry (that) 主語＋動詞の形でも表すことができます。また、相手に申し訳ないと思う行動や発言をする前には、I'm sorry, (but) 主語＋動詞で「申し訳ありませんが、～」という表現になります。

I'm sorry about not getting back to you sooner.
すぐに返事ができなくてごめんなさい。

I'm sorry to hear that.
それはお気の毒です。

I'm sorry I'm late again, but I got stuck in traffic.
また遅刻してすみません、でも渋滞に巻き込まれたんです。

I am sorry, but I'm going to be a little late.
申し訳ないのですが、少し遅れます。

A: Do you want to break up with me? 僕と別れたいの？
B: I have to. I'm sorry about that. そうしなければならないわ。ごめんなさい。

be supposed to ~ ～することになっている

be supposed to＋動詞は「～することになっている」「(当然) ～すると思われている」という意味で、会話でよく使われる表現です。

You're supposed to be a responsible adult.
あなたは責任ある大人であるべきです。

Am I supposed to meet the client today?
今日、クライアントに会うことになっていますか？

I am not supposed to be here.
僕はここにいないことになっているんだ。

A: When is the show supposed to start? いつそのショーは始まる予定ですか？
B: Just after seven o'clock. 7時過ぎだよ。

be worth ~ 〜の価値がある

be worth＋名詞あるいは -ingで「〜に値する」「〜する価値がある」。知っていても実際に使うのが難しい表現かもしれません。be worthの次に前置詞を置かないので注意しましょう。名詞＋worth of 〜 は「〜相当の価値」。例えば、50 dollar('s) worth of couponsで「50ドル相当のクーポン券」となります。

例文

It's too hard. It's not worth it. I quit.
それは大変すぎるよ。割に合わないよ。僕は辞めた。

You'd better try. It will be worth it.
挑戦した方がいいよ。きっとそれに見合う価値があるから。

Is it worth it? Are you sure about that?
その価値はあるの？　それ本気で言ってる？

This is worth $30,000.
これは30,000ドルの価値がある。

A: That is a very nice sports car. とても素敵なスポーツカーだね。
B: It is worth a huge amount of money. 莫大な金額に見合う価値があるね。

be better [worse] より良い[悪い]

be better [worse] は何かとくらべて、より良い[悪い]という意味。後ろにthan 〜と比較の対象を置くこともありますが、単独で使うこともあります。could be better [worse] は直訳すると「良くなる[悪くなる]可能性がある」で、転じて「状況があまり良くない[悪くない]」。

例文

It could be better, but it's going to be okay, right?
あんまり良くないけど、きっと問題ないよね？

That's better.
その方がいいね。

It's better than your first plan.
それは君の最初の計画よりいいよ。

It would be better if she didn't come tonight.
彼女が今夜来ないなら、もっといいのに。

A: The coffee here is better than other restaurants. ここのコーヒーはほかのレストランのよりおいしいね。
B: Is that why you like to come here so much? だから君はこんなによくここに来るのかい？

It's not (that) ~ 〜というわけではない

It's not (that) 主語＋動詞は、「〜というわけではない」という意味で、that以下の考えや意見を否定するときに使います。後ろに形容詞が続くと「それほど〜ではない」。

It's not that I don't love you.
君を愛していないわけではないんだ。

It's not that we're not having a lot of fun at the party.
僕たちがパーティーで楽しんでいないわけではないんだ。

It's not that we don't care about the employees.
私たちが従業員のことを気にかけていないわけではないんだ。

It's not that we don't like you.
僕たちは君のことが好きじゃないわけではないんだ。

A: You really don't like me, do you? 君は心から僕を嫌っているよね？

B: **It's not that** I don't like you. I just don't know you. あなたを好きじゃないってわけではないの。ただあなたのことを知らないだけよ。

… be the one who ~ …こそ〜する人だ

このthe oneは「人」を指します。「（主語）は〜する人だ」と強調する時に使う表現です。I'm the one who 〜 と言えば「私が〜したんだ」、You're the one who 〜と言えば「あなたが〜したんだ」という意味になります。

You'**re the one who** should apologize.
謝るべきなのは君だ。

I'**m the one who** made him quit smoking.
彼が煙草を吸うのをやめさせたのは僕だ。

I guess he'**s the one who** needs a job right now.
僕が思うに、今すぐに仕事を必要としているのは彼だ。

She'**s the one who** agreed with you!
君に賛成したのは彼女だ。

A: Pat is going to be fired from our workplace. パットは会社から解雇されるみたいだね。

B: I don't want to **be the one who** tells her. 彼女に伝えるのは僕であってほしくないな。

be in ~　～な状態にある

be in の後に名詞が続き、「～な状態にある」という意味になります。be in trouble は「苦境に陥る」で、get *someone* in trouble は「～を苦難に巻き込む」、will be in trouble if ～は「もし～すると困ったことになるぞ」と警告するときの表現。be in charge of ～は「～の責任者である、～を担当している」。

例文

Our marriage **is in** trouble again.
私たちの結婚はまた大変な状態に陥っている。

You'**re** already **in** trouble. There's nothing I can do about it.
君はすでに大変なことになっているよ。僕がそれについてできることは何もないね。

She'**s in** a good mood tonight.
彼女は今夜、機嫌がいい。

I'**m not in** charge of here. Do you want to talk with the manager?
僕はここの担当じゃないんです。あなたはマネージャーと話したいのですか？

A: Give me a hand. I'**m in** trouble.　手伝ってよ。大変なんだ。
B: What kind of help do you need?　どんな助けが必要なんだい？

be out of *one's* mind　頭がおかしい、正気でない

be out of ～は「～から離れる」ことを表すので、be out of *one's* mind は「正気ではない」「気が狂って」、be out of town は「町を出る、出張中である」、be out of luck は「ついていない、運が悪い」という意味になります。

What are you doing? You'**re out of your mind**!
何しているんだ？　君は頭がおかしいのか！

I'll **be out of town** all next week.
僕は来週ずっと市外へ出かけているだろう。

You'**re out of luck**.
君はついていないね。

Let's hurry up and do this. We'**re out of time**.
急いでこれをやろう。僕たちには時間がないんだ。

A: I spent all of my money on my stamp collection.
僕は全財産を切手収集に費やしてしまったんだ。
B: Your stamp collection? You must **be out of your mind**.
切手収集？　君は頭がおかしいに違いないね。

be on ~　～の状態である

be on ～は「～の上にある」「～の状態である」という意味。be on a first-name basisは「～と親しい間柄で」、be on the wayは「途中で」「近づいて」、be on the phone callは「電話中で」。レストランなどで会計時にbe on *someone*と言うと、「～が払う」という意味になります。

例文

We **are on** a first-name basis.
私たちは親しい間柄だ。

It's going to be okay. I'**m on** my way.
何とかなるだろう。僕は向かっているところだ。

She **is on** her way to the office.
彼女はオフィスに向かっている途中だ。

Hold on a moment. The boss **is on** the other line.
ちょっと待ってください。上司はほかの電話の対応中です。

A: Have you ever met Mr. Johnson?　君はこれまでにジョンソンさんに会ったことあるかい？

B: Yes, we'**re on** a first-name basis with each other.　うん、僕らはお互いに親しい間柄だよ。

be back　戻ってくる、帰る

be backは「(短い間いなくなって)戻ってくる、帰ってくる」という意味。be backだけでも使うが、帰ってくる時間や場所を述べるときは時間や場所を表す副詞句を使います。

Don't go anywhere. I'll **be back** soon.
どこにも行っちゃいけないよ。すぐ戻るから。

I'll **be back** (in a minute).
僕は(すぐに)戻ってくるよ。

He should **be back** in ten minutes. Would you wait here?
彼は10分後に戻ってくるはずです。ここでお待ちいただけませんか？

He won't **be back** in the office today
彼は今日オフィスに戻ってこないだろう。

A: How soon do you expect him back?　彼はどのくらいで帰ってくると思いますか？

B: He should **be back** in about 15 minutes.　15分後には戻ってくるはずです。

be into ~　～にはまっている、～に夢中だ

be into ～は直訳すると「～の中にいる」で、つまり趣味や活動などに「熱中している、はまっている」ことを表す。be into *someone* は「～に夢中だ」という意味。

例文

I'**m so into** TV shows these days. How about you?
私はこのごろテレビ番組にとてもはまっているの。あなたはどう？

You're not telling me you'**re into** this stuff?
君がこんなものにはまっているなんて言わないよね？

I can't believe you'**re into** it.
あなたがそれにはまっているなんて信じられない。

Since when **are** you **into** jazz music?
いつから君はジャズにはまっているの？

A: Jeffrey seems to **be into** computer games.
ジェフリーはコンピューターゲームにはまっているようだ。

B: He plays them for hours every evening.　彼は毎晩何時間もプレイしているよ。

be off　離れる、行く

offは「離れて」「去って」という意味の副詞なので、be offは「～に行く」「出発する」という表現になります。目的地を述べるにはbe off to＋場所、行く目的を述べるにはbe off to＋動詞を使う。be offには「電気や水道などが切れている、止まっている」という意味もある。

I'**m off** to bed! You two have fun.
僕は寝るよ！　２人で楽しんで！

I'm sorry! I must **be off** right now. See you soon.
ごめん！　今すぐ行かなくちゃならないんだ。近いうちに会おう。

(I'd) Better **be off**. I'll catch you later.
僕はもう行かなくちゃ。後で追いつくよ。

He'**s off** to see his girlfriend.
彼は彼女とデートしに行くところです。

A: Did you turn off the lights before you left?　君は出発する前に、電気を切ったかい？

B: Yeah, the lights **are off** in the classroom.　うん、教室の電気は切れていたよ。

More Expressions

- **be in touch** 連絡をする
  I will be in touch.
  また連絡するよ。

- **be *oneself*** 自然に振る舞う
  Just be yourself.
  ただ自然体でいればいいんだ。
  You're not yourself.
  いつもの君らしくないね。

- **be in [out]** ～の中[外]にいる
  You are in.
  君は関わりがあるよね。

- **be behind ~** ～の後ろにある、遅れている、～を支持している
  I'm 100% behind you.
  僕は君の完全な味方だよ。

- **be on time** 時間通りだ
  You're on time.
  君は時間通りに来たね。

- **be on the same page** 同じ考えを持っている
  We're on the same page.
  私たちは同じ考えを持っている。

- **be off base** 全くの間違いだ
  You're way off base.
  全く的外れだよ。

- **be about to ~** ～するところだ
  We're about to begin the meeting.
  私たちは会議を始めるところだ。

- **be in *one's* ~** ～代である
  She's in her early twenties.
  彼女は20代前半だ。

- **be to blame** 責められるべきである
  You're to blame.
  君は責められるべきである。
  Somebody is always to blame.
  誰かしらが常に責めを負わされる。

- **It won't be long before ~** まもなく～だろう
  It'll not be long before she gets married.
  まもなく彼女は結婚するだろう。

- **be late** 遅刻する
  You're 30 minutes late.
  君は30分遅刻だ。

- **be available to ~** ～に会える、～を利用できる
  I'm not available to meet you this weekend.
  今週末君に会うことはできないんだ。

- **be familiar with ~** ～に精通している
  She's not familiar with the city.
  彼女はその都市について詳しくない。

- **be allergic to ~** ～にアレルギーがある
  He's allergic to shrimp.
  彼はエビアレルギーだ。

- **So be it.** それならそれでよい。
  You want to sue me? So be it.
  君は僕を訴えたいのかい？ 好きにすればいいさ。

- **be up ~** ～しようとしている、～次第だ
  Have hyou heard what she's been up to?
  彼女が何をしようとしているか聞いた？

- **be over** 終わる
  The game is over.
  試合は終わりだ。

- **be with ~** ～と一緒にいる
  I'll be right with you.
  すぐに行くよ。

- **be sure to ~** 必ず～する
  Be sure to lock the door when you go out.
  出かける時は必ずドアの鍵を閉めてね。

have

haveはgetほどではありませんが、多様な意味を持ち、使用頻度が高い動詞の一つです。haveは基本的に人、物、食べ物、病気などを「持っている」という意味で使われます。getと同様に「～をさせる」という使役動詞としても使われ、haveの後ろにさまざまな動作名詞を従えて熟語を作ります。

1. 持つ、(体)に持っている、～がある

Do you have a boyfriend now?　君には今、彼氏はいる？
Do you have a room for tonight?　今夜泊まる部屋はあるかい？
I don't have any brothers.　僕には兄弟がいない。

2. 食べ物を食べる、摂取する、(病気に)かかる

Let's have spaghetti.　スパゲッティを食べよう。
I'd like to have a diet Coke.　ダイエット・コークをください。
Do you have a high temperature?　熱が高いの？

3. have＋目的語＋動詞[過去分詞]～　～をさせる、～の状態になる

Have him come downstairs.　彼を下に来させて。

4. have to＋動詞　～しなければならない

I have to make money.　僕はお金を稼がなければならない。
You have to go now.　君は今すぐ行かなくてはならない。

Rumor has it (that) ~ 噂によると～らしい

Rumor has it (that) は「噂によれば～だ」「～という噂がある」。Rumor has itの後に (that) 主語＋動詞を続けます。

例文

Rumor has it that we're going to get a 10 percent raise.
噂によると、僕らは10%の昇給を得られるらしい。

Rumor has it he's going to quit.
噂によると彼は辞職するつもりらしい。

Rumor has it the store's going to shut down.
噂によるとそのお店は閉店するらしい。

Rumor has it you're going back to New York.
君がニューヨークに戻ってくると噂されているよ。

A: Brad and Allison were arguing this morning.
ブラッドとアリソンは今朝、言い争いをしていたわ。

B: Rumor has it that they might break up. 噂によると、彼らは別れるかもしれないらしい。

May I have ~? ～をいただいてもよろしいですか？

May I have ～？はMay I ～？「～してもよろしいですか？」を使った表現で、「～をいただいてもよろしいですか？」。自分に何かを見せること、渡すこと、提示することなどを相手に求めるときに使います。Can I have ～？よりも丁寧な表現です。

May I have your ticket and your passport, please?
あなたの航空券とパスポートを見せてもらってもいいですか？

May I have your email address?
メールアドレスを教えてもらってもいいですか？

May I have your name again, please?
もう一度名前を教えていただいてもよろしいですか？

May I have a receipt, please?
領収書をいただいてもよろしいですか？

A: Here is your change, sir. こちらがお釣りになります。

B: Thank you. May I have a receipt, please?
ありがとうございます。領収書をいただいてもよろしいですか？

have to do with ~ 〜と関係がある

have to do with 〜は「〜に関わっている」「〜と関係がある」という意味。have *something* to do with 〜とも言います。have nothing to do with 〜は「〜と関係ない」。

I think it has to do with your kids. Go talk with them.
思うにそれは君の子どもと関係があるよ。彼らと話しに行ったら。

It doesn't have anything to do with me.
それは私とは関係ありません。

What does that have to do with you?
それと君は何のつながりがあるんだ？

Does it have to do with your family?
それは君の家族と関係しているの？

I'm sorry about that, but I had nothing to do with this.
それはお気の毒に、でも私はこれとは何の関係もなかったの。

A: This weekend's marathon was canceled. 今週末のマラソンは中止されたね。
B: I have nothing to do with that. I'm not a runner. 僕にはどうでもいいことだね。僕はランナーじゃないんだ。

not have any ~ 〜が全くない

not have any＋名詞で「〜が一つもない、全然ない」という意味。疑問文になると「〜を持っている？」「〜がある？」という意味になります。

I don't have any close friends except you.
僕は君以外に仲のいい友だちがいないんだ。

What am I supposed to do? I don't have any money.
どうすればいいの？　お金が全くないのよ。

Do you have any identification?
何か身分証明書を持っていますか？

What're you doing tonight? Do you have any plans?
今夜、何をするつもりですか？　何か予定はありますか？

A: Do you have any hobbies? 何か趣味はあるの？
B: I'm fond of watching movies. 僕は映画を見るのが好きなんだ。

have a [the] feeling　～という気がする

have a [the] feelingは「～という気がする」という主観的な気持ちを表す表現。have feelings forだと「～に気がある」という意味になります。また、feelingの代わりにhunch「予感」を使うと、have a hunch「～という予感がする」という意味になるので覚えておきましょう。

I **have a feeling** she's going to be very angry.
彼女がとても怒りだす予感がする。

I **have a feeling** that she is not going to show up.
彼女は現れない気がするなあ。

I **have a hunch** he's lying to me. You don't think so?
彼が僕に嘘をついているような気がするよ。そう思わないか？

I **have (strong) feelings** for her.
僕は彼女に（強い）好意を抱いている。

A: I **have a feeling** it will snow a lot today.　今日はたくさん雪が降る予感がするよ。

B: Me too. The sky looks very dark and stormy.　僕もだよ。空が暗くて天気が荒れているからね。

have time to [for] ~　～する時間がある

have time to [for] ～は「～する時間がある」という意味で、to＋動詞またはfor＋名詞で何をするための時間かを説明します。timeにtheをつけてDo you have the time? というと「今、何時ですか」という意味になるので注意しましょう。

I don't **have time for** this. I have to get up early.
僕はこれをやる時間がないよ。早く起きなければならないんだ。

I don't **have time for** this right now.
私は今すぐにこれをやる時間はありません。

Do you **have (some) time**? I need to talk to you.
時間ある？　君と話さなければならないんだ。

Do you **have time to** go there for me?
僕のためにそこに行く時間はある？

A: Do you **have time to** talk about the meeting?　会議のことで話す時間はあるかな？

B: Not this morning, but I am free after lunch.　午前中はない、でも昼食後なら空いてるよ。

have a question 質問がある

質問するときに使う表現で、質問する相手を述べる場合はhave a questionの後にfor *someone*、質問内容を述べる場合はabout *something*を付け加えましょう。

I **have a question**. Why did you do that?
質問があります。なぜあなたはそのようなことをしたのですか？

I **have a question**. I need to ask you.
質問があります。僕はあなたに尋ねる必要があるんだ。

Have you got a minute? I **have a question** for you.
時間あるかい？君に聞きたいことがあるんだ。

I **have a question** about your report.
僕は君の報告書について質問があるんだ。

A: I **have a question**. Are we leaving early? 聞きたいんだけど、早めに出るのですか？
B: Yes, we need to go downtown in a few hours. そうだよ。数時間後に市内に行かないといけないんだ。

have a problem 問題がある

何か問題があるとき、不満があるときに使う表現。問題がなければ、have no problemと言います。何について問題があるのかは後にwith ～と続けて説明します。

What's with you? Do you **have a problem** with me?
どうしたんだ？　僕に何か問題があるのか？

Do you **have a problem** with that?
何か問題でも？

I **have a problem** with you seeing other girls.
あなたがほかの女の子と会っているのは問題があるわ。

I **have no problem** with that.
それは問題ないよ。

A: I **have a problem**. 問題があるんだ。
B: Really? What happened? 本当に？　何があったの？

have a chance チャンスがある

have a chanceは「〜をする機会、チャンスがある」という意味。chanceの後にwith＋名詞またはto＋動詞をつけて、何のためのチャンスかを説明できます。take a chanceは直訳の「可能性をつかむ」から転じて「〜に賭けてみる」という意味として使われます。

I didn't **have a chance** to apologize to you for what I did.
自分がしたことを君に謝る機会がなかった。

I think I **have a chance** with her.
僕は彼女とうまくいくと思う。

I'm sorry I didn't **have a chance** to call.
ごめんなさい。電話することができなかったの。

We might actually **have a chance** of winning this.
意外と私たちにも勝つ可能性があるかもしれない。

A: Shall we go into one of these casinos? このカジノのうち、どれか1つに入りましょうか？

B: No. We don't **have a chance** of winning any money.
いや。僕らがお金を勝ち取る可能性はないよ。

have a point 的を射ている

have a pointは、同意した上で「的を射ている」「一理ある」と言うときに使う表現。pointの後にthereを付けて、have a point there「（その点で）的を射ている」と言うこともできます。

She **had a point**. I guess I should have listened to her.
彼女は的を射ていたよ。僕らは彼女の言うことを聞くべきだったと思うね。

That's true. You **have a point** there.
その通りだ。君は的を射ているよ。

I think he might **have a point**.
僕は、彼が的を射ているかもしれないと思う。

Do you **have a point**?
何が言いたいの？

A: You're putting on weight because you eat too much.
食べすぎてるから体重が増えているよ。

B: You **have a point**. I need to go on a diet.
そのとおりだね。ダイエットしなきゃ。

have an appointment　約束がある

予約や約束を意味するappointmentは、友人同士の約束というより、病院や美容院の予約、ビジネス上の面会予約などに使います。会う相手を表すにはhave an appointmentの後にwith *someone*と続け、面会の目的を述べるときは、to＋動詞を使って説明しましょう。

I **have an appointment** with a dentist. — I have to go. I **have an appointment** with a dentist.
僕は行かなければならないんだ。歯医者の予約がある。

I **have an appointment** with Mr. James.
ジェームズさんと会う約束がある。

I **have an appointment** to see Dr. Kimura.
木村医師と会う約束があるんだ。

I'm afraid I **have another appointment**.
残念だけど、僕には別の約束があるんだ。

A: What's the rush?　何を急いでるの？
B: I **have an appointment**. And it's very important.
約束があるんだ。それもとても大事なものなんだ。

have no idea　全くわからない

have no idea「わからない」「見当がつかない」は、don' t knowと同じ意味。何がわからないのかを表すには、have no idea＋疑問詞＋主語＋動詞とするか、have no idea＋疑問詞＋to doと続けましょう。

I **have no idea** what it is.
僕はそれが何か全くわからない。

I **have no idea** what you are talking about.
あなたが何について話しているのか全くわからない。

I **have no idea** what to say.
何というべきか全くわからない。

You **have no idea** how much I miss her.
僕がどれだけ彼女が恋しいか君には見当もつかないだろう。

A: This room needs to be cleaned right away.　この部屋をすぐに掃除しなくちゃ。
B: I **have no idea** what made it so dirty.　何が原因でそんなに汚くなったのかわからないよ。

have no choice　選択の余地はない、～せざるを得ない

have no choiceは直訳で「選択肢を持っていない」、つまり「選択の余地はない」「どうしようもない」ということになります。

I **had no choice** but to use force.
僕は暴力に頼るしかなかった。

I'm afraid you really **have no choice.**
残念ながら、君は本当にどうしようもない。

You **have no choice** in this matter. You just do what you're told.
本件においてあなたはどうしようもありません。ただ言われたようにすることです。

It's not fair. I'm telling you I **had no choice**.
不公平だ。僕はどうしようもなかったって言っているだろう。

A: It's too difficult to get a good grade in math class.
難しすぎて数学の授業でいい成績を取れないよ。

B: You **have no choice**. You must get a good grade.
選択の余地はないよ。君は良い成績を取らなければならないんだ。

have *one's* word　保証する、約束する

have *one's* wordは「～の言質を取る」という意味で、つまり、主語が*one*にあたる人から約束や保証を得るということ。wordの代わりにpromiseも使えます。give *one's* wordとすると、主語がgiveする相手に対して「約束する」。have a word (with ～)は「～について少し話す」、have words with ～は「～と口論する」。

I won't do that again. You **have my word**.
僕は二度とそれをやらないよ。約束するよ。

I **give you my word**. You will not get a pay cut.
僕は君に約束するよ。君は減給されないってね。

Do I **have your word** on that?
君はそれを保証するかい？

A: Do you promise to keep this a secret?　このことを秘密にすると約束するね？

B: You **have my word**. I won't tell anyone.　約束するよ。誰にも言わないから。

More Expressions

- **have company** 客がある
  I have company.
  僕に来客があるんだ。

- **have money** お金がある
  I have a lot of money on me now.
  僕は今、たくさんの持ち合わせがある。

- **have no reason to ~** ～する理由はない
  She has no reason to hurt me.
  彼女はわけもなく僕を傷つける。

- **have a heart** 思いやりがある
  That was a little girl! Don't you have a heart?
  あの子は小さい女の子なんだ！ 思いやりの心はないのか？

- **have the nerve [guts]** 度胸[根性]がある
  You don't have the guts.
  君には根性がないね。

- **have every right to＋動詞** ～するのに十分な権利がある、～するのは当然である
  You have every right to be angry with me.
  君が僕に怒るのは当然だ。

- **don't have a clue** 手がかりがない
  He doesn't (even) have a clue.
  彼には（全く）分からない。

- **have everything *someone* needs** （人）に必要なものはすべてそろっている
  I have everything I need.
  僕は自分に必要なものはすべて持っているよ。

- **have a baby** 赤ちゃんができる
  I'm going to have a baby.
  私に赤ちゃんができたの。
  What did she have? (It's a girl.)
  彼女はどちらを出産したの？（女の子だ）

- **have faith in ~** ～を信頼する
  I have faith in you.
  僕は君を信頼しているよ。

- **have an appetite for ~** ～が好きである
  She has an appetite for rap music.
  彼女はラップ音楽が好きだ。

- **have a shot** 挑戦する
  Let me have a shot at it.
  僕にそれを挑戦させてよ。

- **have *someone* over for dinner [to dinner]** （人）を招いて（夕食を）振る舞う
  We're going to have you over for dinner sometime.
  私たちはいつかあなたを招いて夕食を振る舞うつもりです。

- **have a call** 電話がかかってくる
  You have a phone call. 電話ですよ。
  I have a call for you. 君に電話だよ。

- **have it in for *someone*** ～に恨みがある
  I know. She has it in for me.
  分かってるよ。彼女は僕に恨みがあるんだ。

- **have *one's* own way** したいようにする
  I'll have my own way on this project.
  僕はこのプロジェクトに関して我を通すつもりだ。

- **have (got) a thing for ~** ～が大好きだ
  I think he has got a thing for her.
  僕は彼は彼女のことが気に入っていると思う。

- **had better ~** ～したほうが良い
  We'd better hurry. The movie starts in ten minutes.
  急ごう。映画は10分で始まるよ。

- **have *someone* (*something*) in mind** 人（物）が頭に浮かぶ
  Is this what you have in mind?
  これがあなたが思い浮かべているものですか？

- **have *something* to ~** ～するべきものがある
  Can I have something to eat?
  何か食べる物をもらえますか？

make

makeの基本的な意味は「何かを作る」ですが、そこから派生してcook「料理する」、prepare「準備する」、become「〜になる」などのさまざまな意味を持ちます。また、makeもhaveやgetと同様「〜させる」という使役動詞の意味を持ちますが、haveやgetより強制の意味が強いのが特徴です。さらにmake a speech「スピーチをする」、make a call「電話をかける」などのように、動詞から派生した名詞を目的語にしてさまざまな熟語を作ります。

1. 作る、料理する、準備する、(お金を)稼ぐ、(目標を)達成する

Can you make a cup of coffee for me? 私にコーヒーを1杯淹れてくれませんか？
Can you make the party? パーティーを開いてくれませんか？
Do you know who makes this product? 誰がこの製品を作るのか知っていますか？

2. (努力して〜に)なる、(自然に)〜になる

Three and five make eight. 3足す5は8だ。
Jane will make an excellent model. ジェーンは素晴らしいモデルになるだろう。

3. 〜させる (make someone [something] +動詞)

Let me make you feel better. 気持ちよくしてあげよう。

4. 〜させる(make someone [something] +名詞[形容詞])

You made her upset. あなたが彼女を怒らせたのです。
Don't make me unhappy. 僕を悲しませないでくれ。

What makes you think ~?　何が〜と思わせるのか、なぜ〜だと思うのか

What makes you think ～?は、前出のmake *someone* [*something*] ＋動詞の原形「人(物)に〜させる」という表現の中で最もよく使われる表現の一つ。直訳すると「何があなたに〜だと思わせるのか」で、つまり「なぜ〜だと思うのか」と相手にその考えを抱く理由をたずねる表現です。

What makes you think we can live together?
なぜ私たちが一緒に住めると思っているのですか？

What makes you think he's seeing someone?
彼が誰かと付き合っているとどうして思うのですか？

Are you trying to **make me think** that you didn't love her?
あなたは自分が彼女を愛していなかったと私に思わせようとしているの？

A: It's obvious that he knows something. 彼が何かを知っているのは明らかだよ。
B: **What makes you think** so? どうしてそう思うの？

make *oneself* clear　(人)の考えをはっきりさせる

make oneself＋形容詞／分詞／副詞句で「自ら〜な状態にする」という意味。make *oneself* clearは「自らはっきりさせる」、つまり「(話が伝わっていない)相手に自分の意図をはっきり伝える、わからせる」という意味です。clearの代わりにunderstoodを使っても同じ意味になります。

You have to stop smoking. Do I **make myself clear**?
君は喫煙をやめなければならない。僕の言っていることがわかるかい？

Do I **make myself clear**?
私の言っていることがわかりますか？

I didn't **make myself clear**. Let me say that again.
自分で言ってることがわからなかったよ。もう一度言わせて。

Can he **make himself understood** in Japanese?
彼は日本語で自分の考えを理解することができますか？

A: No one understood what Jim was saying. 誰もジムが何て言っていたか理解できなかったよ。
B: He must **make himself clear** to all of us. 彼は僕たちみんなに対して自分の考えをはっきりさせないといけないね。

make a reservation 予約する

make a reservationは「予約する」。予約する時間や場所、人数を述べるときは前置詞forやatを使いましょう。have a reservationは「予約している、予約がある」で、make a reservationをして予約が済んでいる状態を指します。

例文

Honey, I **made a reservation** at China Garden.
あなた、チャイナ・ガーデンの予約をしておいたわ。

What time can we **make a reservation** for?
何時に予約できますか？

I'd like to **make a reservation** for eight people at six o'clock tonight.
今夜、6時に8人で予約したいのですが。

I already **made a reservation**.
僕はもう予約したよ。

A: The restaurant looks crowded tonight. 今夜、このレストランは混んでいるようね。
B: I should have **made a reservation** for us. 席を予約しておくべきだったな。

make a difference 違いが生じる、効果がある

make a difference「差（違い）が出る」とは、違いが感じられるくらい「重要である」という意味にもなります。make no difference (not make any difference) となると「差（違い）がない」、つまり「重要でない」「どうでもいい」という意味。

It's not going to **make any difference**.
それは何の違いも生まないだろう。

I don't care. (It) **Makes no difference** to me.
どうでもいいよ。僕には同じことだよ。

It's going to **make a big difference**.
それは大きな差異を生じさせるだろう。

A few more people aren't going to **make a difference**.
あと数人多くても効果はないだろう。

A: Should I wash the car this afternoon? 今日の午後、車を洗うべきかな？
B: No. It won't **make a difference** because it's going to rain.
いいや。雨が降りそうだから、結局同じなんじゃないかな。

make a mistake 間違いを犯す

実際にどのような間違いを犯したかを述べるときはmake a mistake -ingで「〜という間違いを犯す」と説明できます。I made a mistake「間違えました」と言った後にどのように話を続けるか、いくつか例を挙げておきます。

I made a mistake. It's my fault.
僕は過ちを犯したよ。僕の責任だ。

I think you're making a big mistake.
君は大きな間違いをしていると僕は思うよ。

We made a huge mistake telling her about that.
私たちはあのことを彼女に言ってしまうという大きな間違いを犯した。

A: This math problem looks like it is all wrong. この数学の問題は全部間違っているようだね。

B: Maybe I made a mistake when doing it. たぶん解いているときに、ミスしてしまったんだ。

make a deal 取引する

make a deal with *someone*で「〜と取引する」「〜と合意に達する」。Let's make a deal to 〜で「〜することにしよう」。

I can't make a deal if you keep your mouth shut.
あなたが沈黙を貫くなら、私は取引できません。

Let's make a deal never to fight over it again.
二度とそのことでけんかはしないことにしよう。

I'll make a deal with you. If you lie to me, I will lie to you.
君と取引しよう。もし君が僕に嘘をついたら、僕も君に嘘をつくからね。

I made a deal with the boss. He's not going to fire me.
僕は上司と取引したんだ。彼は僕を解雇しないだろう。

A: I am ready to sell my house. 家を売る準備が整ったよ。

B: Let's make a deal. I want to buy it. 取引しよう。僕はそれを購入したい。

make a call 電話をかける

make a callは「電話をかける、電話をする」。take a callだと「電話を受ける、電話に出る」になります。人と話しているときに電話が鳴り、取りたいときは、I have to take this call.「この電話に出なければ」といって、相手に了解を得るといいでしょう。

Your girlfriend went to **make a call**. She'll be back soon.
君の彼女は電話をかけに行ったよ。すぐ戻ってくるだろう。

I have to go **make a call**. I'll be back.
僕は電話をかけに行かないといけない。すぐ戻るよ。

She takes out her phone to **make a call**.
彼女は電話をかけるために、電話を取り出す。

I **made a call** to the life insurance agent yesterday.
私は昨日、生命保険代理店に電話をかけた。

A: This party doesn't have many people. このパーティーにはあまり人がいないね。

B: Let me **make a call**. I'll invite some friends. 電話をかけさせてよ。友だちを何人か招待するよ。

make sense 筋が通っている、つじつまが合う

make senseは「(文などの)意味が通じる」「(行動・説明などの)筋が通る」という意味。thatやit、抽象名詞などを主語にして、「〜は理解できる」「〜は筋が通る」という意味を表します。make no sense [not make any sense] は「変だ」「理解できない」。理解する人間を述べるときはmake sense to *someone*を使います。

How does that **make any sense**?
どう道理にかなっていると言うんだい？

That **makes sense**.
それは筋が通っている。

It doesn't **make any sense**.
それは全くつじつまが合っていない。

Does that **make any sense** to you?
君に理解できるかい？

A: Does this e-mail **make any sense**? このメールは筋が通っていますか？

B: It does sound a little bit strange. ちょっと違和感があるね。

make sure (that) ~ 〜を確かめる

make sure (that) 〜は「〜を確認する」。相手の発言を聞いた後でLet me make sure that 〜と言えば、「〜を確認させてください」。Please make sure that 〜は「〜を確認してください」という意味です。

例文

I followed you to make sure you were okay.
私は君が大丈夫か確認するために君についていったんだ。

Make sure that you arrive on time tomorrow.
明日、必ず時間通りに到着しなさい。

I'll make sure that I keep in touch.
必ず連絡するよ。

I want to make sure that you're okay.
僕は君が大丈夫かどうか確認したいんだ。

A: Make sure that you arrive on time tomorrow. 明日、時間通りに到着するようにしてね。

B: Don't worry. I'll be there early. 心配しないで。早めに行くから。

make money お金を稼ぐ

makeにはgain「〜を獲得する」、reach「〜に至る」という意味もあります。make moneyで「大金を稼ぐ、利益を得る」、make a fortuneで「財を成す」「巨万の富を築く」、make a killingで「大儲けする」、make a livingで「生計を立てる」。

I'm here to make money.
僕はお金を稼ぐためにここにいるんだ。

I am making (some) money.
僕は（いくらか）お金を稼いでいる。

They made a killing in Las Vegas.
彼らはラスベガスで大もうけした。

I have to make money for my education.
僕は学費を稼がなければならない。

A: What is the job with the highest salary? もっとも給料が高い職業は何？

B: I think doctors make a lot of money. 医者はたくさんのお金を稼ぐと思うよ。

make time　時間を作る

make timeは「～する時間を作る」「都合をつける」。何のために時間を作るのかを述べるときはmake time for＋名詞、時間を作って何をするかを述べるときはmake time to＋動詞の形にします。

例文

Make time to talk to your wife.
君の奥さんと話す時間を作れよ。

I **make time** for her but I don't **make time** for you.
僕は彼女のためには時間を作るが、君のためにはしないよ。

I have to **make time** to write my speech.
僕はスピーチを書き上げる時間を取らなくちゃいけない。

Make time. I'll be expecting you.
時間を取ってください。お待ちしています。

A: Always **make time** to be with your family.　常に家族と一緒にいる時間を作りなさい。

B: Right. It's important to be close to them.　わかりました。家族と親しくするのは重要ですから。

make it through (~)　(～を) うまくやり遂げる

make it throughは「大変な状況を通り抜ける」「(困難を) やり過ごす、うまく乗り切る」という意味を持ちます。make it throughの後に名詞を続けて、何を乗り切ったのかを具体的に述べることができます。

Some of us will **make it through**, and some won't.
我々の何人かはうまくやり遂げるだろうし、そうでない人もいるだろう。

Do you think I can **make it through** today without falling asleep?
君は僕が今日、眠ってしまわずにやり終えることができると思うかい？

So don't worry about it. You'll **make it through**.
なら、心配しないで。きっとうまく切り抜けるよ。

He won't **make it through** the surgery unless we do our best.
私たちが最善を尽くさない限り、彼はその手術をうまく乗り越えられないだろう。

A: Every time I see you, you're studying hard.
僕が君に会うとき、いつも君は一生懸命勉強しているね。

B: I have to study to **make it through** medical school.
医学部を何とか出るために勉強しなければならないんだ。

make up for *something* 〜の埋め合わせをする

make upの後ろにfor *something*が続くと、「〜(不足・損失など)を補う、〜の埋め合わせをする、償いをする」という意味になります。make up for〜 の後に不足や損失しているものを続けて説明しましょう。また、make it up to *someone* は、「〜(にかけた迷惑、損失)に対して、補償する」という意味。

例文

It won't **make up for what I did** to you, but it's the best I can do.
君に対して私がしたことを償うことはできませんが、それが私にできる最善のことです。

That'll give us a chance to **make up for lost time**.
それは失われた時間の埋め合わせをするチャンスを私たちに与えてくれるだろう。

I'll **make up for it** tomorrow, okay? I promise.
明日、その埋め合わせをするよ、いい？　約束する。

Is there anything I can do to **make it up to you**?
君に埋め合わせをするために何か僕にできることはあるかい？

A: Why do I need to work on Sunday? なぜ私は日曜日に働かなくてはならないのですか？

B: You have to **make up for the days** you were absent.
君は欠勤した日の埋め合わせをしなければならない。

make do with 〜で済ます

make do with 〜 は「〜で間に合わせる、済ます」。不十分ではあるが、ほかのもので済ますという意味です。

I'll **make do with** what I have here.
僕はここに持ち合わせているもので済ませるよ。

I had to **make do with** milk in my coffee.
私はコーヒーにミルクを入れてやりくりしてました。

You'll have to **make do with** it.
君はそれで間に合わせなければいけないだろう。

I'm afraid you'll have to **make do with** me.
残念ながら、私で満足してもらうしかありません。

A: The economy has been bad all over the world. 世界中で景気が悪いね。

B: It's important to **make do with** what you have.
君が持っているもので間に合わせるのが大事だよ。

More Expressions

- **be made of [from] ~** 〜で作られている
  It's made from eggs!
  それは卵から作られているんだ！
- **make friends with ~** （人）と友達になる
  You have to make friends with him.
  あなたは彼と親しくならなければならない。
- **make ends meet** 家計をやりくりする
  We're barely making money enough to make ends meet.
  僕らは家計をやりくりするのに十分なお金をかろうじて稼いでいる。
- **make off with ~** 〜を持ち去る、盗む
  They made off with my MP3 player.
  彼らは僕のMP3プレイヤーを持ち去った。
- **make a face** 顔をしかめる
  Don't make a face.
  しかめっ面をするなよ。
- **make a run for it** 急いで逃げる
  Let's make a run for it.
  急いで逃げるぞ。
- **make a day [night] of it** 一日[一晩]を過ごす、楽しい一日[夜]を過ごす
  With your son, you'll make a day of it.
  君の息子さんと、君は楽しい一日を過ごすだろう。
- **make out ~** 〜を理解する、折り合いをつける
  We can barely make out what you're saying.
  君の言っていることをほぼ理解できないよ。
- **make up** 化粧をする、和解する
  She was trying to make up with you.
  彼女は君と仲直りしようとしてたんだ。
- **make nothing of ~** 〜を何とも思わない
  Don't make nothing of his question.
  彼の質問は気にするなよ。
- **make up *one's* mind** 決心する
  I haven't made up my mind yet.
  僕はまだ決めてないんだ。
- **make a mess of ~** 〜を台無しにする
  I'm afraid I've made a mess here on your desk.
  ごめん、君の机をめちゃくちゃにしちゃったよ。
- **make fun of ~** 〜をからかう
  Are you making fun of me?
  私のことをからかっているの？
- **make it** うまくいく、成功する
  When can you make it?
  何時なら都合がいい？
- **make it right** それを正す
  I've made a lot of mistakes. I'm going to make it right.
  たくさんミスをしちゃったんだ。それを正すつもりだよ。

know

know「(〜を)知る、知っている」を用いた熟語や句動詞はあまり多くありませんが、会話でよく使われる表現know anything about 〜、I know that 〜、You don't know that 〜などはすぐに口から出てくるようにしておくと便利です。

1. 知る、知り合う

Do I know you?　どこかでお会いしましたか？

Do you know that?　あなたはそれを知っていますか？

2. 〜について知っている know (of ~ / about ~)

Do you know about that?　あなたはそのことについて知っていますか？

Do they know about each other?　彼らはお互いに知り合いですか？

3. know that [what ~] 主語＋動詞　〜を知る

I know she made a mistake.　僕は彼女がミスを犯したことを知っているよ。

My God! I don't know what to say.　嘘だろ！　なんていえばいいかわからないよ。

I know where you live.　僕は君がどこに住んでいるか知っている。

let *someone* know (~)　(人) に (~を) 知らせる

let *someone* know ~ は「人に~を知らせる、言う」という意味で、Let me know ~で「私に~を知らせてほしい」、let you know ~で「あなたに~を知らせる、言う」。Let me know. と言えば「(後で) 知らせてください」ということ。

I want to **let you know** how much I care about you.
あなたのことを私がどれだけ気にかけているか、あなたにわかってもらいたいのよ。

If you need any help, **let me know**.
手助けが必要なら、私に知らせてください。

Let me know if she likes it, okay?
彼女がそれを好きかどうか僕に教えてくれ、わかった？

I just want to **let you know** that we are getting married.
僕はただ、僕らがもうすぐ結婚するということをお知らせしたいんです。

A: **Let me know** if you have any questions.　何か質問があったら私に知らせてください。

B: I'll keep that in mind.　覚えておきます。

know the answer to ~　~に対する答えを知っている

know the answer to ~「~への答えを知っている」は、質問に対する答えを知っているということだけでなく「それを知っている」という意味でも使われます。前に述べられた事柄をthatで受けて、know the answer to that という表現がよく使われます。

I think I **know the answer to** that.
私はその答えを知っていると思う。

I think I **know the answer to** this question.
僕はこの質問の答えを知っていると思う。

You **know the answer to** that.
あなたはその答えをわかってますよね。

A: When will we go home?　いつ家に帰りますか？

B: I don't **know the answer to** that question.　わからないよ。

not know the first thing about ~ 〜について何も知らない

not know the first thing about 〜 は「〜について何も知らない」「〜にはまったくの素人だ」という意味。具体的に何を知らないのかはaboutの後に続けましょう。類似表現でnot know the half of 〜は「重要なところがわかっていない」「状況はもっと複雑だ」、not know a thing about 〜 は「〜について何も知らない」、know a thing or two about 〜は「〜を多少は知っている」。

例文

You **don't know the first thing about** climbing.
君は登山について何も知らない。

I **don't know the first thing about** how to use it.
僕はそれの使い方を何も知らない。

You **don't know the half of** it.
あなたは事の一面しかわかっていません。

A: Mary needs help with her computer. メアリーはコンピューターのことで手伝いを必要としているんだ。

B: I **don't know the first thing about** computers. 僕はコンピューターについて何も知らないよ。

happen to know ~ 心当たりがある、たまたま知っている

happen to＋動詞は「偶然〜する、たまたま〜する」で、happen to know 〜は「偶然〜を知る」という意味。Do you happen to know 〜?「もしかして〜をご存知ですか？」は、Do you know 〜?「〜を知っている？」よりも丁寧な表現です。

Do you **happen to know** where I put my glasses?
僕がメガネをどこに置いたか心当たりがないかい？

I **happen to know** you kissed her in the car.
あなたが車の中で彼女にキスしたのをたまたま見てしまったの。

Do you **happen to know** about Jane?
ひょっとしてジェーンのことについて知っていますか？

Do you **happen to know** if there is a good restaurant around here?
あなたはひょっとしてこの辺りに良いレストランがあるかどうか知っていますか？

A: Let's eat at an Italian restaurant. イタリア料理店で食事をしよう。

B: I **happen to know** of a great place. 僕はたまたますごくいい店を知っているんだ。

know better than to ~

～しない方が良いとわかっている、～するほどばかではない

know better than to 動詞は直訳すると「～するよりもいいと知っている」で、つまり「～しないほうが良い」「～するほどばかではない」「～しないことくらいわきまえている」といった意味になります。thanの次に名詞が来ると、「～ほどばかではない」「～より分別がある」という意味。

You should **know better than to** let him know.
君は彼に知らせない方が良いということをわかっておくべきだよ。

Of course, she **knew better than to** say this to her husband.
もちろん、彼女はこのことを彼女の夫に言わない方が良いことをわかっていたよ。

You **know better than** that.
あなたはそれをするほどばかではない。

A: Your children are very well behaved. 君の子どもたちはとてもいい子だね。
B: They **know better than to** act badly. 行儀悪くしない方が良いことをわかっているのよ。

as you (probably) know （おそらく）あなたが知っているように

お互いに知っている（あるいは相手が知っているかもしれない）話をするときによく使う表現で、as you (probably) know「あなたも（おそらく）ご存じのように」。「私たちが知っているように」はas we know。話の初めにYou know, と言えば、「あのね、ほら」。as far as *someone* knowsは「～が知る限り」という意味。

As you know, it's my job to interview people.
君が知っているように、人々にインタビューするのが僕の仕事だ。

You know, everything is going to be fine.
わかってるよね、全てが順調にいくだろう。

As far as I know, she didn't show up at the party.
僕が知っている限りでは、彼女はパーティーに現れなかった。

A: I heard you're a big fan of basketball. バスケットボールの大ファンだって聞いたよ。
B: Yes, **as you know**, I've been playing since I was a kid.
そうだよ、多分知ってるけど、子どもの頃からずっとやってるんだ。

You know what? ねえ聞いてよ。

You know what? は相手が驚くような、興味のありそうなことを伝えるときに、話の切り出しによく使われます。似た表現にI'll tell you what.「ねえ」「いい考えがある」「こうしましょう」、Guess what?「あのね」「想像してみて」、You know something?「ねえ」「いいかい」などがあります。

例文

You know what? I got an idea.
ねえ聞いてよ。アイデアを思いついたんだ。

You know what? Let's not talk.
ねえ。話すのをやめましょう。

I'll tell you what. How about we take a walk tonight?
いい考えがある。今夜散歩に行くのはどうかな？

Guess what? I have a date with Cindy.
ねえ聞いてよ。僕はシンディーとデートするんだ。

You know something? You have alot of hidden talent.
なんだかんだいっても、君にはたくさんの隠れた才能があるんだ。

A: You know what? I just got promoted. ねえ聞いてよ。僕はたった今、昇進したんだ。

B: Good for you! You deserve it. よかったね！ 君はそれにふさわしいよ。

God (only) knows! 神のみぞ知る、誓って～だ、確かに～である

God (only) knows!は「神のみぞ知る！」、つまり「誰にもわからないよ！」ということ。まったくわからない、見当がつかないときに使う表現です。Nobody knows.やWho knows?、Heaven (Lord/Christ) knows! も同じ意味。

例文

God knows I've made a lot of mistakes with her.
確かに僕は彼女のことでたくさんの過ちを犯した。

God only knows what your parents are going to say.
君の親が何と言うつもりかは神のみぞ知る。

Nobody knows what she's doing.
彼女が何をしているかは誰も知らない。

A: God only knows what my girlfriend will buy. 僕の彼女が何を買うつもりかは誰もわからない。

B: Has she gone out shopping again? 彼女はまた買い物に出かけたのか？

know for sure　確信している

know for sureは「はっきりと知っている」。否定文not know for sureでよく使われ、「はっきりとはわからない」と自信がないことを表します。(not) know for sure if 主語＋動詞で「～かどうかはっきりとわかっている（いない）」

I don't **know for sure**, but I'm willing to give it a try.
確信はないけれど、私はそれに挑戦してみたいと思っている。

All we **know for sure** is that he seems to hate Liz as much as I do.
私たちが確信しているのは、彼が私と同じくらいリズを嫌っているということだけだ。

She only suspects something. She doesn't **know for sure**.
彼女は何かを疑っているだけだ。確信はしていない。

A: I **know for sure** I'll become a lawyer.　僕は弁護士になることを確信している。

B: You'll have to study real hard.　あなたは本当に一生懸命勉強しなくちゃいけないだろうね。

know about ～　～について知っている

know about ～ は「～について知っている」で、know all about ～ は「～についてなんでも知っている」という意味になります。know of ～ は「～を間接的に知っている」「～のことを聞いている」。

What else do you **know about** your girlfriend?
君は彼女についてほかに何を知っているの？

I don't **know about** that.
私はそれについて知りません。

What do we **know about** her?
私たちが彼女の何を知っているというのですか？

Maybe she'll **know of** something.
恐らく彼女は何かを知っているだろう。

A: Do you **know of** any cool places to hang out?
どこか遊びに行くのによさそうなところを知らない？

B: I know of two or three.　2、3カ所知っているよ。

be known to [for] ~　〜に[で]知られている

be known to [for] 〜はknowが受動態になっており、be known to＋人は「〜に知られている」、be known to＋動詞は「〜することで知られている」、be known for＋名詞は「〜で知られている」という意味。

例文 He's **been known to** fire people for that sort of thing.
彼はそのようなことを理由に人々を解雇することで知られている。

The restaurant **is well known for** its Mexican food.
そのレストランはメキシコ料理でよく知られている。

I'**m known to** be funny.
僕は面白いと言われている。

She **was known for** her cooking.
彼女は料理の腕で有名だった。

A: We're going to visit an art museum in Paris.　私たちはパリの美術館を訪れるつもりです。

B: Paris **is known for** its artwork.　パリは芸術作品で知られています。

More Expressions

- **The first thing you need to know is ~**　あなたがまず知らなければならないことは

  The first thing you need to know is that you should go there right now.
  まず君が知らなければならないことは、今すぐそこに行くべきだということだ。

- **know the feeling**　その気持ちが分かる

  I know the feeling.
  僕にはその気持ちが分かるよ。

- **know A from B**　AとBの違いが分かる

  I know right from wrong.
  私は善悪の区別がつきます。

- **I've never known *someone* to ~**　(人)が〜するとは知らなかった

  I've never known you to pay money.
  あなたがお金を払うなんて知りませんでした。

- **also known as [a.k.a.]**　〜の別名でも知られる

  You're also known as Tom.
  あなたはトムという名前でも知られていますね。

- **know-it-all**　知ったかぶりをする人

  I'm smart but I'm not a know-it-all.
  私は頭が良いが、知ったかぶりはしない。

like / prefer

like「～を好む、好きである」もよく使われる基本動詞ですが、目的語のto＋動詞と-ingの両方を同じ意味で使えるのが特徴です。また、like to 動詞 / like -ing「～することを好む、好きである」とwould like 動詞「～したい」を間違えないようにしましょう。things like that、like I saidというように、「～に似た、～と同じように、～のような」「～のように、～と同じように」という用法もあります。

1. like＋名詞［to＋動詞、-ing］　～（するの）が好きだ。
I like you the best.　僕は君が一番好きだよ。
Do you like Korean food?　あなたは韓国の食べ物が好きですか？
I like listening to pop songs.　私はポップ音楽を聴くのが好きです。

2. would like＋名詞［to＋動詞］～　～が欲しい、～がしたい
Would you like some coffee?　コーヒーはいかがですか？
I'd like to speak with Mark.　マークと話したいのですが。

3. 前置詞としてのlike　～のように、～みたいに
You shouldn't say things like that.　そんなふうに言うべきではないよ。
I'm allergic to things like computers.　僕はコンピューターのようなものが大嫌いだ。

4. prefer　～がもっと好きだ、～の方を好む
I prefer to drive during the day.　私は日中に運転するのが好きだ。
Many people prefer warm weather.　多くの人々は暖かい気候の方が好きだ。
She prefers to listen to classical music.　彼女はクラシック音楽を聞く方を好みます。

I'd like that. それいいね。気に入ったよ。

I'd (I would) like that.は直訳すると「そうすると私はうれしい」で、相手の提案に賛成、承諾するときの表現。「それいいね」という意味になります。I like that.は「(あることが) 好きだ、気に入った」というときの表現。

I'd like that very much. I like hunting.
それいいね。僕は狩りが好きなんだ。

I'd like that. That sounds sweet.
それいいね。楽しそうだ。

You want to work for me? I **like that**.
僕の下で働きたいの？　いいね。

A: What do you say we get together for a drink? いっしょに飲みに行かない？

B: Oh, **I'd like that**. ああ、それはいいね。

would like *someone* to ~ (人) に〜してもらいたい

would like *someone* to＋動詞は「人が〜することを願う」、つまり「人に〜してほしい」という意味。人を紹介するときには、I'd like you to meet 〜「〜に会ってもらいたい」という表現がよく使われます。

Is there anyone **you'd like me to** call?
電話をして欲しい人はいますか？

I'd like you to stay with me tonight.
今夜、君に一緒にいて欲しいんだ。

I'd like you to meet my friend, Jim.
僕は君に友人のジムに会ってもらいたいんだ。

Would you like me to close the window?
私が窓を閉めましょうか？

A: **I'd like you to** call your parents. 君の両親に電話をして欲しいな。

B: Yeah, I should talk to them soon. そうね。そろそろ話さないとね。

What is ~ like?　〜はどんな（人、もの）ですか？

What is 〜 like? は「（人・物・事）はどのようなものか、どういう様子か」で、How is 〜？と同じ意味。What does 〜 look like? との違いは、What is 〜 like?は人や物事の性格や特徴、印象をたずねるのに対して、What does 〜 look like? は外観、見た目の様子をたずねる表現だということです。

What is your girlfriend like?
君の彼女はどんな人なんだい？

What is the weather like in New York?
ニューヨークはどんな天気ですか？

What's your sister like? Is she a nice person?
あなたの妹はどのような人ですか？　いい人ですか？

What was the show like last night?
昨夜、ショーはどうでしたか？

A: What is the new department store like?　新しいデパートはどんな感じですか？
B: Awesome! It has a lot of brand-name products.
素晴らしいよ！　ブランド物の商品がたくさんあるんだ。

things like that　そのようなこと

things like 〜は「〜のようなもの、こと」という意味。something like thatは「そのようなもの、こと」、nothing like thatは「そうではない、そういうことではない」。There is nothing like that (this) は「その（この）ようなものはない」、つまり「それ（これ）は最高だ」という意味になります。

Peter, you can't ask people things like that.
ピーター、そのようなことを人に聞いてはいけません。

I knew something like this was going to happen.
僕は何かこのようなことが起こるだろうことはわかっていたよ。

There is nothing like that! It's the best!
そんなことはない。これが最善だ。

Oh, it's nothing like that.
ああ、そのようなことはないよ。

A: I don't want to live with my parents.　僕は両親と一緒に住みたくない。
B: You shouldn't say things like that.　そのようなことは言うべきじゃないよ。

like that [this] before　以前にあの（この）ような

like that [this] beforeは「以前にあの（この）ような」という意味。驚きを表したり、強調したりするときにnot see [feel / do] anything like that (this) beforeの形で使われることが多く、「その（この）ようなことを前に見た（感じた／した）ことがない」という意味です。

例文

I've never seen her **like this before.**
これまでにこのような彼女を見たことがないよ。

Well, I have never seen anything **like this before.**
ええっと、このようなことは一度も見たことがないよ。

I've never felt **like this before.**
僕は今まで一度もこのように感じたことがないよ。

I've seen **things like this before.**
私は以前にこのようなことを見たことがあります。

A: My stomach really hurts today.　今日はおなかが本当に痛いんだ。
B: Have you ever felt **like that before**?　これまでに、そのように感じたことはある？

prefer＋名詞 [-ing]　～（すること）を好む

動詞preferは「～を好む、～が好きである」という意味でも使われますが、もともとは「…より～を好む、～が好きである」という比較の意味を持っています。比較対象については文中で述べることもあれば、すでに述べていることもありますが、その人や物よりもpreferに続く人・物の方が「より好きである」ことを表します。

例文

I **prefer** going to the bar downstairs.
私は下のバーに行く方がいいなあ。

I **prefer** draft beer.
私は生ビールの方が好きです。

Thank you very much, but I **prefer** coffee.
ありがとうございます、でもコーヒーの方が好きなんです。

I'm fine being alone. I even **prefer** it.
ひとりでいることは問題ないよ。むしろその方がいいさ。

A: Will he go somewhere warm this winter?　彼はこの冬、どこか暖かいところに行くつもりなの？
B: No, he **prefers** mountains and skiing.　いや、彼は山でスキーをする方が好きなんだ。

prefer to ~ 〜する方がいい

prefer to＋動詞の形で「むしろ〜する方を好む、選ぶ」という意味。逆に、「あまり〜したくない、どちらかといえば〜したくない」というときは、prefer not to＋動詞とします。

I **prefer to** be called a 'hero.'
僕はヒーローと呼ばれる方がいいよ。

I **prefer to** be alone. Please leave.
僕はひとりでいる方が好きなんだ。どこかへ行ってくれ。

I **prefer not to** answer that right now.
僕は今すぐそれに答えたくないなあ。

I **prefer not to** work on this project.
私はこのプロジェクトにあまり取り組みたくない。

A: Shall we take a taxi downtown? 市内へ行くのにタクシーに乗りましょうか？

B: We would **prefer to walk** there. 僕らはそこまで歩いて行った方がいいよ。

prefer A [名詞 / -ing] to B [名詞 / -ing]

B（もの／〜すること）よりA（もの／〜すること）を好む

prefer A to Bは「BよりAが好きである、Aを好む」という意味。AとBには名詞または動名詞 -ingが入ります。Bの前の前置詞はthanではなく、toを使うことに注意しましょう。

He **prefers** playing computer games **to** watching TV.
彼はテレビを見るより、コンピューターゲームをすることを好む。

I **prefer** eating out in a restaurant **to** sitting around at home.
私は家でぼーっとしているより、レストランで外食する方が好きです。

She **prefers** text messaging **to** leaving voice messages.
彼女はボイスメッセージを残すより、携帯電話でメッセージを送る方を好みます。

A: I think I **prefer** New York **to** other cities in America.
僕はアメリカのほかの都市より、ニューヨークが好きだと思っているよ。

B: Really? Is there some special reason for that?
本当に？　何かそれに特別な理由はあるの？

prefer A rather than B　BよりAを好む

prefer A to Bと同じ「BよりAを好む」という意味ですが、toの代わりにrather thanを使うことで「Bをするより、むしろAする」という意味が強調されます。

例文

I prefer chicken rather than steak.
僕はステーキよりチキンの方が好きだ。

Most kids prefer to enjoy free time rather than study.
多くの子どもたちは勉強するより、自由時間を楽しむ方が好きだ。

She said that she prefers traveling rather than staying at home.
彼女は家にいるより旅行をする方が好きだと言った。

A: I prefer spring rather than summer.　僕は夏より春の方が好きだよ。
B: Me too. Summer is much too hot.　私もよ。夏は暑すぎるわ。

would prefer＋名詞 [to＋動詞]　〜(すること)を選ぶだろう、好むだろう

likeは「〜を好む」、would likeは「〜したい」という違いがあったのと同様に、preferは単純に「〜を好む」ことを意味するのに対して、would preferは「〜してほしい、してもらいたい、〜の方がいい」という表現。I'd preferの後には、名詞や動名詞、to＋動詞を続けましょう。

I would prefer not to go into details.
詳細については省きたいと思います。

I'd prefer a beer if you have one.
もしあるなら、僕はビールの方がいいな。

I'd really prefer a mountain bike.
僕は本当にマウンテンバイクが好きなんだ。

I think that I would prefer the airport limo.
私は空港バスの方がいいです。

I'd prefer not to get involved.
僕は関わらない方がいいと思う。

A: Are you ready to eat lunch?　昼食を食べる用意はできてる？
B: I would prefer to keep working.　このまま仕事してる。

I'd prefer it if ~ 〜だとありがたいのですが、〜だといいのですが

I'd prefer it if 〜は現実とは違う願望を表す表現で、「〜ならよいのだが」「〜してほしいのですが」という意味。

例文

I'd prefer it if you didn't.
それをしないでいただきたいのですが。

I'd prefer it if we didn't make an issue out of this at work.
職場でそのことで騒ぎ立てないでいただけるとありがたいのですが。

I'd prefer it if you didn't call me chicken.
私のことを臆病者と呼ばないでいただきたいのですが。

I'd prefer it if we could keep it between us.
それを僕らの間の秘密にしていただけるといいのですが。

A: I have your glasses at my house. 君の眼鏡は僕の家にあるよ。
B: **I'd prefer it if** you gave them back. 返してもらえるとありがたいんだけど。

More Expressions

- **like better** より好き
  What do you like better, action or comedy?
  アクションかコメディ、どちらの方が好きですか？
- **act like ~** 〜のように振舞う
  Why're you acting like a crazy person?
  なぜあなたは頭のおかしな人のように振舞うんですか？
  Stop acting like a child.
  子どものように振舞うのはやめなさい。
- **eat like a bird** 小食である
  You eat like a bird!
  君は小食だね！
- **likes and dislikes** 好き嫌い
  I don't have any strong likes or dislikes.
  僕は特に好き嫌いがないよ。
- **like hell** 必死に、猛烈に、非常に
  It hurts like hell.
  それはひどく痛む。
- **I'd like to think ~** 〜だと思いたい
  I'd like to think I'm going to dance again.
  僕はもう一度踊れると思いたいよ。

let

let「人・物に～させる」は「（相手の望み通りに）～させる」という意味の使役動詞で、have、getやmakeとは異なり、依頼や強制のニュアンスがありません。let *someone* [*something*]の形態で使われ、let me＋動詞「私に～させてください」、I will let you＋動詞「私があなたに～させてあげよう」がよく使われるので覚えておきましょう。また、Let's＋動詞「～しましょう」はLet us＋動詞が短縮されたもので、Why don't we＋動詞？と同じ意味。

1. 許可する、～させる（let *someone* do）

Let me take care of it.　僕に世話をさせてよ。
Let me do this for you.　あなたのためにこれをやらせてください。

2. ～しよう（let's do）

Let's go to the coffee shop around the corner.　角にあるコーヒーショップに行こう。

3. ～させる

Stop the boat. Let me out.　ボートを止めて。僕を降ろしてよ。
Please let me in.　参加させてください。

let that [this/it] happen　起こるに任せる、流れに身を任せる

let that [this/it] happenで「あれ[それ／これ]が起こるようにする」「手立てを講じない」。letの後に続く代名詞 that [this]やitはすでに話題にあがった出来事などを表しています。よく使われるのはnot let ～ happen「そんなことが起こらないように気を付ける、注意する」という表現。

例文 We're not going to **let that happen**. I promise you.
私たちはもう二度とそんなことは起こしません。あなたに約束します。

I'm not going to **let it happen** again.
僕はもう二度とそれを起こさないよ。

Sorry about that. I won't **let it happen** again.
そのことについては申し訳ございません。もう二度といたしません。

Just don't **let it happen** again, all right?
それを二度と起こすな、いいかい？

A: I'm so sorry. I forgot to call you last night.
本当にごめんなさい。昨晩、あなたに電話するのを忘れてしまいました。

B: Don't **let it happen** again! I was worried.　二度とやるんじゃないぞ！　心配してたんだぞ。

Don't let *someone* [*something*]＋動詞　人（物）に～させてはならない

Don't let *someone* [*something*]＋動詞は否定の命令文。「人（物）に～させないようにしなさい」「人（物）が～しないようにしなさい」という意味。

Don't let her be with you. She's a real troublemaker.
彼女を君と一緒にいさせるなよ。彼女は本物のトラブルメーカーだよ。

Don't let her isolate herself anymore!
彼女をもう孤立させないで！

Don't let it bother you.
気にすることないよ。

Don't let your stupid pride get in the way of you asking for help.
君のバカげたプライドが助けを求める妨げになってはいけない。

A: Emma really drank a lot of beer tonight.
エマは今夜、たくさんビールを飲んだな。

B: I know. **Don't let her** drive her car home.
知ってるよ。彼女に家まで運転させるんじゃないぞ。

Let me see. ええと。

Let me see. は少し考えて「そうね」「ええと」などというときの表現で、すぐに答えが出てこないときに使われる表現。seeには自動詞で「わかる」「理解する」「考える」という意味があります。Let's see. も同じ意味。

例文

Let me see, I don't know what you're talking about.
ええと、僕は君が何について話しているのかわからないよ。

Let me see, how about four o'clock?
ええと、4時はどう？

What is it? **Let me see.**
それは何？　ちょっと見せてよ。

Let me see. I think it was about seven months ago.
そうね。私はそれが7ヶ月くらい前のことだったと思うわ。

Let me see. Come on. Take a seat and show me.
ちょっと見せてよ。さあさあ。座って私に見せて。

A: Where should I put this package?　この荷物をどこに置けばいい？
B: **Let me see.** Put it on top of the table.　ええと。テーブルの上に置いてよ。

Let me see *something*　～を私に見せてください

Let me seeの後に目的語として名詞が来ると、「～を私に見せてください」という意味になります。

Let me see your badge.
君のバッジを僕に見せてよ。

Let me see it again, if you don't mind.
君がかまわないならば、もう一度それを見せてよ。

Let me see your license and registration, please.
あなたの免許証と車検証を見せてください。

That is so funny. **Let me see** that.
それはとても面白いね。僕に見せてよ。

A: **Let me see** your new apartment.　君の新しいアパートを見せてよ。
B: Okay, but it hasn't been cleaned yet.　いいよ、でもまだ掃除してないんだ。

Let me see if ~ 私に～かどうか確かめさせてください

Let me see if ～は「～かどうか確認させてください、確かめさせてください」という意味。不確実なことをif以下で述べます。if節の代わりに、whatやhowなどから始まる疑問詞節も使うことができます。Let's see if ～も同じ意味。

Let me see if she took an umbrella with her.
私に彼女が傘を持って行ったかどうか確認させてください。

All right, **let me see if** I understand this correctly.
わかったよ、僕がこれをきちんと理解しているかどうか確かめさせてよ。

Let's see what happens.
何が起こるか見てみよう。

Let's see how she handles this.
彼女がこれをどう扱うか見てみよう。

A: **Let me see what** you've come up with.
君が何を思いついたか僕に確認させてよ。

B: It's not much, but it's a start. 大したことではないけど、取っ掛かりにはなるよ。

Let me (just) say 私に（ちょっと）言わせてください

Let me (just) sayは「ひとこと言わせてください」という意味で、何かを言い出すときに使う表現。Let me say just this.で「これだけ言わせてください」、Let me say again.で「もう一度言わせてください」、Let me say goodbye.で「さよならを言わせてください」。Let me sayの後にthat節で言いたい内容を続けることができます。

Let me say it again. It's not here.
私にそれをもう一度言わせてください。それはここにはありません。

Let me say, I am a great lover of soccer.
ひとこと言わせて、僕はサッカーが大好きなんだ。

Let me say this. I am a proud American.
これは言わせてください。私は誇り高いアメリカ人です。

Let me just say again. I love your house.
もう一度言わせて。僕は君の家が大好きだよ。

A: Have you decided who to vote for? だれに投票するか決めたかい？

B: **Let me say** this. I don't like any candidates.
これは言わせて。僕はどの候補者も気に入っていないんだ。

Let's (just) say ~ 仮に～だとする、とりあえず～だということだけは言っておこう

Let' s say ～ はLet us say ～ のlet usが短縮された形。「仮に～だとしよう」「～とだけ言っておこう」という意味で、例え話や仮の話をするとき、詳細を話すつもりがないときなどに使います。sayの後にthat節をつなげて内容を説明することができます。

例文 **Let's say** she's not going to be here. Then what?
仮に彼女がここに来ないことにしよう。それでどうする？

Let's say I bought a really great pair of shoes.
本当に素敵な靴を買ったとだけ言っておこう。

Let's say she didn't break the window. Who did?
仮に彼女が窓を割らなかったとする。誰がやったんだ？

Let's say we leave him here. What will happen?
例えば私たちが彼をここに置いていくとする。何が起こるだろう？

A: Is Cheryl really going to get divorced? シェリルは本当に離婚するつもりなの？

B: **Let's just say** she doesn't live with her husband.
とりあえず彼女が夫と一緒に住んでいないことだけは言っておくよ。

let ~ go ～を解雇する、放置する

let ～ goは「～を行かせる」という意味。警察がlet *someone* goと言うと「放っておく、釈放する」、社長が言うと「解雇する」という意味になります。let it goは「忘れてしまおう」「放っておこう」。

Let it go. It's all in the past.
放っておこう。すべて過去のことだよ。

My boss **let him go** this morning.
私の上司は今朝、彼を解雇した。

Don't **let him go**! I still need him yet.
彼を解雇しないでくれ。僕にはまだ彼が必要なんだよ。

(Would you) **Let it go**.
諦めろよ。

A: You should **let your son go** on the trip. 君は息子を旅に行かせるべきだよ。

B: But I'm worried he might have problems.
でも、彼が問題を抱えているかもしれないと心配なんだ。

let alone ~　～は言うまでもなく、まして～なんて

let alone ～「～は言うまでもなく」は通常、否定文の後で前置詞的に使う表現。let aloneの後に前述した事柄よりもさらに悪いことを述べます。not A, let alone Bで「Bは言うまでもなく、Aも～ない」という意味になります。Bは前にあるAと同様の表現になり、動詞、-ing、名詞などがきます。

例文

He wouldn't get out of bed, **let alone** get out of the house.
彼は家からはもちろんのこと、ベッドからも出てこないだろう。

She's not even going to school, **let alone** not doing homework.
宿題をしないのは言うまでもなく、学校に行きさえもしない。

She can barely take care of herself, **let alone** a kid.
子どもはもちろんのこと、彼女は自分のことすらできていないよ。

A: Is he going to graduate this year?　彼は今年、卒業する予定なの？
B: He won't pass his classes, **let alone** graduate.
彼は単位も取れないだろう、まして卒業なんてできるわけないよ。

let *someone* in [out]　（人）を中に入れる、外に出す

let *someone*の後に動詞ではなく、副詞を続ける表現。let *someone* inで「～を入らせる、中に入れる」、let *someone* outで「～を出させる、外に出す」。let *someone*と副詞の間にgetを入れて、let *someone* get in [out]の形にすることもあります。

Please **let me in** so I can explain myself to you.
僕を中に入れてよ、そうしたら僕は自分の考えを君に説明するよ。

I lost my key. **Let me in**, please.
カギをなくしたんだ。中に入れてくれよ。

Who **let you in**?
誰があなたを中に入れたの？

Let me get out of here right now. You let me out.
今すぐ僕をここから出してよ。君が僕を外に出すんだ。

A: **Let me in**! It's really cold outside.　中に入れてよ。外はとても寒いんだ。
B: How long have you been standing outside my door?
どのくらいドアの外に立っていたの？

let *someone* down　（人）を落ち込ませる、がっかりさせる

let *someone* downは「～を失望させる、～の期待を裏切る」という意味。let *someone* in [out]と同様に、let *someone*の後に副詞を続ける表現です。let me down、let you downの形でよく使われます。

I'm sorry I **let you down**, Mom.
がっかりさせてごめんなさい、お母さん。

I'll try not to **let you down**.
僕は君をがっかりさせないようにするよ。

You **let me down** this year, Jimmy.
君は今年、僕を失望させたよ、ジミー。

You didn't **let me down**. You did the right thing.
あなたは私を失望させませんでした。あなたは正しいことをしたのです。

A: Don't **let me down**.　僕をがっかりさせるなよ。
B: Don't worry. I'll get it done for you.　心配しないで。僕が君のためにそれを終わらせるよ。

let *someone* off　（人）を許す、免除する、離す、降ろす

let *someone* offは「人を（捕まえずに）解放する」、つまり「～の罰を免除する」という意味で使われます。文字通り「～を解放する」あるいは「～を乗り物から降ろす」という意味もあります。Let *someone* off the hookは「（人を）困難から救う」。

I want you to **let me off** this yacht.
私をこのヨットから降ろしてもらいたいのですが。

I'm not going to give you a ticket. I'm going to **let you off** with a warning.
違反切符は切らないことにします。警告で許してあげましょう。

My boss **let me off** early, so I took the plane.
上司が早く上がらせてくれたから、飛行機に乗れたんだ。

A: The bus will **let me off** near your house.　バスで君の家の近くまで行くよ。
B: Well, come on over and visit me.　いいですね、僕の家に来てくれよ。

let *something* out　（もの）を放す、逃がす

let *something* outは直訳すると「～を外に出させる」で、転じて「～を打ち明ける」という意味で使われます。ほかに、「叫び声を上げる」「～から解放する、自由にする」「～を外に出す」などの意味もあります。

例文

Don't **let it out**! Hold it in!
ここだけの話にしておいてね！　心にしまっておいてね！

Honey, you can **let it out**.
あなた、しゃべって吐き出してもいいのよ。

It's all right. **Let it out**.
大丈夫だよ。洗いざらい話せよ。

Do you think we'll feel better if we cry? You know like just **let it out**?
私たちは泣いたら気分がよくなると思う？　これを打ち明けてしまうように？

A: It rained all over my shopping bags.　ショッピングバッグが雨でびしょぬれだよ。

B: Tilt them over and **let the water out**.　ひっくり返して、水を外に出すんだ。

More Expressions

■ **let loose**　気楽にやる、好きなようにさせる

She is let loose last weekend.
彼女は先週末、ゆったりして過ごした。

■ **let it slip**　口を滑らせる

Cindy let it slip that you're in love with Jane.
シンディは君がジェーンに惚れていることをうっかり言ってしまった。

■ **let *someone* in on ~**　（人）に～を打ち明ける

I'm going to let you in on a little secret.
私はあなたにちょっとした秘密を打ち明けるつもりです。

■ **let up**　（雨や雪が）やむ、和らぐ

We'll go outside after the storm lets up.
私たちは嵐がやんだ後に、外出するつもりです。

keep

「〜な状態を維持する」という意味の動詞keepは「〜を保存（保管）する」「（約束を）守る」「（日記を）書く」という意味で使われます。また、keep -ing「〜し続ける」という形で、continueよりもよく使われます。keep＋目的語＋形容詞は「…を〜の状態に保つ」。keep it cleanは「清潔に保つ」、keep it secretは「秘密にしておく」。

1. 持つ、保有する、預かる、保管（保存）する

Can you keep this book for me?　この本を私のために保管しておいてくれませんか？

2. （何かを続けて）する（keep ~ing）

Are you going to keep doing that?　君はそれをし続けるつもりかい？
You keep saying that.　君はそれを口癖のように言う。

3. 〜な状態でいる（keep＋形容詞）、…を〜な状態に置いておく（keep＋目的語＋形容詞）

You'd better keep it safe.　それを大切に持っておいた方が良い。
I kept myself so busy last month.　僕は先月、ずっと忙しかったよ。

4. （人を）留め置く、留まらせる

What's keeping him?　何が彼を引きとめているんだい？
I don't know what's keeping him.　僕には何が彼を引きとめているのかわからないよ。
I won't keep you any longer.　これ以上、お引きとめしません。

keep -ing　～し続ける

keep -ingは「～し続ける」。I kept -ingと言えば、「過去に～し続けた」という意味。keep on -ingとも言いますが、keep on -ingのほうが出来事や行為の反復、継続が強調されます。

You just let her **keep doing** that!
君は彼女にあれをやり続けさせなさい！

I **keep bumping** into you.
よく君とばったり会うね。

I **kept paying** for his education.
僕は彼の教育費を払い続けた。

A: This report is so hard to finish.　この報告書を終わらせるのはとても大変だよ。

B: **Keep working**. We're almost done.　作業し続けて。ほとんど終わっているよ。

keep going　やり続ける、頑張り続ける

keep goingは「続行する」「(あるもので) やりくりする」という意味。人にKeep going.と言えば「(やめずに)続けて」。keep *someone* [*something*] goingは「～を (やめずに) 続けさせる」という意味。

Keep going! You can't miss it!
頑張れ！　それを逃すわけにはいかないんだ！

Keep going. I'm listening.
続けて。聞いているから。

Should we go back or **keep going**?
私たちは戻るべきですか、それとも進み続けるべきですか？

You did your best in this restaurant every day to **keep** it **going**.
レストランの営業が続くよう、君は毎日このレストランでよく頑張ったよ。

A: When will we receive our annual budget?　いつ私たちは年間予算を受け取るのだろう？

B: **Keep going** on the sales report.　売上報告書に取り組み続けるんだ。

keep *someone* [*something*] +形容詞

人（物）を（形容詞）の状態に留める

動詞keepは「～な状態を維持する」という意味があるので、keep +形容詞で「ずっと～な状態だ」という意味。keep *someone* [*something*] +形容詞で「…を～な状態にしておく」。

I just need to **keep you quiet** about it.
その件については黙っていてね。

You can count on me. I'll **keep it private**.
君は僕を信用していいよ。内緒にしておくから。

I **keep myself busy** these days.
僕はここのところひどく忙しい。

It's our responsibility to **keep it secret**.
それを秘密にしておくのは私たちの責任だ。

A: Why didn't Joe tell us about the money? なぜジョーは私たちにお金のことを教えてくれなかったの？

B: I guess he wanted to **keep it secret**. 彼はおそらくそれを秘密にしておきたかったのだろう。

keep *one's* fingers crossed　幸運を祈る

keep *one's* fingers crossedは「幸運を祈る」という意味。魔除け・願い事をするとき、人差し指の上に中指を重ねるしぐさからきています。何についての幸運を祈るのかを具体的に述べるときには、keep *one's* fingers crossedのあとにon、またはthat節をつなげます。

I'll **keep my fingers crossed** (for you)!
（君のために）幸運を祈るよ！

I'm **keeping my fingers crossed** that he'll pass the exam.
私は彼が試験に合格するように幸運を祈っている。

A: Tomorrow I'm going to ask Amanda to marry me.
明日、僕はアマンダに結婚して欲しいと言うつもりなんだ。

B: I'll **keep my fingers crossed** for you. 僕は君のために幸運を祈るよ。

keep *someone* company　（人）と一緒に行く、そばにいる

keep *someone* companyは「～に同行する」「～の相手をする」「～と一緒にいる」。ここでcompanyは「（一緒にいる）仲間、友達」という意味。

例文

I'll come and **keep you company.**
僕が行って、君のそばにいるよ。

Can you **keep me company** this weekend?
今週末、私についてきてくれない？

Mind if I **keep you company** for a bit?
ちょっと君について行ってもいいかな？

Do you have someone to **keep you company** tonight?
あなたは今夜一緒にいる人がいますか？

A: I have some free time this afternoon.　今日の午後、少し自由時間があるんだ。
B: Good. You can stay here and **keep me company.**
いいね。ここにいて私と一緒にいてよ。

keep an eye on ~　～に目をつける、を監視する

keep an eye on ～ は「～を（安全であるように）ちゃんと見る、見張る」という意味で、watch carefully「～を注意深く見る」と同じ意味で使われます。少し席を外すので荷物を見ていてほしいとき、人に子どもを預けてきちんと見ていてほしいときなどに使います。

You want me to **keep an eye on** her?
僕に彼女から目を離さないでもらいたいんだって？

I'll **keep an eye on** him.
私は彼から目を離さないだろう。

Did they send you over here to **keep an eye on** me?
彼らは私を監視するために、あなたをここに送ってきたのですか？

Would you **keep an eye on** this for me?
私のためにこれを見張っていてくれませんか？

A: **Keep an eye on** the cameras, will you?　カメラを見張っててくれないかな？
B: Don't worry about a thing.　そのことは心配しないで。

keep in touch with ~ 〜と連絡を取り合う

keep in touch with *someone* で「〜と連絡を取り合う」。get in touchは「連絡する」。Keep in touch. と言えば「連絡を取り合いましょう」。

例文 Do you still **keep in touch** with her?
あなたはまだ彼女と連絡を取っていますか？

Do you and your sister **keep in touch**?
君と妹さんは連絡を取り合っているの？

Let's **keep in touch**!
連絡を取り合いましょう！

Keep in touch, okay?
連絡を取り合おうよ、わかった？

A: Don't forget to drop me a line. 僕に手紙を書くのを忘れるなよ。
B: I'll make sure that I **keep in touch**. 必ず連絡を取り合うよ。

keep in mind 覚えておく

have in mindは「〜を計画中である」「〜を考慮中である」「〜と考えている」という意味だが、keep in mindには「〜を心に留めておく」「〜を覚えている」という意味があります。keep *someone* [*something*] in mindで「〜を覚えておく、忘れずにいる」、keep in mind that 主語＋動詞で「〜ということを覚えておく、忘れずにいる」。

Keep in mind that she will never fall in love with you.
彼女が君を好きになることはないということを心にとめておくんだな。

Let's **keep in mind** this is our last chance to do that.
これが、僕らにとってもラストチャンスだということを覚えておこう。

Thanks for coming in. We will definitely **keep** you **in mind**.
参加してくれてありがとう。絶対に君のことは覚えておくよ。

Thanks. I'll **keep** that **in mind**.
ありがとう。覚えておくよ。

A: I want to get a new computer. 新しいコンピューターが欲しいなぁ。
B: **Keep in mind** that will cost a lot. それは高価だということを覚えておけよ。

keep down ~ 〜を低くしておく、〜を抑圧する、(人)の自由を奪う

「下にいる状態を保つ」ということから、keep downには「(声や音)を小さくする」「(物価や経費など)を抑える」「(怒りや風など)を抑圧する、静める」「隠す」などの意味があります。

例文 **Keep it down**! We got a noise complaint.
静かにして！　騒音の苦情がきたんだ。

Would you **keep it down**?
静かにしてくれませんか？

It's not easy to **keep you down** here like this. But I can't let you out.
こんな風に君をここに留めておくのは簡単ではない。でも、外に出すことはできないんだ。

If you're so worried about privacy, just wear a hat, and **keep your head down**.
プライバシーがそんなに気になるなら、帽子をかぶって、顔を下に向けていればよいのです。

A: **Keep it down** in there. I can't sleep.　そこでは静かにしなさい。眠れないわ。
B: Sorry, we were being so loud.　すみません、うるさすぎたね。

keep ~ from＋名詞 [-ing] 〜を(もの、〜すること)から遠ざける

動詞keepには「守る」という意味がありますが、keep *someone*＋from -ingで「人が〜しないようにする」という表現になります。keep *someone* -ingは「人に〜させ続ける」という意味になるので、fromの有無に注意しましょう。

例文 Please don't **keep me from quitting** my job.
どうか私の退職を止めないでください。

They **keep me from getting** work done.
彼らは私が仕事を終わらせないようにしている。

I was just trying to **keep you from doing** something stupid.
僕はただ君がばかげたことをしないようにしていただけだよ。

A: Terry really misses his ex-girlfriend.　テリーは本当に元カノを恋しがっている。
B: Try to **keep him from calling** her.　彼が彼女に電話しないようにするんだ。

keep *someone* [*something*] off ~

人(物)を立ち入らせない、離しておく

keep *someone* [*something*] off ～ には「人(物)を～に近づけない、行かせない」のほか、「人(物)に～を口にさせない」という意味もあります。Keep your hands off the cake!は「ケーキを触らないで！」

I think it's a good idea to **keep children off** drugs.
子どもを薬から遠ざけておくのはいい考えだと思います。

Keep off the grass! It's a restricted area.
芝生に入らないでください！　立ち入り禁止エリアです。

Keep your hands off my son!
僕の息子から手を離せ！

A: Why is it so quiet in here tonight?　なぜ今夜、ここはこんなに静かなの？
B: We decided to **keep the TV off**.　僕らはテレビを消すことにしたんだ。

keep track of ~

～の記録をつける、～の経過を追う

keep track of ～は「～の成り行きを把握している」「～の記録をつけている」「～の消息を追う」という意味。ここでのtrackは「通った跡、足跡」。lose track of ～は逆に「～の成り行きがわからなくなる」「～の消息がわからなくなる」。

I forget to **keep track of** time. I've got to go.
時間が経っているのに気づかなかったよ。もう行かないと。

Do you **keep track of** your purchases?
あなたは買ったものを記録していますか？

I always **keep track of** whatever I bring to a party.
僕はいつも、パーティーに持っていくものは何でも把握しているよ。

She **lost track of** her son in the accident.
彼女はその事故で息子の足取りがつかめなくなってしまった。

A: It seems like I never have any money.　僕はいつもお金がないような気がする。
B: You need to **keep track of** your spending.　君は出費を記録する必要があるよ。

put

putは床、テーブルなどの上にものを置くことを表す動詞。「置く」と言っても、置くものと置く場所を考えれば、日本語訳はさまざまに変化します。例えば、put a match to her cigaretteは「たばこに火をつける」、put the book on the tableは「テーブルの上に本を置く」、put lotions on handsは「両手にローションを塗る」。

1. (場所に)置く、入れておく、置いておく

I put the papers in the shredder.　私は紙をシュレッダーにかけた。
Don't put all your eggs in one basket.　1つのことにすべてを賭けてはだめだよ。

2. (比喩的)提案する、付与する、評価する、～に注ぐ、～の状態にする

We're putting every effort into it.　僕らはそれに全力を尽くしている。
I'll put a smile on your face.　あなたを笑顔にします。

3. 表現する(put it)

I don't know how to put it.　それをどう言えばいいかわからないよ。

put *something* in [on] ~ 物を～の中に入れる（上に置く）

put *something* in [on]～はputを使った最も基本的な表現です。put *something* の後ろに場所を表す副詞句を続けましょう。put *something* in ～で「物を～の中に入れる」、put *something* on ～「物を～の上に置く」。Where did you put it?「それをどこに置いた？」。

例文 I'll just **put it in** the kitchen.
僕はそれをキッチンに置くつもりだよ。

Well, should I **put my coat in** the bedroom?
ねえ、コートは寝室に置いておけばいい？

You can just **put it on** the table.
テーブルの上にそれを置いておけばいいよ。

A: Can I borrow your lawn mower tonight? 今夜、君の芝刈り機を借りてもいいかい？

B: Sure, I'll **put it in** your driveway after supper. もちろん、夕食の後に君の家の前の道に置いておくよ。

put ~ in danger ～を危険にさらす

put ～ in dangerは物理的な場所に物を置くのではなく、in danger「危険な状態」にさらすという意味。put ～ in a good mood「～を機嫌よくさせる」、put ～ at risk「（人など）を危険にさらす」。

You're **putting** our lives **in danger**.
あなたは私たちの命を危険にさらしています。

The surprise party **put** my wife **in a good mood**.
サプライズパーティーで妻は喜んだ。

You **put** our relationship **at risk**.
君のせいで僕らの関係は危うい。

A: The storm **put** the town **in danger**. その嵐は街を危険にさらしたんだ。

B: Yes, many people decided to leave. そうだね、多くの人々が去ることを決心したんだ。

put ~ to work　～を働かせる

put ～ to workは「(人) を働かせる」「(物) を動かす」。「…を～の状態にする」という意味で、put ～ in a danger「～を危険にさらす」とputの用法は同じですが、後にto＋名詞が続く形です。

例文

The boss is so good at **putting** us **to work**.
上司は私たちを働かせるのが本当にうまい。

It's time to **put** you **to work**.
あなたに仕事を始めてもらう時間です。

When you're ready, he's going to **put** you **to sleep**.
あなたの準備が整ったら、彼はあなたを寝かせるでしょう。

I **put** my computer skills **to good use**.
僕は自分のコンピューターのスキルを有効に活用するよ。

A: Many people came to help with the festival.　多くの人が祭りを手伝いに来たよ。

B: **Put** them **to work** setting up things.　設営の作業をしてもらおう。

put A before B　BよりAを優先させる

put A before Bは直訳すると「Bよりも前にAを置く」となり、つまり「BよりもAを優先する、重視する」という意味になります。また、put *something* behind *someone*は直訳すると「物を人の後に置く」で、「(不快なことや過去) を忘れる、考えないで置く」という意味です。

I **put** my work **before** my family.
僕は家族より仕事を優先させている。

I believe a lawyer should **put** his country **before** his client.
弁護士は依頼人よりも国を優先すべきだと思う。

You must **put** studying **before** playing.
君は遊びより勉強を優先させなければならない。

How about **putting** it **behind** you? Just let it go.
君はそれを忘れたらどうだろう？　放っておけよ。

A: Jeff is so in love with his girlfriend.　ジェフは本当に彼女のことが好きなんだ。

B: He always **puts** her **before** himself.　彼はいつも自分より彼女を優先しているよ。

put it 言う

putにはexpressと同じく、「～を表現する、述べる」という意味があります。How should I put it?「どう言えばいいんだろう」という表現がよく知られています。

例文

Please don't **put it** like that. I didn't steal your purse.
変な言い方しないでよ。僕は君の財布なんか盗んでいないよ。

How should I **put it**?
何て言ったらいいのかな？

I don't know how to **put it**.
僕はどう言えばいいかわからない。

Let's **put it** this way.
このように言ってみよう。

A: Why didn't you go on a date with Steve? あなたはなぜスティーブとデートしなかったのですか？

B: I don't know how to **put it**, but he seems strange. どう言えばいいかわからないわ、でも彼が変に思えたのよ。

put a stop to ~ ～を止める、～を中止させる

put a stop toは、to以下のものにa stop「中止」を置く、つまり「（好ましくないこと）を終わらせる、やめさせる」という意味の表現です。put an end toのほうが表現としてよく知られていますが、日常会話ではput a stop toもよく使われます。

例文

He found out about it and tried to **put a stop to** it.
彼はそれに気が付き、止めようとした。

I'll **put a stop to** that.
僕はあれを中止させるつもりだ。

Are you saying that we should **put a stop to** this?
君は僕らがこれをやめるべきだと言っているのかい？

You can **put a stop to** this right now if you want to.
あなたがそうしたいなら、今すぐにこれをやめてもいいですよ。

A: There were three robberies here last week. 先週、ここで3回強盗事件があったんだ。

B: The police need to **put a stop to** that. 警察はそれにストップをかけなければならないね。

put aside ~ 〜を無視する、〜を捨てる、〜を取っておく

put asideはもともと「(ある目的を達成するために)別の問題などを脇に置いておく、考えないでおく」という意味で、「(反感や違いなど)を無視する、忘れる」「〜を(一時的に)脇に置く」「(金・食べ物などを)とっておく」「〜を抑制する」などの意味で使われます。

例文 You need to **put aside** your differences with her.
君は彼女と違いを一旦置いておく必要があるな。

We have to **put aside** our disagreement and face reality.
私たちは意見の不一致を忘れて、現実を見なければならない。

I had to **put aside** my anger about joining a party.
僕はパーティーに参加することへの怒りを抑えなければならなかった。

A: We're going to have to **put aside** our vacation plans.
僕たちは休暇の予定を一旦あきらめないといけないだろう。

B: Why? Don't we have enough money? なぜ？ お金が足りないの？

put away ~ 〜を片づける、〜を収監する、〜を取っておく

put awayは「何かを離れたところに置く」ことから、「〜を片づける」「(金・食べ物など)をとっておく、蓄える」「(人)を刑務所や病院などに入れる」「(飲食物)を平らげる、大量に飲む」「(スポーツなどで相手を)やっつける」などさまざまな意味になります。

How many glasses of wine do you **put away** every day?
あなたは毎日、何杯のワインを飲むの？

He is dangerous and I want him **put away**!
彼は危険だから、刑務所に入れたいと思っているよ！

If he's guilty, we're going to **put** him **away**.
彼が有罪なら、私たちは彼を収監します。

A: **Put away** the clothes in your bedroom. 寝室の服を片づけなさい。

B: I'll do that when I have more free time. もっと時間があるときにやるよ。

put down ~

～を下に置く、～を書き留める、～のせいにする、～を予約に入れる、～の悪口を言う

put downは「下に置く」という意味だけでなく、「(考えなど) を書き留める」「～のせいにする」「人をばかにする、悪口を言う」「(値段を) 下げる」「(反乱などを) 鎮圧する」「～を頭金として払う」「(電話) を切る」「(航空機) を緊急着陸させる」「～を議題に入れる」など幅広い意味を持ちます。

例文 Please forgive me. Just **put down** the club.
頼むから許してくれ。クラブを下に置いて。

This is the police! **Put down** your weapon.
警察だ！　武器を置け。

I'll **put** you **down** for eight boxes.
８つのボックス席の予約に君を入れるよ。

I can't believe you **put** me **down** in front of your friends.
友達の目の前で僕の悪口を言うなんて信じられないよ。

A: **Put down** your books and come over here. 本を置いてこっちに来てよ。
B: Why? Are you doing something interesting? なぜ？　何か面白いことでもしているの？

put in (~)

～を中に入れる、～を提出する、～の職に就かせる、(時間) を費やす

put inは句動詞としてさまざまな意味を持ちます。例えば、put in＋時間は「(時間や労力) を費やす、つぎ込む」。そのほか、「(書類などを) 提出する」「～を職に就かせる、配置する」「～を取りつける」などの意味があります。put in a requestは「願いを出す」、put *one's* faith inは「～を信頼する」。

例文 You know Sue and I both **put in** for a promotion.
ところで、スーと私は二人とも昇進を希望したんです。

I can't just walk away! I've **put in** four hours!
僕は立ち去るわけにはいかないよ！　４時間も費やしたんだ！

I had **put in** a request to have all my mail forwarded.
私はメールがすべて転送されるようにと要請した。

When you **put** your faith **in** people, they reward you.
あなたが人々を信頼したら、彼らはあなたに報いるでしょう。

A: Beth is never around anymore. ベスはもう来ないんだね。
B: She **puts in** a lot of hours at her new job. 彼女は新しい仕事に多くの時間を費やしているんだ。

put off ~　～を脱ぐ、～を延期する

put off ～ には「～を脱ぐ」のほかに、「～を延期する、中止する」という意味があります。Don't put off until tomorrow what you can do today.「今日できることを明日まで延ばすな」。put *something* offと目的語をputとoffで挟むこともあります。延期する事柄が行為・動作であれば、動名詞を使ってput off -ingとしましょう。

例文

Why are you doing what you can **put off** till tomorrow?
なぜ君は明日に延ばせることをやっているんだい？

The meeting has been **put off** until further notice.
会議は次の通知があるまで延期された。

I'll just **put** this **off** till tomorrow.
僕はちょっとこれを明日に延ばすよ。

I told her it was stupid to **put off** the wedding.
僕は彼女に結婚式を延期するのはばかげていると伝えた。

A: You shouldn't **put off** that work for much longer.
君はこれ以上仕事を先延ばしにすべきではないよ。

B: I'll try and finish it before I go.　行く前に終わらせるように頑張ってみるよ。

put out ~　～を外に出す、～を消す

put out ～ の基本的な意味は「～を外に出す」。そのほかに、「(火やたばこなど)を消す」、「(電灯など)を消す」という意味のほか、「(本など)を出版する」「～を生産する」「～を下請けに出す」などの意味もあります。

When I realized I couldn't **put out** the fire, I ran.
火を消すことができないと気づいて、僕は走って逃げた。

Put out the light when you go to sleep.
寝る時は電気を消しなさい。

I'm going to **put out** a flyer about the restaurant.
僕はそのレストランのチラシを作るつもりだ。

A: The fashion magazine will **put out** a special edition.
そのファッション雑誌に特別版が出るんだって。

B: Let's buy a copy and look at the pictures.　1冊買って、実物を見てみようじゃないか。

put through ~　～に電話をつなぐ、～に経験させる

throughは「～を通って」。その意味から連想できるように、put through ～には「電話を～につなぐ」「（法律・決議など）を正式に認める、通す」「人に（試練などを）経験させる」「（仕事）をうまくやり遂げる、実行する」などの意味があります。

例文

Do you have any idea what you **put** me **through**?
あなたは自分が私に何をさせたかわかっていますか？

I'll **put** you **through** right away.
僕は今すぐ君に電話をつなぐよ。

I never wanted to **put** you **through** this.
私は二度とあなたにこれを経験させたくなかった。

Why do you **put** me **through** this?
なぜ私にこれを経験させるのですか？

A: Your daughter is calling on the other line.　あなたの娘さんは他の電話に出ています。
B: **Put** her **through** to my office.　私の事務所につないでくれないか。

put together ~　～を組み立てる、～をまとめる、～を企画する

put together ～ は「（ばらばらのものを）一緒に置く」という意味からも連想できるように、「（部品などを）組み立てる」「～をまとめる、寄せ集める」「～を企画する」「（料理など）を作る」という意味があります。

Why don't you help me **put together** my new furniture?
新しい家具を組み立てるのを手伝ってくれませんか？

You **put together** the guest list by tomorrow.
君は明日までに客のリストをまとめるんだ。

Maybe I'll just **put together** another party.
たぶん僕は別のパーティーを企画するよ。

How can you quickly **put together** a team?
どのようにして素早くチームを作れますか？

A: Did you **put together** the photo album?　フォトアルバムを作ったのかい？
B: Yeah, and it looks great.　うん、素敵でしょ。

hold

holdの基本的な意味は「～を手に握る」。hold *something* in *one's* handsは手で握っていること、hold *something* in *one's* armsは腕で抱いていることを言います。ここから派生して、holdは「～をしっかり持っている」「～を催す」「～を保有する」「持ちこたえる」などさまざまな意味で使われます。容器や場所が主語になると「～を収容（収納）できる」という意味になります。keepと同様に、hold *something*＋形容詞で「ものを～の状態にしておく」という意味でも使われます。

1. 手に握る、つかむ、所有する、持つ

I'm sorry, but could you hold the door?　すみません、ドアを押さえていてくれない？

2. （会議、集まりを）開く、開催する、留める、押さえる

The office party will be held tomorrow.　オフィスのパーティーは明日開かれるよ。

Hold your breath!　息を止めろ！

3. ～の状態を維持する

Hold the window open.　窓を開けておいてください。

4. 支える、収容する

This meeting room can hold 100 people.　この会議室は100人収容可能です。

This car can hold at least six people.　この車には少なくとも6人乗れます。

hold *someone* [*something*] in *one's* hand

（人）の手を握る、（もの）を手に持つ

holdは「〜を握る、つかむ」という基本的な意味で最もよく使われます。hold + *something*は「〜を握る、つかむ」。目的語の後ろにin *one's* hands、in *one's* armsなどの副詞句が続くこともよくあります。

Hold your dreams **in your hand**. Don't let go.
夢を持ち続けて。決して手放さないで。

She is **holding** a shopping bag **in her right hand**.
彼女は右手に買い物袋を提げている。

She is **holding** a pillow **in her arms**.
彼女は腕に枕を抱えている。

A: Look at the ring my boyfriend gave me. 私の彼氏がくれた指輪を見て。
B: Wow, let me **hold it in my hand** for a minute. おお、ちょっと手に取らせてよ。

hold a meeting 会議を開く

holdには「（会や式など）を催す、開く、行う」という意味があり、meeting「会議」、party「パーティー」、ceremony「儀式、式典」、funeral「葬式」、race「レース、競争」などが目的語になります。haveを使うよりもフォーマルですが、よく使われる表現です。

She plans to **hold a slumber party** this weekend.
彼女は今週末、パジャマパーティーを開くつもりだ。

We'll **hold our Christmas party** on the 24th.
私たちは24日にクリスマスパーティーを開催するつもりです。

The manager will **hold a meeting** for the new staff.
マネージャーは新人スタッフのために会合を開くつもりだ。

I told my mom not to **hold a birthday party** for me.
母に僕の誕生日パーティーを開かないように頼んだ。

A: The company is experiencing many problems.
会社は多くの問題に直面しているようだね。
B: We'll **hold a meeting** to discuss the problems tonight.
今夜、その問題について議論するミーティングがあるんだ。

hold *someone*　（人）を引き留める、預かる

hold *someone* で人を目的語にとると「～を拘束・留置する」「(囚人や捕虜など)として拘留する」ことを言います。hold *someone* hostageは「～を人質にとる」、hold *someone* prisonerは「～を刑務所に入れる、捕虜にする」。

I need you to **hold her** until I get there.
僕がそこに着くまで、君に彼女を引きとめておいてもらいたいんだ。

Hold them right there. I'm on my way.
彼らをそこで引き留めるんだ。僕は向かっているところだ。

We captured them. We're **holding them** over at my place.
私たちは彼らを捕まえました。私のところで彼らを預かっています。

I'm not sure **holding me** hostage is your best option.
僕を人質にするのが君の最善の選択だとは思えないよ。

The girl **was held** hostage.
その女の子は人質に取られた。

A: Have the students left the classroom?　生徒たちはもう教室を出た？
B: No, we're **holding them** until their parents come.
いや、彼らの親御さんが来るまで、引きとめています。

hold still　じっとしている

holdにはkeepと同様に「～の状態にしておく」という意味があり、hold＋形容詞で「～のままにしておく」。hold stillはkeep stillと同じ意味で「じっとしている」、hold goodは「あてはまる、適用できる」。

Calm down. **Hold still.**
落ち着け。じっとしているんだ。

You're drunk. **Hold still.**
君は酔っぱらっているんだ。じっとしていなよ。

Hold still while I paint your nails.
ネイルを塗るからじっとしていてね。

A: I don't want you to cut my hair.　髪の毛を切られたくないですよ。
B: **Hold still** and let me get started.　じっとして、始めさせてもらうよ。

hold *someone* responsible （人）に責任を負わせる

hold *someone* responsible (for ～)は「～についての責任が（人）にあると思う」という意味の熟語。受動態でbe held responsible [accountable] for *something*「（人）が～についての責任を負う」という表現もよく使われます。

例文 We're **holding you responsible** for the accident.
私たちはあなたにその事故の責任を取ってもらいます。

I'm going to **hold you responsible**.
君に責任を取ってもらうつもりだよ。

No, I don't **hold her responsible**.
いや、僕は彼女に責任を負わせることはないよ。

A: Who broke the window on the house? 誰が家の窓を割ったの？
B: The owners are **holding their son responsible**.
持ち主は、自分たちの息子がやったと考えているよ。

hold *one's* breath 息を止める

このholdは「（行動などを）抑える」という意味で、hold *one's* breathは「息を止める」「固唾をのむ」「我慢する」。否定文でnot hold *one's* breathと使われると「期待する」という意味になり、Don't hold your breath.は「期待しない方がいい」という意味の表現です。

例文 How long can you really **hold your breath** for?
実際のところ、どのくらい長く息を止めることができる？

I can **hold my breath** for 10 minutes.
僕は10分間息を止めることができるよ。

Okay, this is going to be tough. **Hold your breath**.
なるほどね、これはきつそうよ。我慢してね。

I want you to close your eyes and **hold your breath**.
僕は君に目を閉じて、息を止めてもらいたいんだ。

A: I would like to marry a rich guy. 私は金持ちの男と結婚したいわ。
B: Sure, but don't **hold your breath**. そうだね、でもあまり期待しない方がいいよ。

hold *something* against *someone*

（物・事）のことで（人）を恨む、非難する

hold *something* against *someone* は「（過去のこと）で人を悪く思う」「人に対して（過去のことを）恨む」という意味があり、過去に相手がしたことに対して、許さないままでいるときに使います。「悪く思っていない」「気にしていない」という意味で、否定文で使われることもあります。

例文

I'm not going to **hold it against you**. Bad things happen.
僕はそのことで君を責めたりしないよ。悪いことも起きるもんだね。

I won't **hold it against you**.
私はそのことであなたを責めたりしないでしょう。

I don't think you should **hold that against him**.
僕はそのことで君が彼を非難すべきではないと思う。

I said I didn't **hold it against her**.
僕は、僕がそのことで彼女を恨んでいないと言ったんだ。

A: I heard that your mom wrecked your car. あなたのお母さんがあなたの車を大破させたと聞いたわ。

B: She did, but I don't **hold it against her**. 確かにやったよ、でも僕はそのことで彼女をとがめないよ。

hold back (~)

～を秘密にする、～をためらう、～を思いとどまる、～を食い止める、感情を抑える

hold back (～) には「何かが前進することを抑える」という意味から、「ためらう」「思いとどまる」、目的語をとって「（人や物の動き）を制圧する」「（感情など）を抑える」「（涙）をこらえる」「～することをためらわせる」などの意味があります。また、keep *something* secret「（情報などを）秘密にしておく」でもよく使われます。

She was staying home **holding back** her tears.
彼女は涙をこらえながら、家に留まっていた。

She could barely **hold back** the tears.
彼女はかろうじて泣くのを抑えることができた。

Did he **hold back** information on this issue?
彼はこの件に関する情報を言わなかったのか？

A: They asked me to give some money for their trip.
彼らは私に旅行の金をくれるように頼んだんだ。

B: I think you should **hold back** on paying. 君は支払いを控えるべきだと思うよ。

hold down ~　～を抑える、(職)に就いている、～を押さえつける

hold downには「下に抑えている」状態。つまり「(感情・価格などを) 抑える」「～を押さえつけておく」「(人)を押さえつける、支配下に置く、抑圧する」「(仕事)を頑張って続ける」などの意味があります。

例文

They **held** her **down** trying to keep her quiet.
彼らは彼女を静かにさせようと押さえつけた。

He couldn't **hold down** a job. The boss has been so hard on him.
彼は仕事を続けることができなかった。上司が彼にとてもつらく当たったのだ。

Hold him **down** before he runs away.
彼が逃げる前に、押さえつけておけ。

He **held** me **down** by one arm.
彼は私を１本の腕で押さえつけた。

A: The neighbors are always too loud.　近所の人はいつもうるさすぎるんだ。
B: Have you asked them to **hold down** the noise?
音量を抑えてくれるように彼らに頼んだのかい？

hold off　先送りにする、延期する、阻止する

hold offには「(台風や雨などが) 遅れてこない」という意味のほか、hold off on *something* [-ing]で「～を延ばす、ためらう、後回しにする」という意味があります。そのほかに「(人・群衆などが) 近くに来ないようにする」という意味もあります。

I'll **hold off** until Monday to report to the boss.
上司に報告するのを月曜日まで先送りにするよ。

Can you just **hold off** for a second?
ちょっと待ってくれない？

I **held off** on asking her out because she has a huge head.
彼女はうぬぼれているから、デートに誘うのを先送りにした。

I can't **hold off** on talking to him anymore.
私は彼と話すのをこれ以上遅らせることはできないわ。

A: The economy is bad all over the world.　経済は世界的に不況だね。
B: A lot of people are **holding off** on spending money.
多くの人々がお金を消費しないように買い控えているね。

hold on　待つ

命令文Hold on (a minute).で「ちょっと待って」。話し始めるときにHold on.と言えば「ちょっと聞いて」「あのね」という意味にもなります。hold onあるいはhold the lineで「電話を切らないでおく」。また、「しがみつく」「頑張る」「(困難なことを) 続ける、継続する」という意味もあります。

Hold on, let's find a better way to handle this.
ちょっと待って、もっと良い対処法を見つけましょう。

Hold on, let me think it over.
ちょっと待って、もう一度考えさせてよ。

She had a breakdown and couldn't **hold on** to her job.
彼女は衰弱したので、仕事を続けることができなかった。

A: **Hold on** for a minute. I need to talk to you.
ちょっと待って。君と話さなければならないことがあるんだ。

B: Really? What are we going to talk about?　本当に？　何のことを話すつもり？

hold out (~)　腕を伸ばす、～を提出する、～を辛抱する、(希望) を抱かせる

hold outはもともと「手などを差し出す、伸ばす」という意味。そこから派生して、「(物の供給などが) 持ちこたえる」「(人・集団が) 持ちこたえる、守り抜く」「(要求などに) 屈しない、応じない」「(希望・可能性など) がある、～を示唆する」という意味で使われます。

She **held out** her arms to hug me.
彼女は私を抱きしめるために腕を伸ばした。

They can't **hold out** much longer.
彼らはもう耐えられない。

She is **holding out** hope that she'll see her son again.
彼女は息子に再び会えるという希望を抱いている。

A: They asked me to work for a small salary.　彼らは私に低い給料で働くように求めたんだ。

B: You should **hold out** for more money.　君はもっと高い金額を要求するべきだよ。

hold to ~　～をしっかり守る、～にしがみつく

hold toのもともとの意味は「～にしっかりつかまる」。ここから派生して、「（信念などに）固執する」「（約束など）を守る」という意味があります。hold *someone* to ～とすると「人に（約束などを）守らせる」という意味になります。

例文
You said you'd do it. I'm **holding** you **to** that.
君はそれをやるつもりだと言った。僕は君に約束を守らせるからね。

She didn't **hold to** her promise.
彼女は約束を守らなかった。

I'm going to **hold** you **to** that.
必ず約束は守ってもらうよ。

I **hold** you **to** a higher standard. Don't let me down again.
僕はあなたに高い基準を求めています。二度と僕を失望させないで。

A: She promised to give me a book.　彼女は僕に本をくれると約束してくれたんだ。
B: You should **hold** her **to** her promise.　彼女に約束を守ってもらわないとね。

hold up ~　～を持ち上げる、～で強盗をする、～を遅らせる

hold up ～ は「～（手や物など）を高く上げる」という意味ですが、「～（人・物）を（倒れないように）支える」「～を遅らせる、停滞させる」「（銃を使って）人を襲って強奪する」などの意味もあります。

I got **held up** behind a traffic accident.
交通事故のせいで動けないんです。

Okay, everyone **hold up** your glasses.
さあみんな、グラスをお取りください。

I was **held up** by the boss.
僕は上司に引きとめられた。

Three armed robbers **held up** the casino.
３人の武装した泥棒がカジノを襲った。

Hold your hands **up**!
手を挙げろ！

A: Why isn't the concert starting?　なぜコンサートは始まらないの？
B: The musicians got **held up** in a traffic jam.　ミュージシャンが渋滞にはまって立ち往生しているんだ。

bring

takeは「持っていく」で、相手がいる場所ではなく、どこか別の場所に持っていくことを意味しますが、bringは「持ってくる」で私がいる場所に持ってくる、あるいは相手がいる場所に持っていくときに使います。What brings [brought] you to＋場所？「なぜ〜に来たの？」はよく使われる表現。物や事が主語になって、bring *someone* to 〜と言うと、「物や事が人を〜に連れていく、人に〜させる」という意味になります。

1. 連れてくる、持ってくる

You can't bring your pet with you.　ペットを連れてきてはいけないんだよ。
I brought coffee for everyone.　みんなにコーヒーを持ってきたよ。
I forgot to bring a laptop computer for this class.
授業にノートパソコンを持ってくるのを忘れたよ。

2. 〜を連れていく、〜させる

A taxi brought me to a museum.　僕はタクシーで博物館へ行った。
That [Which] brings me to the (main) point.　そういうわけで、本論に入ろう。

bring *someone something*　人に物を持ってくる

第４文型でbringを使うとbring *someone something*の形になり、「人に物を持ってくる」という意味です。持ってくるものを先に述べるときは第３文型にし、bring *something* to *someone*で表します。

例文 Please **bring me my mail** on the way back.
帰りに私宛の郵便物を持ってきてください。

Could you **bring me the newspaper**?
私に新聞を持ってきてくれませんか？

What did you **bring me today**?
今日は私に何を持ってきてくれたの？

We **brought you some wine**.
僕たちは君にワインを持ってきたよ。

A: Thanks, I will return soon.　ありがとう。すぐ戻るよ。
B: **Bring me a coffee** on your way back.　戻ってくるときに、コーヒーを持ってきてくれ。

bring *someone* [*something*] to ~　人[物]を～に持ってくる、連れていく

bring *someone* [*something*] to ～ は「人や物を～に持って行く」という意味になります。bring *someone* [*something*]の後に場所を表す副詞やto＋名詞を続けましょう。

She forgot her license so now I have to **bring it to** her.
彼女は免許証を忘れていったので、私がそれを彼女に届けなければならない。

I never **bring Jesse to** the park.
僕は一度もジェスを公園に連れていったことがない。

We'll have to pick her up and **bring her to** him.
私たちは彼女を迎えに行って、彼のところへ連れていかなければならない。

A: The big trip is scheduled for tomorrow.　大がかりな旅行が明日に予定されているよ。
B: Remember to **bring food to** the picnic.　忘れずにピクニックに食べ物を持っていってよ。

What brings [brought] ~?　なぜ〜に来たのですか？

What brings [brought] you〜？「なぜ〜に来たの？」は、人がある場所に来た目的や理由を聞くときに使う表現。youの後に場所を表す副詞やto＋名詞を続けましょう。What brings [brought] you (down) here?「なんでここに来たの？」は頻出表現。

例文　So, **what brings** you here at such a late hour?
じゃあ、どうしてこんな遅い時間にここにいるのですか？

So, **what brings** you to New York?
では、どうしてニューヨークに来たのですか？

What brings you to the hospital?
どうして病院にいるのですか？

A: **What brings** you here? I thought you were at home.
どうしてここにいるのですか？　あなたは家にいると思っていました。

B: I came to pick up some books that I forgot.　私は忘れていた本を取りに来たのです。

can't bring *oneself* to ~　〜する気になれない

bring *oneself* to＋動詞「自分自身を〜に至らせる」は、つまり「〜する気になる」という意味。通常はcan't bring *oneself* to〜と否定文か疑問文で使用され、「(気が重くて)〜する気になれない」という意味になります。

I can't **bring myself to** look at you.
私はあなたに目を向ける気にはなれません。

I **can't bring myself to** tell her the truth.
私は彼女に本当のことを話すことができません。

I couldn't **bring myself to** leave her.
僕は彼女と別れる気にはなれなかったんだ。

I can't even **bring myself to** say it.
私はそれを言う気にすらなれないのよ。

A: Sam needs to find a better job.　サムはもっと良い仕事を探した方がいいよ。

B: He **can't bring himself to** quit the one he has.
彼は今の仕事をやめる気にはなれないんだ。

bring home *someone* [*something*]

人（物）を家に連れてくる、持ってくる

主にbring home *someone* [*something*] to＋動詞 [for ～] の形で使われ、「人（物）を家に連れてくる、持ってくる」という意味になります。bring home a friendで「友人を家に連れてくる」。

例文

She **brought home friends** to meet her family.
彼女は家族に会わせるために友だちを家へ連れていった。

Bring home a person to help me clean.
掃除を手伝ってくれる人を家に連れてきて。

I **brought home some people** I work with.
僕は同僚を何人か家に連れてきた。

He **brought home Steve** for Thanksgiving.
私は感謝祭の日にスティーブを家に連れてきた。

A: I'm going to **bring home Bob** to meet my parents.
私は両親に会わせるためにボブを家に連れていくつもりよ。

B: Oh, are you planning to marry him? ああ、あなたは彼と結婚するつもりなの？

bring about ～

～をもたらす、～を引き起こす

bring about ～は「～をもたらす、引き起こす、招く」という意味。受動態でもよく使われます。

The news **brought about** a lot of happiness.
そのニュースはたくさんの幸せをもたらしてくれた。

That might **bring about** big trouble.
それは大きなトラブルを招きかねない。

The rain **brought about** flooding.
雨は洪水を引き起こした。

Our meeting **brought about** a long friendship.
僕たちの会議のおかげで、長期にわたる人間関係が築かれた。

A: The company lost a lot of money last year. 会社は昨年、多額の資金を失ったんだ。

B: I know. It **brought about** many problems.
知ってるよ。そのことで多くの問題を引き起こしたんだ。

bring ~ around

～を連れてくる、～を持ってくる、～を口説く、～を同調させる、～の方向を変える

bring ～ aroundは直訳すると「～を側に連れて来る」。そこから連想して「～を家に連れてくる」「～を持ってくる」「(人)を説得する」「(話題など)を…の方に持って行く」など幅広い意味を持ちます。何かを移動させたり、食べ物などを配ったりするときにも使える表現。

例文 Why don't you **bring** your date **around** to my office?
オフィスにデートの相手を連れてこないかい？

She is a girl that your friend **brought around**.
彼女は君の友達が口説いた女の子だよ。

You can **bring** your coworkers **around** to the party.
君の同僚をパーティーに連れてきてもいいよ。

Why don't you **bring** the pizza **around** for us?
私たちにピザを持ってきてくれませんか？

A: Dan doesn't understand my feelings. ダンには私の気持ちがわからないのよ。
B: Try to **bring** him **around** to the way you feel. 彼が自分の気持ちに近づけるようにしてみたら。

bring back ~

～を戻す、～を持って帰る、～を思い出させる、～を復活させる

bring backは「～を戻す、返却する」「持って帰る、連れ戻す」という意味。「～を(人に)思い出させる」「人を～に復帰させる」という意味でも使われます。

例文 **Bring** her **back** here, will you?
彼女をここに連れ戻してくれませんか？

They didn't **bring back** any food at all?
彼らは食べ物を何ひとつ持って帰らなかったの？

It **brings back** bad memories of middle school.
それは中学校の嫌な記憶を思い出させるんだ。

A: **Bring back** that paper when you're finished with it.
用が済んだら、その紙を戻しておいてください。
B: Don't worry, I will. 心配しないで、ちゃんと戻すから。

bring down ~ 　～を下げる、～を落ち込ませる、～を倒す、～を破滅させる

bring down ～ は「下に持ってくる」から派生して、「(値段) を下げる」「(熱や血圧など) を下げる」「(人) を落ち込ませる、意気消沈させる」「(鳥など) を撃ち落とす」「(政府など) を倒す、(人) を失脚させる」という意味でも使われます。

例文 What'd you **bring** me **down** here for?
何のために私をここに連れてきたの？

I didn't mean to **bring** you **down**.
君を落ち込ませるつもりじゃなかったんだ。

I've been waiting for the moment when I finally **bring** you **down**.
ついにあなたを倒す瞬間をと待っていました。

A: Hattie got bad news when she went to the hospital.
ハッティーは病院に行って、悪い知らせを受けたんだ。

B: Oh dear, that will **bring down** everyone. そうなんだ、みんな落ち込むだろうね。

bring in ~
～を持ち込む、～を迎え入れる、～を呼ぶ、～を導入する、～を稼ぐ、～に利益をもたらす

bring in ～ には「～を持ち込む、～を連れ込む」のほかにもいろいろな意味があり、組織や団体などで「(人) を参加させる、招へいする」、「(法律など) を導入する、(議案など) を提出する」、「(資金・金額) を稼ぐ、(利益・金額) をもたらす」という意味で使われることが多いです。

Did you send a man all the way to Chicago to **bring** me **in**?
君は私を呼ぶためにその人をシカゴまではるばる送ったのかい？

My wife **brings in** a lot of money every month.
私の妻は毎月たくさん稼ぐんだ。

The company **brought in** a new CEO to turn around.
会社は業績を立て直すために新しいCEOを招聘しました。

A: I have decided to **bring in** an analyst to help us.
アナリストに手伝ってもらうことに決めたんだ。

B: Great idea! That is just what we need. 素晴らしい！　それが私たちには必要なことだ。

bring on ~ 〜を持ってくる、〜を引き起こす

bring on 〜 は「〜を持ってくる」という意味のほか、「(病気・戦争など) を引き起こす」「(好ましくないこと) をもたらす」「(よくないこと) を助長する」という意味があります。Bring it on! は「かかって来い！」。

What **brought** this **on**?
何だってそんなことを？

How about I clear the table and **bring on** dessert?
テーブルを片付けて、デザートを持ってきましょうか？

You want to hit me? **Bring** it **on**!
僕を殴りたいのか？　かかって来いよ！

What do you expect me to do? You **brought** this **on** yourself.
僕に何をするよう期待してるんだい？　自業自得だろ。

A: Springtime is a beautiful time of year.　春は一年の中でも美しい時期だね。
B: It **brings on** the hot weather of summer.　それが夏の暑さをもたらすんだ。

bring out ~ 〜を持ち出す、〜を引き起こす、〜を発売・出版する、〜を明らかにする

bring out 〜 は「外に持ち出す」という意味から広がって、「(物) を取り出す、〜を運び出す」「(資質など) を引き出す」という意味を持ちます。また、「(新製品など) を出す、(本) を出版する」「(真相など) を明らかにする」という意味もあるので覚えておきましょう。

I **brought you** out here because I want you to see this girl.
この子に会わせたくて君をここに連れ出したんだ。

I guess weddings just **bring out** the worst in me.
僕が思うに、結婚式は僕の最悪なところを引き出すだけだよ。

We **brought** her **out** of the streets and gave her a new life.
路上から彼女を救い出して、新しい人生を歩ませた。

They didn't **bring out** the revised edition yet.
彼らはいまだに修正版を出版していなかった。

A: **Bring out** the cookies that you made this morning.
君が今朝作ったクッキーを持ってきてよ。
B: Did you like the way they tasted?　あの味が気に入ったの？

bring up ~

～を持ち上げる、～を育てる、～を持ち出す、～を吐き出す、～を急に止める

bring up ～ の基本的な意味は「～を持ち上げる」ですが、ほかにも「～を育てる、～を養育する」「(話題・問題など) を持ち出す、提起する」はよく使われます。そのほかにも、「コンピューター画面に表示する」「吐く」「動作を急にやめさせる」などさまざまな意味があります。

例文 Please don't **bring up** the accident again.
二度とその事故のことを持ち出さないで。

Are you going to **bring up** your children here while you go to school?
学校へ行っている間、ここで子どもを育てるのですか？

This isn't the best time to **bring** it **up**, but you have to get out of here.
今、それを言うのは最適なタイミングではありませんが、あなたはここから出て行かなければなりません。

I'm really kind of surprised nobody's ever **brought** it **up**.
誰もそれを言い出そうとしないので本当にびっくりしている。

A: Sally gets angry very easily these days. サリーはこのごろ本当にすぐ怒るね。

B: I know. I'm afraid to **bring up** new topics with her.
そうだね。彼女に新しい話題を持ち出すのが怖いよ。

More Expressions

- **bring along** 携帯する、連れていく
  Does he have a single friend that you could bring along for me?
  私のところに連れてくることのできる友人が彼にはひとりでもいるのですか？

- **which brings me to ~** そういうわけで私は～する
  I got divorced again. Which brought me to the bar.
  僕はまた離婚したんだ。そういうわけで僕はバーに行ったんだ。

- **bring *something* to a close** ～を終了する、～に幕を閉じる
  Let's bring this matter to a close.
  この件は終わりにしよう。

- **bring ~ to *one's* knees** (人)をひざまずかせる、服従させる
  Use it to bring any man to his knees.
  どんな男であっても従えるためにそれを使いなさい。

- **bring together** くっつける、再会させる、恋人同士にさせる
  We were brought together to spend the night together.
  私たちは恋人の関係になって一晩を共にした。

- **bring a case [charges]** 訴える、告発する
  The district prosecutor refused even to bring charges.
  地方検事は告発することさえ拒絶した。

call

callの意味はたくさんあります。
callは、電話をかけたり、誰かに話しかけたりするのによく使われますが、それだけではありません。何かをするように依頼したり、何かが起こることを予測したり、何かを説明したり、何かを呼び起こしたりするためにも使用できます。また、callの意味は時代によっても異なります。19世紀には、callは「訪問する」という意味で使われていました。しかし、20世紀になって「電話する」という意味で使われるようになったのです。

1. 電話をかける、大声で呼ぶ

Mr. James called you during the meeting.　会議中、ジェームズさんがあなたを呼んでいたわ。

I called but your line was busy.　電話したけど、話し中だった。

I heard you called this morning.　今朝、君から電話があったと聞いたよ。

2. （会議などを）召集する

I'm going to call a meeting tonight.　今夜、会合を開くつもりだ。

3. ～と呼ぶ、～と見なす

What do you call this in English?　これを英語で何と呼びますか？

I'm calling to ~　私は～するために電話しているのですが

I'm calling to＋動詞「私は～するために電話している」は電話をかけて、要件を相手に話し始めるときに使う表現。I'm calling you because ～ は「私は～だから電話をしている」。

I'm just calling to see how you were doing.
私はあなたの調子がどうか確認するために電話しただけよ。

I'm calling you because I saw that you called me.
私に電話をくれたというので電話しています。

I'm calling to apologize.
私は謝罪するために電話をかけています。

A: I'm calling to talk to Mr. Kato in the marketing department.
マーケティング部の加藤さんと話したいのですが。

B: I'm sorry, but he isn't in the office right now.
すみません、彼は現在席を外しております。

call *someone something* [形容詞]　人を～と呼ぶ

call *someone something* [形容詞] は「人を～と呼ぶ」で、名前やあだ名、肩書などで呼ぶという意味で使われます。be called *something* は受動態で「～と呼ばれる」という意味。call *someone* names は主に子どもに使う表現で、「(相手を)ののしる、罵倒する、～の悪口を言う」という意味になるので注意しましょう。

What do you call that in English?
それを英語で何と呼びますか？

Don't call me names!
私の悪口を言わないでよ！

You call yourself an assistant?
それでも君はアシスタントなのか？

You call yourself an accountant, but you're terrible at numbers?
君は会計士だと言うけれど、数字に弱いよね？

A: Have you met the new intern?　新しいインターンに会ったことある？

B: Yeah. Everyone is calling her the next big thing.
うん。みんなが次世代の大物と言ってるよ。

call it a day　その日の仕事を切り上げる

call it a dayは「(仕事などを途中で)やめる、切り上げる」という意味。似た意味の表現にcall it a night「(夜に仕事などをしていて)やめる」、call it quits「仕事を辞める」があります。そのほか、callを使う表現で、call in sick「病気で休むと電話する」も覚えておきましょう。

例文

It's coming up on 6:00. What do you say we **call it a day**?
もうすぐ6時だ。今日は終わりにしない？

I'm going to **call it a night** and get some sleep.
今日はもうお開きにして寝ます。

What are you doing here? You **called in sick** this morning.
ここで何をしているんだい？　今朝、病欠の連絡をしてきたじゃないか。

A: Let's **call it a day**.　さあ終わりにしよう。
B: Sounds good to me.　それがいいね。

call back ~　(～に)電話をかけなおす

call backは文字通り「折り返し電話する」。後ろにlater「あとで」やin＋時間「～後に」をつけることもよくあります。

Could you **call back** later? I'm tied up right now.
後でかけ直してくださいませんか？　今は手が離せないのです。

I've got to go. I'll **call back** later.
行かなくちゃならない。後で電話するよ。

I'll have him **call** you **back** as soon as he gets home.
彼が家に着いたらすぐに折り返し電話させます。

Please **call** me **back** in ten minutes.
10分後に電話してください。

A: Could you tell him to **call back** after lunch?
彼に昼食後に電話をかけ直すように言ってくれませんか？
B: I'll tell him right now.　今すぐ伝えます。

call for ~ 　～を要求する

call for＋名詞で「～を呼ぶ、電話する」のほか、「～を求める、要求する（demand）」「～を必要とする」「～を迎えに行く」「～と予測する」などの意味もあります。Some guy just called for you.と言えば「ちょっと前に男の子からあなたに電話がかかってきた」。

例文

Call for an ambulance. She is still alive.
救急車を呼んでくれ。彼女はまだ生きている。

He was reaching for his cell phone, trying to call for help.
助けを求めようと、彼は携帯電話に手を伸ばしていた。

She already called for a consult.
彼女はすでに相談を求めて電話してきたよ。

He called for help yesterday.
彼は昨日助けを求めた。

A: My car is running poorly.　僕の車の走りが悪いんだ。
B: That calls for a visit to the mechanic.　整備士を訪ねるのが必要だね。

call off ~ 　～を中止する、～を取り消す

call offは「～を中止する」「（約束など）を取り消す」という意味でよく知られています。call off＝cancelと覚えておきましょう。

She finally called off the search for her pet.
彼女はついに彼女のペットの捜索を中止した。

You can call off the roommate search!
ルームメイトを探すのはやめたら！

He told me that Leo called off his engagement with Jane.
レオがジェーンとの婚約を破棄したと彼が私に教えてくれた。

The boss had to call off the meeting because of the traffic.
渋滞のせいで、上司は会議を中止せざるを得なかった。

A: They had a big fight last night.　彼らは昨夜、とんでもない喧嘩をしたんだ。
B: I hope they don't call off their wedding.　彼らが結婚式を中止しないことを祈るよ。

call out (~)　～を呼ぶ、叫ぶ

call out (～) には「大声で叫ぶ、呼ぶ」のほか、「～を電話で呼び出す」「(緊急に)～を出動させる」などの意味もあります。callには「電話」のイメージがありますが、call outは、「呼ぶ」というcallの基本的な意味からくる表現です。

例文 Did you **call out** everyone's name? Some students are absent.
全員の名前を呼びましたか？　何人か欠席の生徒がいますよ。

You're going to **call out** her name and say, "I love you!"
君は彼女の名前を呼んで「愛している！」と大声で叫ぶんだろう。

She got out of the car and **called out** to Sam.
彼女は車を降り、サムに呼びかけた。

From across the street, they heard Michael **call out**.
道の反対側から、マイケルが叫んでいるのを彼らは聞いた。

A: Winnie got hurt when she was out hiking.　ウィニーはハイキングに出かけたときにけがをしたんだ。
B: She had to **call out** to get someone to help her.
彼女は助けを求めて大声で叫ばなければならなかった。

call up (~)　(～に) 電話をかける

call up (～) は「電話をかける」。call up *someone* to＋動詞で「～するために人に電話をかける」、call up *someone* and＋動詞「人に電話をかけて～する」。

He **called up** a car rental agency and reserved a BMW.
彼はレンタカー店に電話をかけ、BMWを予約した。

Why don't you just **call up** Helen and invite her over?
ヘレンに電話して、彼女を誘ってみたら？

Call up Tom and tell him we're coming over.
トムに電話して、立ち寄ることを彼に伝えるんだ。

I'd like to **call up** Cindy to talk about that.
私はそのことを話すためにシンディに電話したいです。

I want to **call up** someone who'd like to share a conversation.
僕と会話をしてくれる人に電話をかけたいんだ。

A: Let's **call up** and order a pizza.　出前でピザを頼もう。
B: Great idea. I'm feeling really hungry.　いい考えだね。とてもおなかが減っているよ。

call *one*'s cell phone　人の携帯電話に電話をかける

call *one*'s cell phoneは「人の携帯電話に電話をかける」。そのほか、携帯電話に関する表現としてtake out a cell phone「携帯電話に出る」、talk on *one's* cell phone「携帯電話で話す」、use *one*'s cell phone「人の携帯電話を使って電話する」などがあります。

例文
They **called my cell phone** to see where I am.
私がどこにいるか知るために私の携帯に電話をかけた。

Dump him immediately. **Use my cell phone**.
今すぐ彼を捨てなよ。私の携帯を使って。

Can you **call my cell phone**? I can't find it.
私の携帯に電話してくれる？　見つからないんだ。

A: Why isn't Brad at the party?　なんでブラッドはパーティーに来ていないの？
B: **Call his cell phone** and see where he is.
彼の携帯に電話して、どこにいるか確認してみてよ。

More Expressions

■ **be a close call**　危機一髪だ。
That was a close call.
危機一髪だったね。

■ **call down**　しかりつける、降りてくるように呼び掛ける
I'll call down to see if his car's in the parking lot.
彼の車が駐車場にあるかどうか確認するために下にいる人に向かって叫ぶつもりだ。
The boss called her down to speak with her.
上司は彼女と話すために彼女に降りてくるように呼び掛けた。

■ **call the meeting**　会議を開く
I've called this meeting to discuss the stock.
私は株について議論するために、このミーティングを開いた。

■ **call in ~**　～を呼ぶ
Call in the lawyers. We're getting a divorce.
弁護士を呼んでくれ。僕らは離婚するんだ。

■ **be *one's* call**　(人)が決めることだ
That's your call.
それは君が決めることだ。
It's your call.
あなた次第です。

■ **be on call**　呼び出しに対応できるようにしている
He was on call last night, so now he might be asleep.
昨夜、彼は呼び出しに対応できるように待機していた、だから彼は今寝ているかもしれない。

■ **call my own**　自分のものにする
I have no time to call my own.
僕には自由時間がない。

■ **so-called**　いわゆる
When I was in high school, so-called techno music was also very popular.
僕が高校生だったころ、いわゆるテクノミュージックもまたとても人気があった。

see

seeはhear「聞く」などと同じく重要な知覚動詞の一つです。基本的な意味は「(目の前にあるものが) 見える」。そこから「(人に) 会う」「(恋人と) 付き合う」「相談に乗る」「理解する」などの意味が派生します。人と別れるときの(I'll) See you＋時間を表す副詞 (句) は頻出表現。see *someone* [*something*]＋動詞 [-ing] で「人(物)が～するのを見る」。

1. 見る、見物する、会う、付き合う

I'd like to see a menu, please.　メニューを見たいのですが。
Have you seen Bob lately?　最近ボブに会った？
Come and see me next weekend.　来週末、私に会いに来てよ。

2. 人(物)が～するのを見る (see *someone* [*something*]＋動詞 [-ing])

You saw me dancing in the living room?　僕がリビングで踊っているのを見たって？

3. 理解する、確認する

I see.　なるほど。
I don't see that.　それはわかりません。
We'll see.　そのうちわかるよ。

see *someone* [*something*] ＋動詞 [-ing]

人（物）が〜する［している］のを見る

seeを使う代表的な表現です。*someone* [*something*] の後に動詞の原形を続けると、人がその動作を完了するまでを見た、-ingを続けると、人が動作をしている最中を見たことを表します。

例文 The boss **saw him dozing** off behind the wheel.
上司は彼が車を運転しながらうとうとしているのを見た。

I **saw her leave** for school this morning.
僕は今朝、彼女が学校へ行くのを見た。

I never **saw her smoke**.
彼女が煙草を吸っているのを見たことがないよ。

A: Is Ann still dieting?　アンはまだダイエットしてるの？
B: No, I **saw her eating** some cake.　してないよ、ケーキを食べているところを見たから。

(I'll) See you ~　また〜でね

I'll see you＋時間を表す副詞（句）は、別れるときの挨拶で「〜に会おう」。I'llを省略することもよくあります。See you! は「さようなら！」「じゃあまた！」。

I have to get back to the office. **See you** tonight.
僕はオフィスに戻らなくちゃならないんだ。また今夜ね。

See you in the morning.
では、明日の朝。

I hope to **see you** again (sometime).
（いつか）またあなたに会えるといいな。

I'll **be seeing you**.
またすぐ会えるよね。

A: I've got to go. Take care.　僕は行かなくちゃ。気を付けてね。
B: Okay, **see you** later, nice meeting you.　わかった、またあとで会おう、君に会えてよかったよ。

be seeing *someone*　（人）と会っている、付き合っている

seeが進行形になって「（恋人）と付き合っている」という意味で使われることがあります。ただし、I'm seeing her again on Thursday.「私は木曜日にまた彼女に会う」というように、「～に会う」という意味のこともあるので、文脈によって判断する必要があります。

例文 **Are you seeing someone?**
誰かと付き合っているの？

I **am seeing her**. It has been a while.
僕は彼女と付き合っているよ。もうずいぶんたつよ。

As far as I know, she**'s not seeing anybody**.
僕が知っている限りでは、彼女は誰とも付き合っていない。

Are you still **seeing her**?
君はまだ彼女と付き合っているの？

A: My god, Tracey looks so beautiful.　なんてことだ、トレイシーはとても美しいよ。
B: She dresses nicely because she **is seeing a rich guy**.
彼女はお金持ちと付き合っているから素敵な服を着ているね。

see a doctor　医者にかかる

see a doctor「医者に会う」は、「医者の診察を受ける」という意味。go to a doctorまたはvisit a doctorとも言います。

I **saw a doctor** this morning and got a flu shot.
今朝、医者のところでインフルエンザの予防接種を受けました。

I'd like to **see a doctor**.
僕は医者に診てもらいたいよ。

I think we should **see a doctor** soon.
私たちはすぐに医者にかかるべきだと思うね。

A: Look at this red patch on my arm.　この腕の紅斑を見てよ。
B: It looks terrible. You should **see a doctor**.　それはひどいね。医者に診てもらうべきだよ。

(can) see (that) ~　～(であること)がわかる

I (can) see (that) 主語＋動詞は、「～ということがわかる」「～ということだね」という意味で、seeが「わかる、理解する」という意味で使われています。see (that) 主語＋動詞の形は、「わかる」ではなく「～するのを見る」という意味になることもあり、that節の内容で判断しましょう。

例文

I **can see** she really needed a vacation.
彼女は本当に休暇が欲しかったんだと分かるよ。

I **can see** you're not going to be any help.
君が全く役に立たないだろうということはわかるよ。

I **see that** beauty runs in the family.
美貌は遺伝するということはわかるよ。

Did you **see that** I sent you a text message?
僕がテキストメッセージを送ったのがわかったかい？

A: I'm really stressed about the upcoming exam.
今度の試験のことで、すごくストレスを感じているんだ。

B: I **can see that** you're worried.　あなたが心配しているのはわかるわ。

(can) see what (why / how) ~
何が(なぜ／どのように)～かわかる、理解できる

(can) see what (why / how) ～は、see以下に疑問詞節が続く形で、前述のI (can) see (that) 主語＋動詞と同様にseeが「わかる、理解する」という意味で使われています。that節が続く場合よりよく使われる表現なので覚えておきましょう。

I **see what** you mean.
君の言うことはわかるよ。

I **can't see what** I'm doing here.
僕がここで何をしているかわからないよ。

I **can see why** he likes you.
彼がなぜ君を好いているかわかるよ。

I **can't see why** it's hard to fire him.
なぜ彼を解雇するのが難しいことなのかが理解できない。

A: The carpenter worked all day in the house.　その大工は家で一日中働いたよ。

B: I **can't see what** he did here.　彼がここで何をしたかわからないな。

see what *someone* [*something*] can ~

人（物）が何をできるかを検討する、考える

この表現で使われるseeは、find out「～を調べる、確認する、検討する」という意味。主語がある問題や状況に対して、何ができるかを考えてみるときに使います。

I'll talk to my boss and I'll see **what I can** do.
私は上司と話をして、自分にできることを考えてみるよ。

I'll **see what I can** do.
僕に何ができるか考えてみるよ。

Let's **see what you can** do.
君に何ができるか考えてみよう。

Here is 100 dollars. **See what you can** do.
ここに100ドルある。君に何ができるか考えてみなさい。

A: A couple of people came to help us. 何人か手伝いにきてくれたよ。
B: **See what they can** do in the kitchen. キッチンで何ができるか考えてみてよ。

see if ~ ～かどうか確認する

seeの後にif節を続けると、「～かどうかを確認する」という意味になります。I'll see if ～、Let me see if ～「～かどうか確認するよ」という形でよく使われます。

I just wanted to **see if** everything was all right.
全てうまくいったかどうか確認したかっただけだ。

I'm going to **see if** I can get a room for the night.
僕は一晩過ごす部屋が見つかるかどうか確認するよ。

I'll **see if** I can find her.
彼女を見つけられるかな。

We'll **see if** she wants to come back.
彼女が戻ってきたいかどうかそのうちわかるだろう。

A: I came here to **see if** you were finished. 君が終わったかどうかを確認しに来たんだ。
B: No, I still have a lot of work to do. まだだよ、僕にはまだやるべき仕事がたくさんあるんだ。

I've never seen ~ 〜を一度も見たことがない

I've never seen〜「〜を一度も見たことがない」は、何か珍しい様子や物事を見て驚きを表すときの表現です。be the most＋形容詞＋名詞 (that) I've ever seen. は「これまでに見た中で最も…な〜だ」。

My parents **have never seen** me drunk!
私の両親は私が酔っぱらっているのを一度も見たことがないよ！

I've never seen anything like it.
私はそのようなものを見たことがありません。

I've never seen him this happy.
彼がこんなに幸せそうにしているのを見たことがありません。

This is the most delicious cake **I've ever eaten**.
これは私が今まで食べた中で最もおいしいケーキです。

A: This is my diamond necklace. 私のダイヤモンドのネックレスよ。
B: **I've never seen** diamonds that big. 僕はそんなに大きなダイヤモンドを見たことがないよ。

the way [as] I see it 私が思うに

この表現で使われるseeは「…を〜のように考える、〜をある見方で見る」という意味です。また、主語＋be how I see〜「(主語は)私が〜に対して思っていることだ」は、自分の意見や立場などを整理するときに使う表現です。

So **the way I see it**, you've got two choices.
私が思うに、君には２つの選択肢がある。

That's not **the way I see it**.
それは私が思っているのと違うよ。

That's exactly **how I see it**.
それはまさに僕が思っているとおりだよ。

That's not **how you see** me, is it?
それは君が私に対して思っていることではないよね？

A: Are you going to vote in the election? 君は選挙の投票に行くつもりかい？
B: **The way I see it**, my vote doesn't matter. 思うに、僕の投票は重要じゃないよ。

wait and see what [if] ~ 　～が何か[どうか]様子をうかがう、静観する

wait and see what [if] ～は、急いで判断したり行動したりせずに、慎重に成り行きを見ることを言います。

We're going to **wait and see what** she tells us.
私たちは彼女が何を言うか様子を見るつもりだ。

We are going to just **wait and see what** happens.
私たちはただ何が起きるのか見守るつもりだ。

We're going to have to **wait and see if** she remembers anything else.
私たちは彼女がほかに何か覚えているかどうか様子を見なければならないだろう。

A: I think he is planning to buy us dinner. 彼は私たちに夕食をおごってくれるつもりだと思うよ。

B: **Wait and see if** he invites us out with him. 私たちを外出に誘うかどうか様子を見よう。

see about ~ 　～について考える、～に気を付ける

see aboutは「～について考える」。We'll see about that.で「様子を見てみよう、それについて考えてみよう」。

You're not going to a university? We'll **see about** that.
君は大学に行かないのかい？　それについて考えてみようよ。

Well, we'll **see about** that.
そうだね、考えてみよう。

Yeah, we'll **see about** that. I am calling her right now.
ああ、それについて考えてみよう。今彼女に電話しているよ。

Could you **see about** getting my notebook back?
私のノートを返すことを考えてくれない？

A: Let's go to the theater tonight. 今夜劇場に行こうよ。

B: I may be busy. We'll **see about** the theater. たぶん忙しいな。劇場についてはまた考えよう。

see through ~ 　～を見抜く、～の中が（透けて）見える

see through ～ は「～を見抜く」「～の中が見える」のほか、「（仕事などを）最後までやり通す」「（人）を手伝って苦難を乗り切らせる」という意味でも使われます。see-throughまたはseethroughと1語にすると「透けて見える」「内部が見える」という意味の形容詞になります。

例文 The jury would **see through** that.
陪審はそれを見抜くだろう。

I started doing something charitable and I'm going to **see** it **through**.
僕は慈善に関することをし始めた、そしてずっとやり続けます。

I will **see** this project **through** to the end.
私はこのプロジェクトを最後までやり遂げます。

A: Are you sure John is in his apartment? ジョンが自分のアパートにいるって本当かい？

B: Yes. I **saw through** his window and he's inside.
うん。窓から彼が中にいるのが見えたんだ。

More Expressions

- **see off** 見送る
  I've been to the airport to see my mother off.
  僕は母を見送るために空港に行った。
  I'll see you to the station.
  僕は君を駅まで送り届けるよ。
- **see eye to eye (with ~)** （人と）意見が一致する
  I don't see eye to eye with my wife.
  僕は妻と意見が一致しない。
- **see ~ coming** ～が起こるのを察知する
  I didn't see it coming.
  私はそれが起こるのを察知しなかった。
- **see ~ as…** ～を…とみなす
  He'll see it as a sign of relief.
  彼はそれを安心の合図だとみなすだろう。
- **see in *someone*** （人）に～を見出す
  What do you see in her?
  あなたは彼女のどこがいいと思っているのですか？
  I can't imagine what Tom sees in her.
  トムが彼女のどこがいいと思っているのか想像もつかない。

hear/listen

hearは「～が聞こえる」という意味で、seeと並ぶ代表的な知覚動詞です。hear *someone* [*something*] +動詞 [～ing]で「人（物）が～する（している）のを聞く」という意味になります。第三者から聞いた話をするときに使うI('ve) heard that ～「～と聞いた」やHave you heard [Did you hear] that ～?「～と聞いた？」は頻出表現。

1. 聞こえる、聞く

Excuse me, I didn't hear you well. すみません、あなたの言うことがよく聞こえませんでした。

Did you hear that Cindy got married again? シンディが再婚したって聞いたかい？

I heard you got fired a few weeks ago. 君が数週間前に解雇されたと聞いたよ。

I heard you and your husband live in Chicago. あなたたち夫婦はシカゴに住んでいると聞きました。

2. 人（物）が～する（している）のを聞く（hear *someone* [*something*] +動詞 [-ing]）

I heard her singing in the bathroom. 私は彼女がバスルームで歌っているのを聞いた。

I never heard her talking like that. 僕は彼女がそんな風に話すのを聞いたことがないよ。

hear [that] it　それ（あれ）を聞く

hear [that] it は、会話で話された内容やニュース、聞こえた音などを代名詞のitやthatで受けて使われる表現です。

例文

Don't you **hear that**?
それが聞こえない？

I am glad to **hear that**.
それを聞いてうれしいよ。

I am sorry to **hear that**. I never expected him to dump you.
それを聞いて残念に思うよ。彼が君を捨てるなんて思ってもいなかった。

What're you talking about? That isn't the way I **heard it**.
何のことを話しているの？　それは私が聞いたのとは違うわ。

A: Today has been such a crazy day.　今日は本当にとんでもない日だよ。
B: I'm sorry to **hear that**. What's going on?　それは残念だな。何が起こっているんだい？

hear *someone*　（人）の声が聞こえる、（人）の話を聞く

hear *someone* は「〜の声が聞こえる」「〜の話を聞く」という意味です。You heard me. は「私の言ったことが聞こえたでしょう」「さっさとやりなさい」という表現。

I can **hear you** through the ceiling.
天井越しに君の声が聞こえるよ。

I'm sorry I can't **hear you**. Please say it louder.
残念ですがあなたの言っていることが聞こえません。もっと大きな声で言ってください。

Did I **hear you** right?
私の聞き間違いですか？

I can't (couldn't) **hear you**.
君の声が聞こえないんだ（聞こえなかった）。

A: I need you to pay attention. Do you **hear me**?
君にもっと集中してもらいたいね。僕の話を聞いてる？
B: Yes! Calm down. I hear you.　うん。落ち着けよ！　ちゃんと聞いてるから。

hear *someone* [*something*] +動詞 [-ing]

人が〜する（している）のを聞く

see + *someone* [*something*] +動詞 [-ing] が「人（物）が〜する（している）のを見る」だったのと同様に、hear *someone* [*something*] +動詞 [-ing] は「人（物）が〜する（している）のを聞く」という意味になります。seeの場合と同じように、-ingを使うと進行中の動作・行動を聞いたという意味合いが強調されます。

I've never **heard her talk** like this.
僕は彼女がこんな風に話すのを聞いたことがないよ。

What's going on here? I **heard you yelling**.
ここで何が起こっているんだ？　君が叫んでいるのが聞こえたよ。

We **heard you crying**. Please don't cry.
君が泣いているのが聞こえたよ。頼むから泣かないでくれ。

A: I can **hear her talking** on the phone.　彼女が電話で話しているのが聞こえるよ。

B: Is she talking to her boyfriend?　彼女は彼氏と話しているのかい？

hear *someone* say (that) ~　人が〜というのを聞く

hear *someone* の後にsay that 主語＋動詞を続けて「人が〜と言うのを聞く」という表現になります。hear me say 〜「私が〜と言うのを聞く」、hear you say 〜「あなたが〜と言うのを聞く」などがよく使われます。

I'm very glad to **hear you say** that.
そう言ってくれてとてもうれしいわ。

I **heard you say** that she was emotionally unstable.
彼女は情緒不安定だと言っていたよね。

You never **heard me say** that I love you.
僕が君を愛しているというのは聞かなかったことにしてくれ。

You never **heard me say** that.
それは聞かなかったことにして。

A: I **heard someone say** that it will rain tonight.　誰かが今夜雨が降ると言っているのを聞いたよ。

B: Yeah, we'd better take an umbrella.　そうだね、傘を持って行った方がよさそうだ。

hear (that) ~　～だと聞いている

hearの後にthat節を続けて、聞いた内容を説明することができます。I heard that ～「～と聞いた」、Did you hear that ～？「～と聞いた？」と言って、相手に話題を持ちかけるときによく使われます。

例文

I **hear that** you've been promoted.
君が昇進したと聞いてるよ。

I **heard that** you got fired a few weeks ago.
あなたが数週間前に解雇されたと聞きました。

I **heard** you had some fun with her last night.
君が昨夜、彼女と楽しんでいたと聞いたよ。

I **heard** you were going to get married.
あなたが結婚する予定だと聞きました。

A: I **heard** you don't like watching basketball.　バスケットボールを見るのがあまり好きではないと聞いたよ。
B: Right. I prefer to watch baseball games.　そうね。野球の試合を見る方が好きです。

never hear　まったくも聞いていない

never hearは、聞いていないということを相手に伝えるときに使う表現。I have never heard ～「～を一度も聞いたことがない」のほか、I didn't hear ～「～を聞かなかった」という表現も使えます。

I've **never heard** her talk like that.
僕は彼女があんな風に話すのを聞いたことがないよ。

You've **never heard** that before?
それを一度も耳にしたことがないのかい？

I **didn't hear** you come in.
君が入ってきた音が聞こえなかったよ。

I **didn't hear** you leave the hotel room.
君がホテルの部屋を出ていく音が聞こえなかったよ。

A: Shawn is going to move to Hawaii.　ショーンはハワイへ引っ越すつもりだ。
B: I **never heard** that. Are you sure it's true?　初めて聞いたよ。本当なのかい？

hear *someone* out　人の話を最後まで聞く、傾聴する

hear *someone* outは人の話を途中で切らずに最後まできちんと聞くことを表します。相手に自分の話をきちんと聞いてほしいときは、Please hear me out.「私の話を最後まで聞いて」と言いましょう。

I'm glad you decided to **hear me out**.
君が僕の話をしっかり聞くことにしてくれてうれしいよ。

Please, **hear me out**. This is important.
頼む、最後まで僕の話を聞いてくれ。重要なことなんだ。

Listen, just **hear me out** for a second.
聞いて、少しの間耳を傾けてよ。

I've been at this for hours. Just **hear me out**.
何時間もこれに取り組んでいるんです。僕の話を最後まで聞いてください。

A: Your idea will never work.　君の考えは決してうまくいかないよ。
B: **Hear me out**. It's a good idea.　最後までしっかり聞いてくれよ。それはいいアイデアなんだよ。

hear about ~　～について聞く

hear about～は「～について聞いている」「～について詳しく聞く」「～を知るようになる」という意味の表現。hear about＋名詞で「～について聞く」。hear about *someone* -ingで「人が～していると聞く」。

How did they **hear about** my divorce?
彼らは私の離婚をどうやって聞いたんだい？

We **heard about** what happened. I'm so sorry.
何が起こったのか聞きました。お気の毒に。

Have you **heard about** her secret boyfriend?
君は彼女が内緒にしている彼氏のことを聞いたかい？

I **heard about** your engagement the other night. Congratulations.
先日の夜に、君の婚約のことを聞いたよ。おめでとう。

A: I've **heard about** the Great Wall of China.　僕は万里の長城のことを聞いたんだ。
B: Would you like to go and visit it?　そこを訪れてみてはどう？

hear from ~　～から連絡をもらう、聞く

hear from ～は「～から手紙などで連絡をもらう」という意味。fromの後には人が続きます。

例文 How was your date? I didn't **hear from** you all weekend!
デートはどうだった？　週末ずっとあなたから連絡がなかったじゃない！

I haven't **heard from** him since the divorce.
私は離婚して以来、彼から連絡をもらっていないわ。

Unfortunately, I never **heard from** him.
残念なことに、私は彼から連絡をもらったことがありません。

You **heard from** the car sales dealer?
車の販売業者から連絡があったかい？

Have you **heard from** Will?
ウィルから連絡あった？

A: It's good to **hear from** you again!　君がまた連絡してくれてうれしいよ！
B: I'm glad to be back on the job.　仕事に復帰できてよかったよ。

listen to ~　～を聞く、～の言うことを聞く

toの後に人や音楽などを続けて、主語が「～を聞く、～に耳を傾ける」という意味になります。hearは意識するしないにかかわらず「聞こえる、耳に入る」のに対して、listen to ～は意識的に「聞く」という意味。

例文 Why are you **listening to** her? Are you crazy?
なぜ君は彼女の言うことを聞いているんだい？　頭がおかしいのか？

Are you **listening to** me?
私の話を聞いていますか？

He **listens to** me.
彼は私の言うことを聞きます。

A: What radio station do you **listen to**?　君はどのラジオ局を聞くんだい？
B: I listen to 88.1(eighty-eight point one) FM radio.　FMラジオの88.1を聞くんだ。

hear of ~　～について聞く

hear ofは「～のことを耳にする、～について聞く」という意味で、hear ofの後に人や物が続きます。Never heard of this、Never heard of herなど、主語が省略されることもあります。

例文 What is a baby shower? Have you **heard of** that?
ベビーシャワーとは何ですか？　あなたはそれについて耳にしたことがありますか？

I never **heard of** such a thing.
そのようなことについては一度も聞いたことがありません。

I've never **heard of** you until this morning.
今朝まで君のことを聞いたことがありませんでした。

I'd never **heard of** that until you told me about it.
君が教えてくれるまで、僕はそれについて聞いたことがなかったんだ。

I'm not kidding. I've never **heard of** this before.
冗談じゃないんだ。僕はそれについて聞いたことがないよ。

A: Did you ever **hear of** a ghost living here?
君はこれまでにここに幽霊が住んでることを耳にしたことがあるかい？

B: No. Who told you there was a ghost here?
いや。誰がここに幽霊がいるって言ったんだい？

More Expressions

■ **(I hear you) Loud and clear**　はっきりと（聞こえる）

I hear you loud and clear. Don't worry about me.
君の声ははっきりと聞こえるよ。僕のことは心配しないで。

■ **From what I hear(d)**　私が聞いたところによると

From what I hear, that's going to take a while.
僕が聞いたところによると、それはしばらくかかるだろう。

■ **So I hear. / So I've heard.**　そのように聞いております。／そのように承知しております。

You're not a doctor. So I've heard.
あなたは医者ではありません。そう聞いております。

■ **hear it through the grapevine**
風のたよりに聞く、うわさを耳にする

I heard it through the grapevine the other day.
先日、風のたよりに聞いたんだ。

■ **won't [wouldn't] hear of ~**　～を聞き入れようとしない

My mother wouldn't hear of it.
私の母はそれを聞き入れようとしないだろう。

■ **hear the last of *someone***　（人）の話を最後まで聞く

I don't think we've heard the last of her.
僕たちは彼女の話を最後まで聞いたことがないと思う。

want

wantはwant *something*で「〜が欲しい」、want to＋動詞で「〜したい」という意味。would likeと意味は似ていますが、より直接的な表現で、親しい間柄で使われます。want *someone* to＋動詞は「人に〜してほしい」。

1. 欲しい、〜が必要だ（want *something*）

Do you want a refund?　返金してもらいたいですか？
Do you want some?　ちょっと欲しい？

2. 〜したい（want to do）

I want to ask you something.　私はあなたに尋ねたいことがあります。
I don't want to lose you.　僕は君を失いたくないんだ。
Who do you want to speak to?　君は誰と話したいんだい？

3. 〜に…してほしい（want *someone* to＋動詞［形容詞 / 過去分詞］）

I want you to meet my friend. This is Julie.　君に僕の友だちに会ってもらいたいんだ。こちらがジュリーだよ。
I want you to be happy.　僕は君に幸せになってほしいんだ。
I want it fixed.　僕はそれを直してもらいたい。

want to ~ 〜したい

want to＋動詞は「〜したい」。would like to＋動詞よりも直接的で、親しい間柄で使われます。「〜したくない」というときには、I don't want to＋動詞、相手に「〜したいか」とたずねるときはDo you want to＋動詞？と言いましょう。

例文 I **want to** go to a movie tonight.
私は今夜映画を見に行きたい。

I **want to** talk to you about that right now.
僕は今すぐそのことについて君と話したいんだ。

I don't **want to** start trouble.
私はトラブルを起こしたくありません。

Do you **want to** get some air?
外の空気を吸いたいですか？

A: I am not sure if I **want to** buy this. 僕はこれを買いたいかどうかわからないよ。
B: Don't worry. I won't cheat you. 心配しないで。僕は君をだましたりしないよ。

want *someone* to ~ 人に〜してもらいたい

want *someone* to＋動詞は「人に〜してほしい」。would like *someone* to＋動詞とほぼ同じ意味ですが、より直接的で、親しい間柄で使われる。

I just **want you to** be happy. I mean it.
僕はただ君に幸せになってもらいたいだけなんだ。本気だよ。

Don't lie to me. I **want you to** tell me the truth.
嘘をつかないで。あなたに本当のことを言ってもらいたいのよ。

He really **wants you to** be here. I guess he's serious.
彼は本当に君にここにいてもらいたいんだ。彼は本気だと思うよ。

There are some people I **want you to** meet.
君に会ってもらいたい人が何人かいるんだ。

A: Julie, I **want you to** meet my friend. This is Peter.
ジュリー、君に僕の友人と会ってもらいたいんだ。こちらがピーターだよ。
B: Hi! Nice to meet you. やあ！ 初めまして。

I want you to know (that) ~ 私はあなたに～を知ってもらいたい

I want you to know that 主語＋動詞は「私はあなたに～ということを知ってもらいたい」という意味。相手に重要なことや真意を伝えるときに使います。

例文

I **want you to know that** I'm going to be there.
僕がそこに行くつもりであることを知っていてもらいたい。

I **want you to know that** nobody thinks you're stupid.
誰も君をばかだと思っていないことをわかってもらいたいんだ。

I just **want you to know** I love you.
僕はただ僕が君を愛していることをわかってもらいたいんだ。

We just **want you to know how** much we care.
私たちがどれほど気にかけているかわかってもらいたいのです。

A: So, you talked to my boyfriend? じゃあ、あなたは私の彼と話したのね？
B: I **want you to know** he still loves you.
彼が君のことをまだ愛していることを、君にわかってほしいんだ。

make *someone* want to ~ 人を～したい気分にさせる

make *someone* want to＋動詞は、使役動詞make「～させる」とwant to＋動詞が結びついた表現で、「人を～したい気分にさせる」という意味。特にmake you [me] want to＋動詞「あなた［私］を～したい気分にさせる」の形でよく使われます。

He **makes me want to** be a better man.
彼は僕に、より良い人になりたいと思わせてくれるよ。

His kindness **makes you want to** be kind.
彼の優しさは私を優しくさせます。

Christmas **makes you want to** be with people you love.
クリスマスは愛している人々と一緒にいたいという気持ちにさせます。

A: Wow, that food smells delicious. わあ、おいしそうなにおいがするね。
B: It **makes me want to** eat it all. それを全部食べてしまいたくなるよ。

want *someone* [*something*] +形容詞 [過去分詞 / 副詞]

人[物]を～の状態にしてほしい

I want you out of here「ここから出て行って」などのように、want *someone* [*something*] の後に形容詞、過去分詞、副詞句などを続けて「人（物）に～の状態になってほしい」という意味になります。

I miss my wife. I **want her back**.
妻が恋しいよ。僕は彼女に戻ってきてもらいたいんだ。

I **want you right here**.
君にここにいてほしいんだ。

I **want it on** my desk first thing in the morning.
朝一番に、それを机の上に置いといてほしいんだ。

When I ask you to do something, I **want it done**!
私が何かを頼んだら、それをやって欲しいんだ！

A: She gave away all of her designer clothes. 彼女は有名デザイナーの服を全部手放したんだ。

B: Yeah, but she **wants them back** now. うん、でも彼女は今それらを返して欲しがっているよ。

don't want anything ~ 何もいらない

don't want anything ～ は「何もほしくない」という意味で、anythingの後にto＋動詞や -ing、that＋主語＋動詞などを続けます。to＋動詞が続くと、「絶対に～したくない」という意味になります。

I **don't want anything** to spoil your anniversary.
記念日を台無しにしたくないよ。

I **don't want anything** from you.
君からは何もほしくないよ。

Now I **don't want anything** going on while I'm gone.
僕が留守にしている間に何も起こらないでほしいよ。

I **don't want anything** to upset Betty tonight.
今夜、ベティを怒らせたくないんだ。

A: Can I get you some coffee or cake? コーヒーかケーキを持ってきましょうか？

B: Thanks, but I **don't want anything**. ありがとう、でも何も欲しくないの。

I just wanted to ~　私はただ～したかっただけです

I just wanted to ～「私はただ～したかっただけだ」は、自分がとった行動の意図や目的を相手に伝えるときの表現。

I just wanted to watch a little television. What's the big deal?
ただ少しテレビを見たかっただけです。何か問題でも？

I just wanted to say thank you.
ただありがとうと君に言いたかっただけだよ。

Well **I just wanted to** say I'm sorry.
ええと、ただ君に謝りたかっただけなんだ。

I just wanted to make sure that you were doing okay.
僕は君がうまくやっているか確認したかっただけなんだ。

I just want to tell you that Mr. Brown is fine.
私はブラウンさんは元気だということをあなたに伝えたいだけです。

A: Where were you this afternoon?　今日の午後、どこにいたの？
B: **I just wanted to** go outside for a while.　ちょっとの間、外出したかっただけだよ。

All I want is ~　私が欲しいのは～だけだ

All I want is ～は「私が欲しいのは～だけだ」という意味で、自分の望みを端的に表す表現。All I want to＋動詞＋is ～で「私が…したいのは～だけだ」という意味。

All I wanted was to meet a nice girl like you.
僕が求めていたのは、君のような素敵な女の子に会うことだよ。

All I wanted was for you to like me.
僕が求めていたのは君が僕を好いてくれることだけだったんだ。

All I want to do is help her.
僕がしたいのは彼女を助けることだけだ。

All I want to know is how fast you run.
私が知りたいのはあなたがどれくらい速く走れるかということだけだ。

A: I'll give you whatever you would like.　君の好きなものを何でもあげるよ。
B: **All I want is** to be loved by you.　私が求めているのは、あなたに愛されることだけよ。

be what I wanted ~ 私が〜したかったことである

what I wantedは「私が欲しかった物[事]」。物[事]＋be what I wanted (to〜)で、「私が欲しかった（したかった）のは〜である」。know what I wantedで「私が欲しかったものを知っている」という意味になります。

例文 That's what I wanted to hear!
それが聞きたかったんだよ！

That's actually what I wanted to talk to you about.
実際、それこそ私が君に話したかったことなんだよ。

Here's what I want to ask you.
これがまさに、僕が君に聞きたかったことです。

Do you know what I wanted to do?
君は僕が何をしたかったか知っているのかい？

A: I'm glad we're going to Hawaii. 僕たちがハワイに行けそうでうれしいよ。
B: Me too. This is what I wanted to do. 私もよ。これが私のしたかったことなのよ。

What do you want (me) to ~?

あなたは（私に）何を〜したい（してほしい）のですか？

What do you want (me) to 〜？は、疑問詞whatとdo you want (me) to〜がつながったもの。wantの後にmeを入れると、相手に対して、自分に何をしてほしいのか尋ねる表現になります。whatの代わりにwhere、whenなどを使うこともあります。

例文 What do you want to eat for lunch today?
今日のお昼ご飯に何を食べたい？

Where do you want to go? Do you want to go home?
どこに行こうか？ 帰りたいの？

She's gorgeous. When do you want to meet her?
彼女は素晴らしいよ。君はいつ彼女に会いたいんだい？

A: I'd like to propose a toast. 乾杯したいな。
B: What do you want to drink to? 何を飲みたいの？

Why do you want (me) to ~?

あなたはなぜ（私に）～したい（してほしい）のですか？

疑問詞why、how、whoも、do you want toとよく結びついて使われます。whoは主語として働くため、後に直接動詞が続き、Who wants to＋動詞？という形になることに注意しましょう。

例文

Why do you want me to stay away from him?
なぜ私に彼から離れていてもらいたいの？

Why do you want me to date other men?
なぜ私にほかの男性とデートしてもらいたいの？

How do you want to pay me?
どうやって支払いたいですか？

Who wants to go first?
誰が最初にやりたいの？

A: Why do you want to break up with me? なぜ私と別れたいの？
B: I'm feeling unhappy with you. 君といても楽しくないんだ。

If you want to ~ もしあなたが～したいなら

If you want (to) ～の後ろに、「～しなさい」や「～しなければならない」「私は～する」などの意味を持つ文がよく続きます。

例文

If you want to date Cindy, you have to ask her out.
もしあなたがシンディとデートしたいのなら、彼女を誘わないと。

If you want to stay, I'm not going to stop you.
君が留まりたいなら、僕は君を止めはしないよ。

If you want to know about girl stuff, ask Allan.
女の子のことについて知りたいのなら、アランに聞きなよ。

You can come with us, if you want to.
君が望むなら、僕らと一緒に来てもいいよ。

A: If you want to talk about it, I'm here. 話したいなら、私はここにいます。
B: Thanks. I appreciate it. ありがとう。助かります。

You don't want to ~ あなたは〜したくない、〜しないほうがいい

You don't want to 〜は直訳すると「あなたは〜したくない」ですが、「〜しないほうがいい」「〜すべきではない」という意味でよく使われることを覚えておきましょう。You wouldn't want to 〜とも言えます。may (might) want to 〜 は「〜した方がいい」という意味。

例文 You don't want to be late for the meeting.
会議に遅れない方がいいよ。

You don't want to know.
あなたは知らない方がいいよ。

I wouldn't want to spend tonight with you.
僕は今夜、君と過ごさない方がいいだろう。

Well, you might want to get used to it.
ええと、君はそれに慣れた方がいいよ。

A: We're planning to go to a casino. 私たちはカジノに行く予定です。
B: You don't want to waste your money that way. そんなふうにお金を浪費しない方がいいよ。

say

「言う」という意味を持つ4つの動詞say、tell、speak、talkの中で最も多く使われる動詞。I said that ～「私は～と言った」と自分の話の内容を述べるときや、Are you saying that ～？「～と言っているの？」と相手の話を確認するときなどに使われます。時計や看板などが主語になると、「～と書かれている」「～と示している」という意味です。

1. 言う、話す

It's time to say good-bye.　さよならを言う時間だ。

You don't have to say you're sorry.　君はごめんなさいと言う必要はないよ。

2. （本、掲示板など）　～と書かれている

Her e-mail says that she will not come over tonight.　彼女のメールには彼女が今夜立ち寄らないと書いてある。

The clock says 3:15.　時計は3時15分を指している。

The label says to take one pill a day.　そのラベルには一日に1錠服用するように書いてある。

3. （挿入句）　例えば、言わば

How about getting together next week, say, on Friday?　来週集まるのはどうだい、そうだな、金曜日くらいに？

say hi　よろしくと言う

人に会ってHi,と言うと「こんにちは」。say hiは「こんにちはと言う」、あるいは「～によろしく言う」という意味で使われます。say goodbyeは「さよならと言う」、say good nightは「おやすみと言う」。

Say hi to Tony for me.
私の代わりにトニーによろしく言っておいて。

I have to go now. I'll have to **say goodbye**.
僕はもう行かなくちゃ。さよならを言わないといけないよ。

We just wanted to stop by and **say good night**.
私たちはただ立ち寄っておやすみと言いたかっただけだよ。

A: I'm going to visit Steve and Heather.　スティーブとヘザーを訪ねようと思っているんだ。

B: How nice. **Say hi** to them for me.　いいね。私の代わりに彼らによろしく言っておいて。

say no (to)　(～に対して) 嫌だという、断る

say no (to)は「(～に)反対する」「(～を)断る」という意味。say no to *someone* (*something*)で「(人・こと)に反対する、を断る」。say soは「そう言う」、say moreは「もっと言う」。

I think I'm going to have to **say no to** that.
僕はそれを断らないといけないだろうと思う。

I just can't **say no to** my mother. I'm not like you.
母の言うことは断れないよ。君とは違うんだ。

It seems weird to you, but everybody **says so**.
君にとっては変に見えるけれど、みんながそう言うんだ。

Say no more. I know it's your birthday.
その先は言うな。君の誕生日だって知っているよ。

A: Robin, are you smoking again?　ロビン、君はまた煙草を吸っているのか？

B: Yes, I can't **say no to** cigarettes.　うん、煙草にはノーと言えないんだ。

say something 何か言う

後ろにto *someone* が続けば「人に」、about ～が続けば「～について」。疑問文や否定文ではanythingを使います。nothingであれば「何も言わない」です。

例文
Did I **say something** funny?
僕が何か面白いことを言ったかい？

Can I just **say something** to you as a friend?
友人として、君に物申してもいいかい？

Wait a minute. I'd like to **say something** about Joe.
ちょっと待って。ジョーについて言いたいことがあるんだ。

Did he really **say nothing** about me?
彼は本当に私のことは何も言ってなかったのかい？

A: I'm feeling nervous about the presentation tomorrow.
明日のプレゼンテーションについて緊張してるんだ。

B: Don't worry, just go out there and **say something** meaningful.
大丈夫、ただ出て行って意味のあることを言うのよ。

say a word ひとこと言う

『サウンド・オブ・サイレンス』(原題：*Don't Say a Word*) という映画がありました。「何も言うな」という意味で、このDon't say a word.「何も言うな」やI won't say a word.「私は何も言わない」という表現はよく使われます。

I'm not going to **say a word** to anyone.
私は誰に対しても何も言わないつもりだ。

Here she comes. Don't **say a word**, okay?
さあ彼女が来たぞ。何も言うんじゃないぞ、わかった？

I promise I won't **say a word**.
一言も言わないと約束するよ。

You can count on my help. Just **say the word**.
君は僕の手助けを当てにしていいよ。ただひとこと言えばいいんだ。

A: Did you plan a party for Randall? 君はランダルのためにパーティーを計画したのかい？

B: It's a surprise. Don't **say a word** about it.
サプライズなんだ。そのことは何も言うんじゃないぞ。

have something to say 言いたいことがある

have something to sayは「何か言いたいことがある」という意味で、haveの代わりにgetを使うこともあります。「(人)に言いたいことがある」はhave something to say to *someone*、「～について言いたいことがある」はhave something to say about ～ となります。

You guys, I **have something to say**.
君たち、僕には言いたいことがあるんだ。

I **have nothing to say** to you.
君に言うことは何もないよ。

If you **have something to say** to me, just say it.
私に何か言いたいことがあったら、言ってください。

You **have anything to say** about his daughter?
彼の娘さんについて何か言いたいことがあるんじゃないですか？

A: Before I go any further, Bill **has something to say**.
話を進める前に、ビルが何か言いたいことがあるようです。

B: I handed in my resignation this morning. 今朝、私は辞表を提出しました。

say much about ～ ～について多くを語る

say much、say a lotは「多く語る」「たくさん話す」ということ。say much to *someone*は「(人) にたくさん話す」、say much about ～は「～についてたくさん話す」。

He doesn't **say much about** it.
彼はそれについて多くを語らない。

He doesn't **say much**. He keeps to himself.
彼は多くを語らない。自分の殻に閉じこもっているんだ。

She didn't **say much to** me.
彼女は私に多くを語らなかった。

We **said a lot of** things.
私たちはあれこれ言った。

A: How does your brother like his job? 君の弟は自分の仕事が好きなのかい？

B: I don't know. He doesn't **say much about** it.
知らないよ。そのことについて弟は多くを語らないんだ。

I say (that) ~　本当に〜だ、いわば〜だ

相手に自分の意見を伝えるときに、現在形のsayを使ってI say (that) 〜「本当に〜だ」「実際に〜だ」という表現を使うことがあります。You say (that) 〜は、「あなたは〜と言うんだね」と相手の話を確認する場合の表現。

例文

I say that she's the most talented artist in our group.
彼女はグループで一番才能があると言える。

I say you show Jill how much you love her.
どれほどジルを愛しているか、彼女に示しているようだね。

You're a man. I say you just do it.
君は男だ。つまり君はやるしかないんだよ。

You say you want to meet young girls.
君は本当に若い女の子に会いたいみたいだね。

会話例

A: Karen and Harry make such a cute couple.　カレンとハリーは本当にお似合いのカップルだね。
B: I say they will get married within a year.　彼らは本当に年内に結婚するようだね。

You're saying ~　あなたは〜と言っているんだね？

相手が信じられないこと、予想外のことを言うのを聞いて、驚いたり、腹が立ったりしたときに使う表現。I'm saying 〜「私は〜と言っている」は、自分の話を整理したり、強調したりして相手に伝えます。

例文

You're just saying that to make me feel better.
あなたは私の気が済むようにそう言っているだけでしょう。

You're saying you're attracted to your teacher?
君が先生を慕っていると言っているんだろう？

You're saying you don't know anything about this?
君はこれについて何も知らないと言っているんだろう？

I'm saying your father was a good man.
君の父親は良い人だったと言っているんだ。

I'm saying this as a friend. Don't do this to me.
友人としてこれを言っているんだ。僕にこんなことをするんじゃない。

会話例

A: A storm is coming our way.　嵐が近づいているね。
B: You're saying it will snow this afternoon.　君は、午後には雪が降ると言っているんだね。

Are you saying ~? ～と言うのですか？

相手が自分の予期しない話を言うのを聞いて、戸惑い、確認するときに使う表現。相手に対する驚きやいら立ちを表すこともあります。What are you saying? は「何を言っているの？」。

例文 This is ridiculous. **Are you saying** this is my fault?
これはばかげているよ。僕のせいだと言うのかい？

Are you saying that you're not going to hire me?
私を雇わないつもりなのですか？

What **I'm saying** is Allan likes you, not me.
僕が言っているのはアレンが君のことが好きだということだ、僕ではない。

What **are you saying**? Am I rude?
何を言っているの？　私は無礼ですか？

A: You'll be sorry if you don't prepare for the test.
君は試験の準備をしなかったら、後悔するだろう。

B: **Are you saying** that I should study?　私が勉強すべきだと言っているの？

I have to say ~ ～と言わざるを得ない

I want to say ～は「～と言いたい」だが、I have to say ～「～と言わざるを得ない」はやむを得ず何かを言わなければならないときに使う表現。have toの代わりにmustを使うこともできます。

I **have to say** I'm disappointed in you.
私はあなたに失望していると言わざるを得ないわね。

I **have to say** you are much smarter than me.
あなたは私よりずっと頭が良いと言わざるを得ません。

I **have to say** you really impressed me today.
今日は本当に感動したと言わざるを得ないよ。

A: The economy will get better next year.　経済は、来年良くなるだろう。

B: I **have to say** I don't believe you.　僕は君を信用していないと言わざるを得ない。

How could you say ~?　どうして～と言えるのですか？

How could you say ～？は「どうして～と言えるのですか？」という意味で、相手の話に腹を立てて言い返すときの表現。How can [could] you sayの後には、thatなどの代名詞や名詞、主語＋動詞がきます。

How can you say that to me? I'm your boss!
どうして私にそんなことが言えるんだ？　私は君の上司だぞ。

How can you say that it doesn't matter?
どうしてあなたはそれが重要ではないと言えるのですか？

How can you say something like that? I'm so hurt.
どうしてそのようなことを言えるのですか？　僕はとても傷ついているんだ。

How could you say yes to that?
どうしてそれにはいと言えるのでしょうか？

A: I have to break up with you.　僕は君と別れるべきだと思うんだ。
B: How can you say that?　どうしてそんなことが言えるの？

Who says ~?　～と誰が言ったの？

Who says ～？は「誰が～と言ったの？」という意味で、相手の話に同意できないときに使う表現。Who saysの後には、主語＋動詞が続く。Who can say ～は「誰が～と言える？」、つまり「誰にも分からない」という意味。Who's to say 主語＋動詞？と言うこともできます。

Who says I could be the first to get fired?
僕が一番に解雇されるはずだと誰が言ったんだ？

What? Who says that?
何？　誰がそれを言ったの？

Who says I can't handle it?
僕がそれを処理できないと誰が言ったの？

Who's to say it wasn't you?
それが君じゃなかったかなんてわかりっこないよ。

A: Who says you need surgery?　君に手術が必要だなんて誰が言ったんだ？
B: My doctor told me it is necessary.　僕のかかりつけの医者が、必要だと言ったんだ。

needless to say　言うまでもなく

needless to sayは「言うまでもない」という意味。to say nothing of「～は言うまでもなく」と似ているが、to say nothing ofの後には名詞が続きます。whatever you sayは「あなたが言うことは何でも」という意味ですが、Whatever you say. と言えば「あなたの言う通りにします」という意味です。Anything you say.とも言います。

Needless to say, I won't be cooking dinner for your parents.
言うまでもなく、僕は君の両親には夕食を作らないつもりだよ。

Needless to say, everyone is shocked, including her.
言うまでもなく、彼女を含むみんながショックを受けているんだ。

Whatever you say, boss.
ボスの言う通りにします。

Anything you say, honey. What do I have to do now?
言う通りにするよ、ハニー。さあ何をすればいい？

A: There are a lot of dirty dishes in the sink.　流しに汚れた皿がいっぱいあるよ。
B: **Needless to say**, you'll have to wash them.　言うまでもなく、君が洗うんだよ。

It says here　ここに書いてある

It says hereは書類や掲示板などを見ながら「（ここに）～と書いてある」というときの表現。後ろに（that）主語＋動詞を続けて、何と書いてあるかを述べる。Itを省略して、Says here（that）主語＋動詞と言うこともあります。

It says here that you have 5 dollars in your account.
ここにあなたの口座には5ドルあると書いてあります。

It says here your husband died.
ここにあなたの夫が亡くなったと書いてあります。

Says here Dr. Smith examined her last week, and everything was fine.
スミス先生が先週、彼女を診察して、異常なしだったとここに書いてあります。

A: Look at that big old house.　あの大きな古い家を見てよ。
B: **It says here** a president lived in it.　ある大統領が住んでいたとここに書いてあるよ。

tell

tellは「言葉を発する」という意味のsay「言う」よりも強く、「人に情報を伝える」という意味があります。基本の意味は「話す、伝える」。sayとは異なり、話を伝える相手を目的語に取るのが特徴。会話ではtell me what [when, where, how] ～?「私に何が(いつ、どこで、どのように)～を教えてくれますか」という形でよく使われます。tell *somebody* to 動詞は「人に～しなさいと言う、指示する」。目上の人に何かを依頼するときには、tellではなくaskを使います。

1. 話す、言う、教えてあげる

I'm here to tell you.　君に伝えるためにここに来たんだ。

Please tell me what happened.　何が起こったのか私に教えてください。

2. アドバイス[警告]する(tell ~ to do)

She told me to save my money.　彼女は私に貯金するように言った。

I told you to get out of here.　ここから出ていけと言ったはずだ。

3. 区分する(tell A from B)

No one is going to be able to tell.　誰も伝えることができないだろう。

tell a lie　嘘をつく

tellにはa lie「嘘」、the truth「真実」などの名詞を目的語にしたさまざまな熟語があります。tell the truthは「真実を話す」、tell me straightは「正直に言う」。

例文

You always laugh like that when you're **telling a lie**.
君は嘘をついているとき、いつもそんな風に笑っているよ。

You'd better **tell him the truth**.
あなたは彼に本当のことを教えるべきだよ。

He's not good at **telling lies**.
彼は嘘をつくのが得意ではない。

A: My son said he was getting an A in this class.
息子が授業でAの成績を取ったと言っていたよ。

B: He **told a lie**. He is doing very poorly.　彼は嘘をついたね。彼の成績はひどいよ。

tell *someone* to ~　（人）に～するように言う

tell *someone* to ～は「（人）に～するように言う」という意味で、人に何かを指示するニュアンスが強く、同僚や目下の人、親しい人に使います。何かを依頼する対象が目上の人であれば、ask *someone* to ～「（人）に～するように頼む」を使います。

I **told you to** stop calling me.
私に電話をするのをやめるように言ったはずよ。

Don't **tell me to** calm down!
僕に落ち着けと言うな。

I **told you to** prevent this from happening.
私は君に、これが起こらないようにしろと言ったよ。

I **told him to** drop by for a drink.
僕は彼に1杯やりに立ち寄るように言った。

He **told me to** save my money for our honeymoon.
彼は私たちのハネムーンのためにお金を貯めておくよう私に言った。

A: I need help moving to another apartment.　別のアパートに引っ越すのに手伝いが必要なんだ。

B: **Tell everyone to** come and help you.　みんなに手伝いに来るように言えよ。

tell *someone* that ~　(人)に〜と言う

tell *someone* that 〜は「(人に)〜と言う」で、人に、ある事実や情報を伝えるときの表現。伝える内容はthat主語＋動詞で表します。

Please **tell me that** you can fix this.
君がこれを直せると言ってくれよ。

I'll **tell him that** you called.
君が電話したと彼に言っておくよ。

Would you **tell him that** James Smith called?
ジェームズ・スミスが電話をかけたと彼に伝えてくださいませんか？

Tell him that his brother misses him.
弟が寂しがっていると彼に伝えて。

Why didn't you believe me? I **told you that** he didn't do it.
なぜ私を信じなかったの？　彼はそれをやってないとあなたに伝えたじゃない。

A: You **told me that** you didn't like Jill.　君はジルが好きじゃないと僕に言ったね。
B: I didn't mean to say that.　そんなつもりで言ったんじゃないのよ。

tell *someone* what ~　何を〜か(人)に教える

tell *someone* what 〜は「(人)に何が〜かを言う、伝える」という意味で、tell *someone* that 主語＋動詞よりもよく使われます。tell *someone* の後に、疑問詞(what、when、whereなど)から始まる疑問詞節が来る文を見てみましょう。

I'll **tell you what** they were fighting over.
彼らが何のことで言い争っていたのか教えるよ。

Can you **tell me what**'s going on in there?
そこで何が起こっているのか教えてくれる？

I need you to **tell me who** did it.
誰がやったのか、教えてほしい。

I'll **tell you what** happened to me yesterday.
昨日僕の身に何が起こったか君に教えるよ。

A: Will you go grocery shopping for me?　私に食料品を買ってきてくれない？
B: Can you **tell me what** you need?　何が欲しいか教えてくれない？

tell *someone* how to ~ ～のやり方を（人）に教える

tell *someone* how to ～は「（人）に～のやり方を言う、教える」という意味で、tell *someone* の後に疑問詞句が来る表現。tell *someone* の後にhow to+動詞で「（人）に～のやり方を言う、教える」、what to+動詞で「（人）に何を～すべきかを言う、教える」。

例文

Could you **tell me how to** get to Gate 3?
ゲート3への行き方を教えてくださいませんか？

Can you **tell me how to** do it?
それのやり方を教えてくれませんか？

I will **tell you how to** make money.
私はあなたにお金の稼ぎ方を教えるつもりです。

This is so complicated. Please **tell me what to** do first.
これはとても複雑なんだ。何から始めればいいか教えてください。

A: I don't think Ned should take that job. ネッドはあの仕事を受けるべきだと思わないね。

B: You can't **tell him how to** live his life. 君は彼の生き方に指図することはできないよ。

tell *someone* how ~ （人）にどうやって～するか教える

tell *someone* の後に、how、why、if から始まる節が来ることもあります。tell *someone* how ～は「どのように～かを言う、教える」、why ～は「なぜ～かを言う、教える」、if ～は「～かどうかを言う、教える」。

Can you **tell me how** this happened?
これがどのように起こったのか私に教えてくれませんか？

Tell me why we're going to do this again.
なぜ僕らは再びこれをやるのか教えてよ。

I'll **tell you how** bad it is.
それがどれほど悪いかあなたに教えます。

Tell me if you're still upset about this.
君がまだこのことに腹を立てているなら、教えて。

A: Could you **tell me how** I get to the subway? 地下鉄への行き方を教えてくれませんか？

B: Go straight ahead until you see the sign. 看板が見えるまでまっすぐ進んでください。

I told you ~ 私は～とあなたに言った

自分の指示や話を理解していない相手、言う通りにしない相手に、指示や話を再度伝え、注意するときの表現。I told you to+動詞で「私はあなたに～するように言った」、I told you that主語＋動詞で「私はあなたに～だと言った」。I told you to+動詞の否定で「～しないように言った」と言うときは、toの前にnotを置いて、I told you not to+動詞となることに注意しましょう。

例文

See? **I told you** it was impossible.
だろ？　それは不可能だって君に言ったじゃないか。

I told you to leave me and never come back again.
君に私のもとを去って、二度と戻ってくるなと言ったじゃないか。

I told you that I didn't know exactly where she lived.
彼女がどこに住んでいるか正確には知らないと君に伝えたじゃないか。

I thought **I told you** not to come.
君に来ないように言ったと思っていたよ。

A: I thought **I told you** to get out of here.　君にここから出ていくように言ったと思っていたよ。

B: You did, but I don't want to.　確かに言いましたが、そうしたくないのです。

You told me ~ ～とあなたに言われた、あなたは～と言った

You told me to ～は「あなたが私に～するように言った」、You told me (that) 主語＋動詞は「あなたが～だと言った」という意味。会話で相手が自分に以前出した指示や話した内容を持ち出すときに使います。

You told me to be nice to anyone who comes here.
ここに来る全ての人に対して親切でいるようにとあなたに言われました。

You told me to call you a cab at 10:00.
あなたにタクシーを10時に呼ぶように言われました。

You told me that you didn't like Jack the other day.
先日、ジャックのことが好きではないと君は言ったよ。

You told me you were going to take me for lunch.
君は僕を昼食に連れて行ってくれると言ったよ。

A: Where is the TV that was here?　ここにあったテレビはどこ？

B: **You told me** to throw it away.　君が僕に捨てるように言ったんじゃないか。

Let me tell you ~　言わせてもらうと、～のことをお話ししましょう

Let me tell you ～はyouの後に名詞あるいはabout+名詞を続けて、「～を話しましょう」「～について話しましょう」という意味になります。Let me tell you で「言わせてもらうと」。Let me tell you *something*.は「ちょっといいかな」と、これから自分の意見を話すときに使います。

Let me tell you about my sister.
私の姉についてお話ししましょう。

Let me tell you my story.
僕のことをお話ししましょう。

Let me tell you about my plan to open a restaurant.
僕がレストランを開く計画についてお話ししましょう。

A: I heard you climbed Mount Everest.　君がエベレストに登ったと聞いたよ。
B: **Let me tell you**, it was really difficult.　ひとこと言わせてもらうと、あれは本当に大変だったよ。

Don't tell me ~　まさか～だと言うの？

Don't tell me ～は「まさか～と言うの？」「～だなんて嘘でしょう！」という意味で、meの後にthat節や疑問詞節などが来ます。自分の驚くようなこと、気に染まないことを言おうとしている相手に対して先回りして使います。

Don't tell me what's in the box.
箱の中身を教えないでよ。

Don't tell me that man nice.
まさかあの男の人がいい人だって言うの？

Don't tell me that it's over between us.
私たちの関係は終わったって言うの？

Don't tell me that you don't have time to talk.
まさか話す時間がないと言うのかい？

A: The car didn't start this morning.　今朝、車のエンジンがかからなかったんだ。
B: **Don't tell me** that it's broken again.　まさかまた壊れたなんて言わないでね。

There's no telling ~ 〜は何とも言えない、わからない

There's no way to tell 〜とも言います。「自分にはわからない」という意味でThere's no telling.やThere's no way to tell.だけで使うこともできます。

例文

There's no telling what you think.
君の考えていることはわからないよ。

There's no telling how long they'll last.
それらがどのくらい続くかは何とも言えないよ。

There's no way to tell who it was.
それが誰だったかは誰にもわからないよ。

A: Do you think the new business will succeed? 君は新しいビジネスが成功すると思うかい？

B: **There's no telling** what will happen to it. 何が起こるかはわからないよ。

You're telling me (that) ~? 君は〜だと言うのか？

You're telling me that 〜?は「君は〜だと言うのか？」という意味で、相手の話への驚きや戸惑いを表す表現。that以下に相手の話を繰り返します。You're telling me! は「その通りだ」「本当にね」。

You're telling me that you didn't try to hit him?
あなたは彼を殴ろうとしなかったと言うの？

You're telling me I can't see her?
僕が彼女と会うことができないと言うの？

You're telling me there's a million dollars in here?
この中に100万ドルあると言うのかい？

You're not telling me that you're into this stuff?
これにはまっているなんて言わないよね？

A: I'm going to be busy the night of your party. 君のパーティーがある夜は忙しくなりそうなんだ。

B: **You're telling me that** you won't come? 来られないと言うのかい？

speak

speakは相手の有無にかかわらず、「声を出して何かを言う」こと。speak Japaneseのようにある言語を話すという意味もあります。講演などで一方的に話すのもspeak。speakはtellと違い、話す相手を直接、目的語にとらないので、話しかける相手を表すときはspeak to *someone* とします。

1. 話す、言う

Think before you speak. 考えてから話しなさい。

You should speak to your teacher. 君は先生に話すべきだよ。

2. 演説する

I have to speak in public tomorrow morning. 明日の朝、みんなの前で話さなくちゃいけないんだ。

She is supposed to speak at the meeting. 彼女は会議でスピーチをすることになっている。

3. (～言語を) 話す

Is there someone who can speak French? 誰かフランス語を話せる人はいますか？

I can't speak English very well. 私はあまり英語をうまく話せません。

speak to ~　～に話しかける

speak toは「～に話しかける」、speak withは「～と話す」。Can I speak to *someone*?は電話して「(人)に代わってください」と言うときによく使われる表現ですが、人と対面で話したいときにも使われます。

例文
Do you mind if I **speak to** her alone for a sec?
少しの間、彼女と2人きりで話してもいいですか？

Can I **speak to** Mr. Smith?
スミスさんはいらっしゃいますか？

Can I please **speak to** your manager?
マネージャーはいらっしゃいますか？

I need to **speak with** you.
私はあなたと話さなければならないことがあるんだ。

A: Can I **speak to** John Lange?　ジョン・ラングさんはいますか？
B: I'm sorry, he's on another line at the moment.
すみません、彼は現在、他の電話に出ています。

speak English　英語を話す

speakの後に言語名が来ると、「その言語を話す」という意味。can('t)と一緒に使うことが多い。not speak a word of ～は「～を一言も話さない」。英語ネイティブスピーカーに向かってSpeak English.と言うと、「わかりやすく(きちんと)話せ」という意味になります。

Are you sure you don't **speak English**?
あなたは本当に英語を話さないんですか？

I am sorry but I can't **speak English** very well.
申し訳ありませんが、私は英語をうまく話せないのです。

But he doesn't **speak** a word of **English**.
でも彼は一言も英語を話さないよ。

Does anyone here **speak Japanese**?
ここにいる中で誰か日本語を話しますか？

A: What language did you use in Europe?　ヨーロッパでは何語を話していたの？
B: We **spoke English** to everyone.　全員に対して英語を話していたよ。

speak as ~ 〜として話をする

speak as *someone* は「〜として話す」という意味の表現。speak as a doctorで「医師として話す」、speak as a parentで「親として話す」。

I'm **speaking as** a teacher, not as a father.
私は父親ではなく、教師として話をしているんだ。

May I **speak as** a girlfriend for a second?
少しの間、あなたの彼女として話をしていいかしら？

Are you **speaking as** my husband or as my boss?
あなたは私の夫として話しているの、それとも私の上司として話しているの？

Now I'm **speaking as** a doctor.
今、私は医者として話をしています。

Can you pick up the phone, **speaking as** me?
電話に出て、私のふりをして話してくれないか？

A: What should we do about this problem? 私たちはこの問題にどう対処すべきでしょうか？

B: I can't **speak as** your teacher. Ask him. 僕は君の先生として話すことはできないよ。彼に聞きなさい。

speak up 大きな声で話す、はっきりと言う

人と話しているときや電話で話しているときに、相手の声がよく聞こえない場合に使う。「意見を述べる」という意味もあります。speak outもほぼ同じ意味。

Speak up. It's hard to hear you when you lower your voice.
大きな声で話してくれよ。君が声を小さくしたらほとんど聞こえないよ。

Could you **speak up**, please?
大きな声で言っていただけますか？

I can't hear you. You'll have to **speak up**.
聞こえないよ。大きな声で話さなきゃいけないよ。

If you're going to say something; you're going to have to **speak up**.
君が何か言うつもりなら、大きな声で話さなくてはならないだろうね。

A: Mr. Smith, is this your wallet? スミスさん、これはあなたの財布ですか？

B: **Speak up**. I can't hear what you said. 大きな声で言ってくれ。君が何て言ったか聞こえないんだ。

speak for *someone*　（人）をかばう

speak for *someone* は「（人）を弁護する、支持する」「（人）を代弁する」という意味。Speak for yourself. は相手の発言に納得できないときに使う表現で、「それはきみだけの話だ」「あなたと一緒にしないで」という意味があります。

I think it's our job to **speak for her**.
彼女をかばうのが私たちの役目だと思うよ。

I think I can **speak for both of us** when I say I'm sorry.
僕が謝ったら、君たち２人をかばうことができると思うよ。

I know **I speak for Will** when I say we've very disappointed.
僕たちがとてもがっかりしたと言えば、ウィルをかばうことになるのは分かっているよ。

Speak for yourself. I really hate to jog.
何言ってるんだ。僕はジョギングが大嫌いなんだ。

A: How can I contact the shop's owner?　そのお店のオーナーとどうやって連絡が取れますか？

B: I'm his son. I can **speak for him**.　僕は息子です。僕が代わりにお話しできます。

Speaking of ~　～について言うと、～と言えば

Speaking of ～は文頭において、「～のことだが」「～と言えば」という意味。Speaking of which は「そう言えば」という意味で、which はすでに出た相手の話を受けます。

Speaking of winter, did you go skiing this year?
冬と言えば、今年スキーに行ったかい？

Speaking of Brian, I have some big news.
ブライアンについて言うと、僕はいくらか重大な情報を握っているよ。

Speaking of which, how are things with your mother?
そう言えば、お母さんとのことはうまくいっているかい？

A: These chocolate candies are great.　このチョコレートキャンディはとてもおいしいよ。

B: **Speaking of** chocolate, you should try the cookies.
チョコレートと言えば、君はそのクッキーを試してみるべきだよ。

Roughly speaking 大まかに言うと

Generally speaking「一般的に言って、概して」はよく知られている表現ですが、generallyの代わりにroughlyを使うことができます。そのほか、Frankly speakingで「率直に言えば」、Strictly speakingで「厳密に言えば」。

Roughly speaking, the casino is at around 2 miles away.
大まかに言うと、カジノはおよそ2マイル先だよ。

Strictly speaking, you don't deserve this.
厳密に言うと、君はこれに値しないよ。

Frankly speaking, you're not invited to the party.
率直に言うと、あなたはパーティーに招待されていません。

A: When will we arrive at our destination? 私たちはいつ目的地に着くの？
B: **Roughly speaking**, it will be in three hours. 大まかに言うと、3時間後だね。

so to speak 言わば

so to speakは「言わば」「言ってみれば」という意味で、自分の言葉や表現を一言で要約するときに使います。

So to speak, she's a maniac.
言ってみれば、彼女はマニアだ。

I'd like to go back to the days when I was young, **so to speak**.
言ってみれば、私は若かりし頃に戻りたい。

I really want to get out of here, **so to speak**.
言ってみれば、私は本当にここから出ていきたいんだ。

A: What does Sandy do at your house? サンディは君の家で何の仕事をしているの？
B: She's my housekeeper, **so to speak**. 言ってみれば、彼女は家政婦だよ。

speak ill of ~　～を悪く言う

speak ill of ～は「(人)のことを悪く言う、けなす」という意味。speak well of ～は「(人)のことをよく言う、ほめる」。

例文 All students in the school **speak ill of** that teacher.
学校の生徒全員があの先生のことを悪く言っている。

Don't **speak ill of** him.
彼のことを悪く言うなよ。

I'm not good at **speaking well of** others.
僕は他人をほめるのが得意じゃないんだ。

Don't **speak ill of** the dead.
故人のことを悪く言うなよ。

A: They certainly **speak well of** him there.　彼らは確かに彼のことをそこではめているよ。

B: That's because he did a great job for them.　彼はとても彼らの役に立ったからだね。

More Expressions

■ **no ~ to speak of**　取り立てて言うほどの～はない

I have no enemies to speak of.
僕には取り立てて言うほどの敵はいない。

I've never had a big fight to speak of.
私は取り立てて言うほどのけんかをしたことがない。

■ **speak out of turn**　余計な口出しをする

I didn't mean it. I spoke out of turn.
そういう意味じゃなかったんだ、余計な口出しをしたよ。

■ **speak *one's* mind**　本音を言う

She has a lot of nerve to speak her mind in front of the boss.
彼女には上司の目の前で本音を言うだけの図太い神経が備わっている。

■ **speak of the devil**　うわさをすれば影

Well, speak of the devil. We were just talking about you.
ああ、うわさをすれば影だね。僕たちはちょうど君のことについて話していたんだ。

talk

talkは単に言葉を発するだけではなく、話し相手と「コミュニケーションを取る」ことを表します。talk to *someone*で「(人)に話しかける」、talk with *someone*「(人)と話す」で表す。話題はaboutで表し、talk about *something*「〜について話す」となります。talk *someone* into 〜は「(人)を説得して〜させる」。

1. 会話(対話)する、話す

(It's been) Nice talking to you. 話せてよかったよ。
You can't talk to me like that! 私にそんな風に話してはいけないよ。
Can we talk for a minute? ちょっと話せる?
Sorry, I've got a date. Talk to you later. ごめん、デートがあるんだ。またあとで話そう。

2. 説得する(talk ~ into)

You're going to try and talk me into it? 私をあなたの言う通りにさせるつもりなの?
You're here to talk me out of marrying her. 君は私が彼女との結婚をやめるよう説得するためにここに来たのか。

talk to ~ 〜に話しかける

talk to *someone* は「(人) に話しかける」という意味で、talk の最も基本的な使い方。表現をいくつか紹介するので、しっかり覚えましょう。

例文

They didn't even **talk to** each other.
彼らはお互いに話しかけすらしなかった。

I need to **talk to** Mr. James immediately.
私は今すぐにジェームスさんと話さなければならないんだ。

Can I **talk to** you for a second?
ちょっと話をしてもいいですか？

She is **talking to** someone else right now.
彼女は今、他の人と話しているよ。

A: Is it okay if I phone after lunch? 昼食の後に電話をかけてもいいかしら？
B: No problem. I'll **talk to** you then. 問題ないよ。その時に話そう。

talk with ~ 〜と話す

talk to *someone* は「(人) に話しかける」、talk with *someone* は「(人) と話す」で、大きな差はありません。talk を名詞にして、have a talk with 〜「〜と話す」という表現もよく使われます。

Do you mind if I **talk with** your wife?
あなたの奥さんと話をしてもいいですか？

We're going to have to **talk with** your daughter.
私たちはあなたの娘さんと話をしなければならないだろう。

Nice **talking with** you. See you around.
あなたと話せてよかったです。またどこかで会いましょう。

I'm going to have a **talk with** Julie.
僕はジュリーと話すつもりだよ。

They are still **talking with** a cop at the police station.
彼らはまだ、交番で警察官と話をしています。

A: Some students have trouble in classes. 授業についていけない生徒がいるみたいだね。
B: They should **talk with** someone and get help. 彼らは誰かと相談して手助けしてもらうべきだよ。

talk about ~ ～について話す

talk aboutは「～について話す」。話をする対象の人はto、with以下で表しますが、話す内容について述べるときにはaboutを使います。talk politics「政治の話をする」というようにaboutを使わないこともありますが、その場合に目的語になるのは、人が集まって話題にする特定の分野を表す言葉です。

I don't want to **talk about** what happened to my son.
僕は息子に何が起こったのかについて話したくないよ。

I don't want to **talk about** it [this].
僕はそのこと[このこと]について話したくない。

Wait a minute! Are you two **talking about** the same guy?
ちょっと待って！　君たち２人は同じ人について話しているのかい？

Can we not **talk about** that?
その話はやめませんか？

Can we **talk about** this later? I have to go right now.
このことを後で話していいですか？　今すぐ行かなくてはならないんです。

I can't **talk about** it here. It's complicated.
ここではそのことについて話せないよ。複雑なんだ。

She's embarrassed. She doesn't want to **talk about** it.
彼女は恥ずかしがっているよ。そのことについて話したくないんだ。

Do we have to **talk about** this right now?
私たちは今すぐこのことについて話さなければいけませんか？

How about we **talk about** this over dinner?
夕食を取りながらこのことを話すのはどうでしょうか？

What? What are you **talking about**? That's not possible.
何？　何を言っているんだい？　それは不可能だよ。

I don't even know what you're **talking about**.
僕は君が何について話しているかさえわからないんだ。

A: I'm going to talk to my boss today. 今日、私は上司に話をするつもりです。
B: Are you going to **talk about** your contract? 君の契約のことを話すつもりかい？

Let's talk about [to] ~ ～を話そう

「話をしよう」と相手を誘うときに使う表現。Let's talk about ～は「～について話そう」、Let's talk to *someone*は「(人) に話そう」、Let's not talk about ～は「～については話さないようにしよう」。

例文 First of all, **let's talk about** that.
まず初めに、それについて話そう。

Let's not talk to Mom **about** this.
このことをお母さんに話すのはよそう。

So **let's talk about** what you can do for me.
じゃあ、君が私のために何ができるかについて話そう。

Let's **not talk about** the past. We'll just let it go.
過去について話すのはやめよう。放っておくのがいいさ。

A: **Let's talk about** our plans for tomorrow. 明日の計画について話そう。
B: I really want to go jet skiing. 僕は本当にジェットスキーがしたいんだ。

I'm talking about [to] ~ 私は～に (ついて) 話しています

talkを進行形で使うと、今、ある特定の話をしているということが強調されます。I'm talking about [to]～のほかに、You're talking about [to]～「あなたは～に(ついて)話している」、Are you talking ～?「あなたは～に(ついて)話しているんですか」などが使われます。I'm talking to you!は「君に話をしているんだよ！」、Are you talking to me?は「私に話しているの？」。

We're talking about our relationship.
私たちは、私たちの関係について話しているんだよ。

I'm talking about chicks, not gambling.
僕は女の子のことを話しているんだ、ギャンブルのことじゃないよ。

You're talking to the wrong man.
君は違う人に話しかけているよ。

Are **you talking about** getting married?
君は結婚することについて話しているのかい？

A: What are you talking about? 何について話しているの？
B: **I'm talking about** me having a baby. 私が赤ちゃんを産むことについてよ。

what you're talking about　あなたの話していること

what you're talking aboutは「あなたが話していること、言っていること」、what I'm talking aboutは「私が話していること、言っていること」。動詞knowなどの目的語としてよく使われます。

I don't know **what you're talking about.**
僕はあなたの話していることがわからないよ。

I know **what you're talking about.**
君の言いたいことはわかるよ。

This is exactly **what I'm talking about.**
これはまさに私が話していることです。

I have no idea **what you're talking about.**
君が何を話しているのか全くわからないよ。

A: I saw you out with another woman.　君が他の女性と出歩いているのを見たよ。
B: I don't know **what you're talking about.**　君がなんのことを話しているのかわからないよ。

talk like that　そのように話す

talk「話す」とlike that「そのように」でtalk like that「そのように話す」、つまり「そんなふうに言う」という意味。相手の言い方が気にさわったとき、失礼なことを言われたときに使う表現です。

You don't **talk** to me **like that.** I am your mother!
私にそんな風に話してはだめよ。私はあなたの母親なのよ！

Jack, you don't **talk like that** to anyone.
ジャック、誰に対してもそんな口の利き方はしちゃいけないよ。

Don't **talk like that.** Everything is going to be fine.
そんな言い方しないで。万事うまくいくよ。

You shouldn't be **talking like that** at all, Sarah.
サラ、君はそんな風な口を利くべきではないよ。

A: We need to break up soon.　僕らはすぐに別れなければならないね。
B: Don't **talk like that.** I love you.　そんな言い方はないでしょ。私はあなたを愛しているのよ。

talk *someone* into [out of] ~

(人)を説得して～(すること、もの)をさせる[やめさせる]

talkには「人に意思を伝える」という元の意味があります。talk *someone* into ～は「(人)を説得して～させる」。talk *someone* out of ～は「(人)を説得して～させないようにする」。

Don't even bother. You're not **talking me out of** this.
気にしないで。君が説得してこれをやめさせたわけではないんだ。

I **talked him out of** it. You can stop worrying about that.
僕は彼を説得してそれをやめさせたよ。君はもうそのことを心配しなくていいんだ。

I'm glad you **talked me into** this.
君の言う通りにしてよかったよ。

How did she **talk me into** doing that?
彼女はどうやって私をその気にさせたんだい？

A: I thought Tim wasn't going to bungee jump.
ティムはバンジージャンプなどしに行かないと思っていたよ。

B: I **talked him into** coming along. 私が彼をついてくる気にさせたのよ。

talk over ～について議論する

talk overは「～について(事前に十分に)話し合う、相談する」。一緒に議論する人を述べるときはwith *someone*で表します。talk outは「(問題などを)徹底的に論じる」「(議案などを)廃案にする」という意味。

We're going to **talk over** the party plans.
僕らはパーティーの計画について話し合うことになっている。

Talk it over with your wife. You have 2 days.
それを奥さんと話し合ってよ。2日間あげるよ。

I have to **talk it over** with the boss right now.
私は今すぐそれを上司と話し合わなければなりません。

We'll **talk it over** at the office tomorrow.
そのことは明日、オフィスで話そう。

A: Our plan was a failure. 私たちの計画は失敗に終わったね。

B: Let's **talk over** what to do next. 次に何をするか話し合おう。

talk to *oneself* 独り言を言う

talk to *oneself*は「自分自身に話しかける」、つまり「独り言を言う」という意味。進行形で使われることが多い表現です。

例文 He's standing against the wall, **talking to himself**.
彼は独り言を言いながら、壁にもたれて立っている。

I was **talking to myself**!
僕は独り言を言っていたんだ！

Sam's gone, and she was sitting here **talking to herself** like a crazy person.
サムが去り、彼女は狂ったように独り言を言いながらここに座っていたんだ。

Were you just **talking to yourself**?
君は独り言を言っていただけなのかい？

会話例

A: Who was talking in the other room? 別の部屋で話していたのは誰？
B: Suzy **talks to herself** sometimes. スージーが時々、独り言を言うんだよ。

More Expressions

- **talk back** 言い返す、口答えをする
  Don't talk back to your teacher.
  先生に口答えするんじゃない。

- **talk about ~ behind *one's* back** ～の陰口を言う
  She's very good at talking about me behind my back.
  彼女は私の陰口を言うのが本当に上手だ。

- **talk dirty to ~** ～にエッチな話をする
  I love when you talk dirty to me.
  僕は君が僕にエッチな話をしてくれる時が大好きなんだ。

- **talk *one's* way out of ~** ～をうまく言い逃れる
  You're not going to talk your way out of this.
  君はこのことをうまく言い逃れることはできないよ。

- **talk some sense into *someone*** (人)に言い聞かせて道理をわからせる
  I'd try one more time to talk some sense into her.
  僕はもう一度、彼女に道理を分からせようとしてみよう。

- **talk *someone* through *something*** (人)に～を分かりやすく説明する
  You want to talk me through this?
  僕にこれを分かりやすく説明してくれない？

- **talk the same language** 考え方が同じである
  You're talking the same language.
  君とは趣味が合うよ。

- **Talk about ~** ～だなんてとんでもない、～とはまさにこのことだ
  Talk about selfish!
  まさにわがままとはこのことだ！

- **small talk** 雑談
  It was just small talk.
  ただの雑談だったよ。
  They made small talk.
  彼らは雑談をした。

leave

leaveにはさまざまな意味がありますが、基本的な意味は「今いる場所を離れて、別の場所に行く」ということ。leave Tokyoは「東京を離れる」、leave for New Yorkは「ニューヨークに向けて出発する」。「何かを置いていく」という意味もあり、意図的であれば「預ける、残していく」、意図的でなければ「置き忘れる」。keepやholdと同じく、leave *someone* [*something*]+形容詞で「(人・物)を～のままにしておく、～の状態にしておく」という意味。

1. ～を去る、～に向けて出発する、～を辞める

He left the office 10 minutes ago.　彼は10分前にオフィスを出たよ。
Are you leaving so soon?　君はそんなに早く帰るのかい？
I am leaving.　僕は行くよ。
She will leave for New York next month.　彼女は来月、ニューヨークへと発ちます。

2. 残しておく、預ける、(うっかり忘れて)置いて来る

I left my wallet at home this morning.　僕は今朝、財布を家に忘れてきたんだ。
We're not home, please leave a message.　留守にしていますのでメッセージをお願いします。

3. ～した状態で置いておく(leave ～ 形容詞)

Don't leave the window open.　窓を開けっぱなしにしないで。

leave *somewhere*　（場所）を去る、発つ

leaveの基本的な意味はgo away「今いる場所を離れて、別の場所に行く」。leave+場所を表す名詞で「～を離れる、出発する」、「（国や家など）を出る、後にする」。turn to leaveは「背を向けて出発する、旅立つ」。

例文

Everyone has **left the room** except for Adam and Eve.
アダムとイヴを除いてみんなその部屋を出た。

He got up to **leave the room**.
彼は部屋を出るために起き上がった。

Do you want us to **leave the room**?
僕たちに部屋から出ていってほしいのかい？

A: We told Cindy to **leave our group**.　私たちはシンディにグループから抜けるように言ったんだ。
B: I want to make sure she stays away.　彼女が離れていくかどうか確かめたいよ。

leave for ~　～へ出発する

leave for ～は「～に向けて出発する」。leave+場所を表す名詞「～を離れる、出発する」と間違えないように注意しましょう。

We're ready to **leave for** Niagara Falls.
僕たちはナイアガラの滝に向かって出発する準備は整っている。

He **left for** Boston yesterday.
彼は昨日、ボストンへ出発したよ。

We have to **leave for** Japan in an hour.
私たちは1時間後に日本へと発たなければならない。

A: It's time to **leave for** the party.　パーティーへ行く時間だよ。
B: I'll meet you down in the lobby.　ロビーで会いましょう。

leave a job　仕事を辞める

leaveの後に、場所を表す名詞ではなくjob、home、country、school、companyなどの名詞が来ると、「～を出る、後にする」「～を退学する」「～を辞める」という意味。leave workはget off work「退勤する」と同じ意味で、「仕事を辞める」という意味ではないので注意しましょう。

I **left that job** to make more money.
私はもっとお金を稼ぐためにその仕事を辞めた。

I can't **leave this job** at the moment.
今はこの仕事を辞められないよ。

We both **left home** when we were 16.
私たちは2人とも16歳の時に家を出た。

He **left work** in the middle of the day to go on a date.
彼はデートに行くために、昼日中に仕事場を離れた。

A: I think he's going to **leave this company**.　彼はこの会社から去るつもりだと思うよ。

B: What makes you think so?　どうしてそう思うの？

leave *something*　（もの）を置いておく、書き残す

leave *something*は「何かを置いていく」という意味のleave。意図的であれば「預ける、残していく」、意図的でなければ「置き忘れる」という意味になります。

You can **leave your name**, and I'll tell him you called.
名前を教えてください、あなたから電話があったことを彼に伝えておきます。

How much should I **leave on the table**?
どのくらい机の上に残しておくべきですか？

I'd like to **leave my room** key, please.
ルームキーをお預けしておきたいのですが。

I think I **left my keys** here when I went out.
僕は出たときここにカギを忘れたのだと思うよ。

A: Don't forget to fill out those forms before you go.
行く前にあの用紙に記入するのを忘れないでね。

B: I'll **leave them** on your desk before I go.　出かける前に君の机の上に置いておくよ。

leave *someone*　（人）を置いていく、置き去りにする

「（人など）を置いていく、残していく、置き去りにする」という意味。また、「（人）のもとを去る」「（恋人などと）別れる」「（伝言などを）人に残していく」という意味でも使われます。

例文

Don't **leave me** here with these people!
僕をこの人たちと一緒にここに残していかないで！

I told her I was going to **leave her**.
別れるつもりだと彼女に伝えたよ。

Where does that **leave me**?
それで私がやるべきことは何？

You didn't really **leave me** much choice.
君はそんなに選択肢を残してくれなかったね。

会話例

A: Ted and his wife have separated.　テッドと彼の妻は離婚したんだ。
B: Really? Did she **leave him**?　本当？　彼女が彼のもとを去ったの？

leave *something* ＋分詞／形容詞　（分詞、形容詞の状態）のままにしておく

keepやholdと同じ用法で、leave *something* ＋形容詞［過去分詞］で「（人・物）を～のままにしておく、～の状態にしておく」。leave the door openで「ドアを開けておく」。

It was Nina who **left the office door** unlocked.
事務所のドアに鍵をかけなかったのはニーナだ。

Don't **leave things** half done.
物事を中途半端にしておいてはいけないよ。

I **left the door** open and she must have gotten out.
私がドアを開けっぱなしにしておいたから、彼女は出て行ったに違いない。

It's not very good **leaving candles** unattended.
ろうそくを放置するのはとてもよくない。

会話例

A: I'm going to bed soon.　僕はもうすぐ寝るよ。
B: **Leave the door** to the bedroom open.　寝室のドアを開けておいて。

leave *someone* alone　（人）を放っておく

leave *someone* aloneは「（人）をそのままにしておく」「（人）に干渉しないでおく」という意味。Leave me alone!「ほっといて！」はよく聞く表現。leave *someone* all aloneはaloneをallで強調した表現。

Leave her alone. She obviously doesn't want to talk.
彼女をそっとしといてやれよ。明らかに話をしたくなさそうだから。

Could you please just **leave me alone**?
私をひとりにしてくれませんか？

I didn't want to **leave him alone**.
僕は彼を放っておきたくなかったよ。

I **left her alone** out there.
私は彼女を外に放っておいた。

They're even, so just **leave it alone**.
彼らは互角だよ、だからただそのままにしておけばいいんだ。

A: Why don't you ever talk to me?　どうして私に話しかけてくれないのよ？
B: Just **leave me alone**, okay?　もうほっといてよ、ね？

leave a message　伝言を残す

leaveの後にmessage「メッセージ」やnote「メモ」が続くと、「～を残していく、残す」という意味になります。伝える内容を具体的に述べるには、message [note] saying that ～とthat節を使います。

You got Tom. **Leave a message**.
トムです。メッセージをお願いします。

Could I **leave a message**?
伝言を残してもいいですか？

Please, **leave a message** at the tone.
ピーッという音のあとに伝言を残してください。

They **left us a message** saying they were getting married.
彼らは自分たちが結婚する予定であるという伝言を残した。

A: Would you like to **leave a message**?　何か伝言はありますか？
B: That's okay. I'll call again later.　大丈夫です。後でかけ直します。

leave *something* to *someone*　(もの) を (人) に任せる

leave *something* to *someone* は「(人に) 物・事を任せる」という意味で、その人に判断や決定を任せるということです。Let's leave it at that. で「それで終わりとしよう」「もうそれ以上はやめよう」。

Leave it to the pros.
それはプロに任せなよ。

Leave it to me to find her.
彼女を見つけるのは僕に任しておいてよ。

I'll **leave them to you** when I die.
死んだら彼らを君に託すよ。

I think we can just **leave it at that.**
そのくらいでやめておこうと思う。

A: Can you introduce me to your boss?　私をあなたの上司に紹介してくれませんか？

B: **Leave it to me.** I'll schedule an appointment.　任せといて。会う日取りを決めておくよ。

have *something* left　(もの) を残しておく

have [get] *something* left は「ものが残っている」という意味になります。

We don't **have much time left.**
私たちにはあまり時間が残されていない。

I just **have one problem left** that I don't know how to solve.
たったひとつの問題だけ、対処の仕方が分からないまま残っています。

Do you **have any money left** after buying those new shoes?
その新しい靴を買った後にお金が残っている？

A: When can we leave school?　僕たちはいつ学校を出られるの？

B: In ten minutes. We don't **have much time left.**　10分後だ。そんなに時間はないよ。

leave *someone* [*something*] behind　(人、もの)を置き去りにする

leave *someone* [*something*] behindは「(人や物を) 後ろに残して行く」、つまり「(物) を置き忘れる」「(人などを) 置いて行く、残していく」という意味でよく使われる表現。

例文　Go ahead. **Leave me behind**.
先に行ってよ。僕を置いてね。

The four kids ran off, **leaving Parker behind**.
その4人の子どもはパーカーを置き去りにして逃げたんだ。

Is that why he **left you behind**?
だから彼はあなたを連れて行かなかったの？

So how did you manage to **leave her behind** and come here?
じゃあどうして君は彼女を残してここに来ることができたんだい？

If you don't get back right now, I'm going to have to **leave you behind**!
君が今すぐ戻らないのなら、君を置いていくことになるよ！

A: Should I bring my suitcase along?　スーツケースも持っていくべきかな？
B: **Leave it behind**. We'll get it later.　置いておけよ。後で取りにくればいいさ。

leave out　省く

leave outは「(文字など) を省く、落とす」「(人) を〜から除く」という意味でよく使われる表現で、omit「〜を除外する、外す」と同じ意味。会話では、be [feel] left out「疎外されている」「歓迎されていない」という表現がよく使われます。

You're **leaving out** the most important factor!
君は一番大事な要因を抜かしているよ。

Have much fun! Just **leave me out** of it.
楽しんでね！ 僕のことは考えないでね。

I have felt so **left out** since you left me.
君が僕のもとを離れてからというもの、ひどく取り残されたような気分になっているんだ。

Frankly, I didn't want you to feel **left out**.
率直に言って、私はあなたに取り残された気分になってほしくなかったわ。

A: We just completed the report.　私たちはたった今、報告書を終えたよ。
B: Don't **leave out** my data.　僕のデータを除外するなよ。

leave off　やめる、中止する

leave offはleaveとoff「離れて」が結びついた形で、「(リストなどから)～を削除する」「～するのをやめる」という意味です。continue [pick up, take up] where we left off「中断したところからまた始める」という表現がよく使われるます。

Let's pick it up where we **left off**.
私たちが中断したところからまた始めましょう。

Why don't you just come back down here and we'll pick up where we **left off**?
ここに戻ってきて、私たちが中断したところから続けるのはどうですか？

Shall we continue where we **left off** last night?
昨夜、中断したことろから続けましょうか？

A: Did you finish reading the novel?　小説は読み終わった？
B: No. I can't remember where I **left off**.　まだよ。どこで中断したか覚えていないの。

be on leave　休暇中である

leaveには名詞で「(許可を得て取る) 休暇、休暇期間」という意味があり、仕事や学校などの休暇を言います。go on leaveは「休暇を取る」。

You'**re on leave**. You get some personal time.
あなたは休暇中ですね。自分の時間を得たというわけだ。

He **is on leave** now. You can call him later.
彼は今、休暇中です。後で電話してみたら。

What's going to happen to us when she **goes on leave**?
彼女が休暇に入ったら、私たちはどうなってしまうだろうか？

She'**s going on leave**?
彼女は休暇に入るの？

Yes. He's in charge of that, but he'**s on leave** now.
はい。彼が担当ですが、今は休暇中なんです。

A: Does Bill still work in this department?　ビルはまだこの部署で働いているのかい？
B: He does, but he'**s on leave** right now.　そうだよ、でも彼は今、休みを取っているんだ。

run

run「走る」は動きのある動詞で、「走る」という動作から「走る」「急いで行く」「逃げる、逃走する」「（機械などが）動く」などいろいろな意味が派生しています。「（危険など）を冒す」「（店や会社を）経営する、運営する」という意味もある。名詞としては「走ること、競争」「運行」「上映期間」「（the runsの形で）下痢」などの意味を表します。

1. 走る、駆けて行く

I can run 100 meters in 14 seconds.　私は100メートルを14秒で走ることができます。

I've got to run.　僕は急がないといけないんだ。

I run about thirty miles per week.　私は週に30マイルほど走ります。

2. 働く・動かす、作動する・させる、上映される、掲載する

The movie runs for more than three hours.　その映画は3時間以上、上映される。

This computer doesn't run Windows 11.　そのコンピューターはWindows 11を搭載していない。

3. 運営する、経営する、（選挙に）出る（for）

I run a boutique.　私はブティックを経営しています。

4. 走り・競走、下痢、公演の上演、野球の得点

I've got the runs.　僕は下痢しているんだ。

I have a runny nose.　鼻水が止まらないよ。

come running　走って来る

come runningには元々の「急いで来る」「走って来る」という意味のほかに、「（頼まれると喜んで）すぐにやって来る」「（すぐに人に）泣きつく」という意味があります。

The kids **came running** out of the house.
子どもたちが家から走って出て来た。

She didn't **come running** back to you.
彼女は君のところにもどって来なかった。

When you hear it, **come running**.
それが聞こえたら、走って来なさい。

A: Everyone is feeling hungry tonight.　今夜はみんなおなかがすいているよ。
B: They'll **come running** when I serve dinner.　私が夕食を出したら、彼らは駆け寄って来るでしょうね。

be running late　予定より遅れている

run lateは「（予定より）遅れている」という意味で、進行形be running lateでよく使われます。何に遅れたのかを述べるときにはforを使って、be running late for ～で表します。

I've got to go. I'm **running late**.
私は行かなきゃならないんです。遅れているので。

He's supposed to be here, but I guess he's **running late**.
彼はここにいることになっているんだが、おそらく遅れているのだろう。

I was **running late for** a meeting.
私は会議に遅刻しそうだった。

Let's go right now. We're **running late**.
もう行こうよ。僕らは遅れているよ。

A: It's after six o'clock right now.　今、6時過ぎだね。
B: Oh no! I am really **running late**!　うそ！ 僕はかなり遅れているよ。

run errands　使いに行く、使い走りをする

errandは名詞で「使い、使い走り」。他人の用事でどこかに出かけること。run errands [an errand]は「使い走りをする」、send *someone* on an errandで「(人に) 使い走りをさせる」。

例文

I'm sorry. She shouldn't have you **running errands**.
すみません。彼女は君を使い走りにやるべきではなかった。

I have to **run an errand**.
私はお使いに行かなければなりません。

I've got millions of **errands to run**.
用事がたくさんあるんだ。

Do you mind if I **run a quick errand**?
ちょっとお使いに行ってきてもいい？

A: Where is Joseph this morning?　今日の午前中、ジョゼフはどこにいるの？
B: He had to go **run errands**.　彼は使い走りに行かなければならなかったんだ。

run after　～を追いかける

run afterは「後ろを走る」、つまり「～を追いかける」という意味。警察や被害者が犯人を追いかけるという意味に限らず、広く人を追いかけるときに使います。

Michael ran off and Jane **ran after** him.
マイケルは逃げ、そのあとをジェーンが追いかけた。

He **ran after** her. They met in the hallway.
彼は彼女を追いかけた。彼らは廊下で出会った。

Tom took off jogging again. Susie **ran after** him.
トムはまたジョギングを始めた。スージーも彼のあとを追って始めた。

Hurley took off **running after** Vincent.
ハーレーはヴィンセントのあとを追いかけ始めた。

A: I got to the bus stop as my bus was leaving.
僕の乗るバスが出発しようとしているときに、バス停に着いたんだ。
B: Did you still **run after** it?　それでも、バスを追いかけたのか？

run around (with)　(〜と) 走り回る

run aroundには「走り回る」という以外に、「ばたばたとする」「仕事で忙しくする」という意味があります。run around with *someone*は「(好ましくない人物と)遊び回る」という意味。

She is **running around** the front yard trying to get him.
彼女は彼を捕まえようと、前庭を走り回っている。

Are you **running around** looking for your earring?
君はイヤリングを探して走り回っているのかい？

They **run around** the house with toy airplanes.
彼らは飛行機のおもちゃをもって家の中を走り回るんだ。

She's **running around** telling everyone that she's going to break up with Tom.
彼女はトムと別れるつもりであることをみんなに言い回っている。

A: I don't think I can **run around** the track another time.
これ以上トラックを走って回れるとは思わないよ。

B: Hang in there! Just one more lap.　がんばれ！ あと1周だけじゃないか。

run away　逃げる

run away「離れて走る」とは、「走り去る」のほかに「逃げる」「家出する」という意味がある。run offにはrun awayと同じく「急いで去る」「逃げる」という意味のほかに「〜を追い出す」「〜を印刷する」などの意味がある。

Why do you keep **running away** from me?
なぜ君は私から逃げ続けているの？

You can't **run away** from that.
君はそれからは逃れられないよ。

I am going to **run away** from you.
僕は君から逃げるつもりだ。

Did he **run off to** see his mom?
彼は母親に会いに走って行ったのですか？

A: Some children choose to **run away** from home.　家庭から逃れることを選ぶ子たちもいるよ。

B: They must have difficult lives.　彼らは困難な人生を歩むに違いないね。

run *something* by *someone*　（人）に確認する、意見を聞く

*something*を*someone*に持って行って、意見を聞いて説明して欲しいという意味で、Run that by me againは、「もう一度言ってください」という表現。

I'd better run this by my wife.
僕はこれを妻に聞いた方がいいね。

You'd better run it by me.
君はそれを僕に確認すべきだよ。

Just run it by Jimmy and tell me what he thinks.
それをジミーに確認して、彼がどう考えているか僕に教えてよ。

Great! You want to run it by me?
素晴らしい！　僕の意見を聞きたいのかい？

A: This is the plan that I created.　これが私がつくったプランです。
B: Run it by my boss and see what he thinks.
私の上司に聞いて、彼がどう考えているのか確かめなさい。

run down　沿って走る、流れ落ちる、車でひく、批判する、ざっと読む

run downは直訳すると「下に走って行く」ですが、そこから派生して「～を探し出す」「（電池など）を切らす」「～を減らす、縮小する」「（リスト）にざっと目を通す」という意味があります。また、「車でひく」「（人を）非難する」という意味でも使われます。

He began running down the sidewalk.
彼は歩道に沿って走り始めた。

I'm going to run down to the emergency room and check it out.
急いで緊急治療室へ行って、検査してもらうつもりだ。

Could you run down to the snack bar and get me some cookies?
軽食堂まで行ってクッキーを買って来てくれませんか？

A: Did you go to the gym today?　今日はジムへ行ったの？
B: Yes, I exercised. Sweat is running down my shirt.
うん、体を動かしてきたよ。汗がシャツに流れ落ちているよ。

run for ~　～に立候補する、～に向かって走る

run forは文字通り「～に向かって走る」という意味で使われるほか、「(選挙で役職などに) 立候補する」という意味があります。大統領選挙、知事選挙、大学のサークルの会長選挙などに使われます。

He was **running for** the street.
彼は通りに向かって走っていた。

I don't know who's **running for** president.
私は誰が大統領に立候補したのか知りません。

He's **running for** city council.
彼は市議会議員に立候補している。

I guess you don't read the papers. I'm **running for** mayor.
君は新聞を読んでいないようだね。僕は市長に立候補したんだ。

I wasn't planning on **running for** a second term.
2期目に立候補することは考えていなかったよ。

A: My uncle says he's going to **run for** mayor.
私の叔父が市長に立候補するつもりだと言っているんだよ。

B: There's no way he will ever win.　彼が勝つ可能性はないね。

run into　偶然出くわす、衝突する

run into「～の中に走って行く」で、「～にぶつかる、突っ込む、衝突する」のほか、「(人) に偶然出会う」「(困難や問題に) 出くわす、陥る」という意味。「(人) に偶然出会う」という意味では、run [come] across、bump intoと同じです。

He **ran into** a law school classmate.
彼はロースクール時代のクラスメイトに偶然出会った。

If you **run into** any problems, you call me.
もし君が問題にぶつかったら、僕に電話してください。

I **ran into** her on my way home.
私は家に帰る途中で彼女と偶然会いました。

Good [Nice] **running into** you.
偶然会えてうれしいよ。

A: I **ran into** Mike this morning.　今朝、たまたまマイクに会ったんだ。

B: How's he doing?　彼は元気かい？

run out of ~　～を使い果たす

run out of ～ は「外に出る（出す）」「出して消える」という元の意味から、「（食料・金など）が尽きる」という意味。似た表現としてrun short of ～「～を切らす」「～が不足する」、run low「～が少なくなる、欠乏する」、run out on *someone*「（人）を見捨てる」があります。

例文

He wanted to catch a taxi, but **ran out of** money.
彼はタクシーを乗りたかったが、お金を全部使い果たしてしまっていた。

I **ran out of** gas. Where can we fill up?
ガス欠だ。どこで満タンにすることができますか？

I'm **running out of** time.
時間がなくなってきたよ。

My real dad **ran out on** me before I was born.
僕の本当の父親は、僕が生まれる前に僕を捨てた。

A: We **ran out of** paper for the copier.　コピー用紙を切らしてしまったよ。
B: I'll get the secretary to get some more.　秘書にもっと取りに行かせるよ。

run over　車でひく、駆け寄る、ざっと読む、あふれる

run overの元々の意味は「～の上を走っていく」。run over to＋場所を表す名詞で「～へ（車などで）行く」という意味があるほか、「（車が）人をひく」「～にざっと目を通す」「（予想・予定）を超える」「液体があふれる」などの意味で使われます。

He got **run over** while thinking about how to get home.
彼はどうやって家に帰るか考えていたときに、車にひかれた。

I'm going to have to **run over** there and beg him to stay with me.
私はそこへ出向いて、彼に一緒にいてくれるように懇願しなくてはならない。

When I got **run over**, I was on my way to propose to you.
僕が車にひかれたとき、君にプロポーズをしに行くところだった。

I'd like to **run over** today's schedule.
今日のスケジュールを見直したいのですが。

A: How did the car get a flat tire?　車はどうしてパンクしたんだろう？
B: You must have **run over** some broken glass.　君は割れたガラスの上を走ったに違いないね。

run through ~ 〜を通過する、〜をざっと読む、〜を練習する、〜を復習する

run throughは「〜を通って走って行く」。文字通り「走り抜ける」「通り抜ける」という意味のほかに、「〜を通し稽古する」「〜にざっと目を通す」「(感情などが) 〜に広まる」という意味で使われます。run through *one's* mindは「(音楽や言葉などが) が頭の中に鳴り響く」。

例文 It's been **running through** my mind ever since.
それは以来、ずっと私の頭の中を駆け巡っているんだ。

Why are thoughts of that girl **running through** my head?
なぜあの少女のことが頭をよぎるのだろう？

Okay, let's **run through** it one more time.
いいよ、もう一回練習してみよう。

A: The students are very excited today. 今日、生徒たちはとてもわくわくしているね。

B: Tell them not to **run through** the hallway. 彼らに廊下を走り抜けないように言ってくれよ。

More Expressions

■ **run along** 立ち去る
I'm sorry, but I'm quite busy right now. You should run along.
ごめんなさい、私は今とても忙しいんです。あなたは帰った方がいいですよ。

■ **be up and running** 元気に動き回っている、稼働している
Is the office up and running?
オフィスはいま稼働しているのですか？

■ **run in the family** 遺伝する
Good looks run in the family.
見た目の良さは遺伝する。

■ **run a fever** 熱を出す
Jane's still running a fever.
ジェーンはまだ熱が下がらない。

■ **期間名詞＋running** (期間) 連続で
Our softball team has lost two years running.
私たちのソフトボールチームは2年間ずっと負け続けている。

■ **in the long run** 結局
Well, in the long run, it doesn't matter.
ええ、長い目で見ると、それは大事なことではありません。

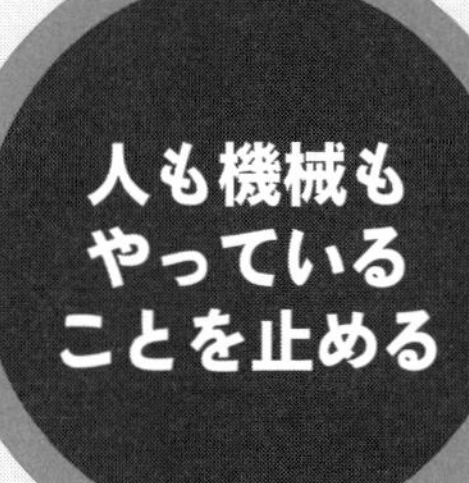

人も機械も
やっている
ことを止める

break

breakの基本的な意味は「何かを壊す」。「(物が)壊れる、割れる、折れる」「骨折する」「(機器が)故障する、壊れる」という意味のほかに、「約束を破る」「記録を破る、更新する」「(作業などを)中断する」「(人との関係を)絶つ」などの幅広い意味があります。紙幣を小銭にくずすこともbreak。

1. 壊す、破損する、(法、約束、記録を)破る

My son broke the computer. 私の息子はコンピューターを壊しました。
My display screen is broken! 僕のディスプレー画面が壊れちゃったよ！
She never broke her promise. 彼女は一度も約束を破ったことがない。

2. (休んだり、食べたりするために)しばらく休む

How about we break for a while? ちょっと休憩するのはどうですか？
Let's break for coffee. コーヒー休憩を取ろう。

3. (お札を小銭に)交換する

Would you please break this dollar bill for me? このドル札をくずしてくださいませんか？

4. (名詞)休息、休日、(テレビ)広告の時間

Would you like to begin after a short break? 小休止の後で始めましょうか？
The break is over. 休憩は終わりです。

break *one's* leg　脚を骨折する

breakには「〜を骨折する」という意味があります。break *one's* arm「腕を折る」、break *one's* leg「脚を折る」、break *one's* hip「腰を傷める、腰の骨を折る」、break *one's* neck「首の骨を折る」などの表現があります。

I have an interview tomorrow and I can't go if I **break my leg**.
僕は明日面接があるんだけど、もし僕が脚を折ったら行けないね。

I didn't know that you **broke your leg**.
君が脚を骨折したなんて知らなかったよ。

She **broke my arm**.
彼女は私の腕の骨を折った。

I almost **broke my neck** kissing in the car.
車の中でキスしていて、僕はもう少しで首の骨を折るところだったよ。

A: Did you have an accident, Mike?　マイク、君は事故に遭ったのかい？
B: I **broke my leg** while skiing.　スキーをしている時に脚を骨折したんだ。

break *one's* promise　約束を破る

breakは具象物以外に、promise「約束」、rule「規則」、law「法律」、habit「習慣」、record「記録」などの抽象名詞を目的語にとり、「〜を破る」「〜を犯す」「〜を断つ」という意味を表します。

Well, it looks like they **broke their promise**.
ええと、彼らは約束を破ったようだね。

I will do my best not to **break my promise**.
約束を破らないように最善を尽くすよ。

Every now and then, we have to **break the rules**.
時には、私たちはルールを破らなければならない。

No one has the right to **break the law**.
誰にも法律に違反する権利はない。

A: Forget about going to the party.　パーティーに行くことは忘れなさい。
B: I can't **break my promise** to my friends.　友達との約束は破れないよ。

break the news to *someone* （人）に話を切り出す、（人）情報を伝える

break the news to *someone*は「（悪い）知らせ、（騒ぎになるような）新しい知らせを人に伝える」という意味。ニュース速報はbreaking news。

例文

I want to **break the news to** her if it's okay with you.
君がよければ、僕から彼女に話を切り出したいと思っているよ。

I just accidentally **broke the news** of her infidelity **to** her husband.
僕はたまたま彼女の浮気のことを彼女の夫に伝えてしまった。

I had to **break the news to** her that her father had died.
彼女に彼女の父親が亡くなったことを伝えなければならなかった。

I don't know how to **break the news to** him that he didn't get the job.
不採用の知らせをどう伝えたらいいのかわからない。

A: Jack's mother just died in the hospital. ジャックのお母さんが病院でたった今亡くなったんだ。

B: How can we **break the news to** him? 僕たちはどうやって彼にその情報を伝えればいいんだ？

break *one's* heart （人）の心を打ち砕く、（人）を悲しませる

break *one's* heart「（人）の心を砕く」は、つまり「（人）をひどく悲しませる」「（人の心）を打ち砕く」こと。heartbreakerは「人の心を痛ませる人」。

I trusted you not to cheat on me but you **broke my heart**.
私はあなたが裏切らないと信じていたのに、あなたは私の心を打ち砕いた。

You **broke my heart** again.
君はまた私を悲しませたね。

I broke up with a girl who **broke my heart**.
僕を悲しませた女の子と別れたよ。

Don't **break my heart**. Please get out of here.
私を悲しませないで。ここから出てってちょうだい。

A: Why did your girlfriend leave you? なぜ彼女は君から離れたんだい？

B: She didn't love me. It **broke my heart**. 彼女は僕を愛していなかったのさ。傷ついたよ。

break for ~ 〜のために休憩を取る

take a breakでよく知られているように、a breakはやっていたことを止めて「しばらく休む」ことを言います。ここでは動詞として使われる場合で、break for 〜は「〜するためにしばらく休む」という意味です。

I'm about to **break for** lunch. Want to join me?
昼休みで昼食を取ろうとしてるところだ。僕と一緒に来る？

Shall we **break for** a snack? Let's go out.
おやつ休憩にしましょうか？　外に行きましょう。

Let's **take a ten-minute break**.
10分間の休憩を取ろう。

A: Okay everyone, let's take a **break for** lunch.　はい、みんな、昼休みを取りましょう。

B: Thank god. I need to eat some food.　ありがたいね。何か食べたかったんだ。

break away 逃げる、脱退する、崩れ去る、決別する、フライングする

break awayの元々の意味は「断って離れる」。「〜から離脱する」「〜と関係を切る」「(人から) 逃げる」「〜から独立する」「〜から外れる」などの意味があります。

He grabbed and pulled her, but she **broke away**.
彼は彼女を捕まえて引っ張ったが、彼女は逃走した。

My son's trying to **break away** from me with a girl he's dating.
息子は付き合って女の子と一緒に自立しようとしているんです。

He **broke away** from the group and joined us.
彼はそのグループを脱退し、私たちに加わった。

I will be there as soon as I can **break away**.
自由になったらすぐにそこに行くよ。

A: How do icebergs enter the ocean?　どうやって氷河は海に流れていくの？

B: They **break away** from the frozen areas.　凍った地域から分離するんだよ。

break down　故障する、分類する、停電する、決裂する、衰える

break downには「動かなくなる、故障する」「決裂する、破綻する」「体調を崩す、衰える」「分析、分類する」などのさまざまな意味があります。break *something* down into 〜で「物を〜に分ける」。break down in tears「取り乱して泣く」という表現もあります。

例文

Did your car **break down** again?
君の車はまた壊れたのかい？

Not again! This is the third time you've **broken down** my MP3 player!
またかよ！　君が僕のMP3プレーヤーを壊すのはこれで3回目だ！

Everything can be **broken down** into three categories.
全てのものは3つのカテゴリーに分類できる。

A: Did your car **break down** again?　君の車はまた壊れたのかい？
B: It did, and that's the third time in two weeks.　そうなんだよ、2週間で3回目さ。

break in　押し入る、侵入する、履き慣らす

break inは「壊して中に入ってくる」という意味で、「（無理やり）建物に侵入する、押し入る」「（会話などに）割り込む」「（靴などを）履きならす」という意味があります。break intoには「〜に侵入する、押し入る」「（会話などに）割り込む」という意味のほかに、「急に（何かを）を始める」という意味もあります。break into laughterで「いきなり笑い出す」、break into a runで「急に走り出す」。

I **broke in** my new shoes.
僕は新しい靴を履き慣らした。

We know who **broke into** your house.
誰が君の家に押し入ったか知っているよ。

Did someone **break into** my car?
誰かが僕の車に侵入したのか？

A: Someone **broke into** the house and stole things.
誰かがその家に侵入して、ものを盗んだんだ。
B: Did anyone call the police about it?　誰かそのことを警察に通報したのかい？

break off　中止する、絶交する、取れる

break offには「ちぎって離す」という意味があり、「はずれる、ちぎれる」「急に話をやめる」「休憩する」のほか「～をちぎる、もぎ取る」「（話や仕事）を（途中で）やめる、切り上げる」などの意味で使われます。break off (*something*)の後にwith ～と続けると、「～との（関係・交渉）を打ち切る、（婚約を）解消する」。

Did it **break off** or did someone break it?
それは取れてしまったのか、それとも誰かが取ってしまったのかい？

My father **broke off** his affair with Cindy.
僕の父親はシンディとの浮気をやめた。

If you want, I'll just **break it off** with her.
君が望むのなら、僕は彼女との仲を終わりにするよ。

I've got to **break it off** with Jim.
私はジムと絶交すべきだ。

A: The mirror **broke off** the car door.　ミラーが車のドアから取れちゃったよ。
B: It will have to be replaced.　取り替えないといけないだろうね。

break out　発生する、勃発する、急に～し始める、逃げ出す

break outは「破って外に出る」。「（戦争、火事、病気などが）発生する」「（吹き出物や汗などが）出る」という表現。break out of ～で「～から脱け出す」。

Do you ever think about **breaking out**?
今まで抜け出すことを考えたことがありますか？

The fire **broke out** last night.
昨夜、火事が突然発生した。

I really want to **break out** of here.
本当にここから抜け出したいよ。

She **broke out** into a smile and stood up.
彼女は突然微笑んで立ち上がった。

A: What were all of those sirens?　いったいあのサイレンは何だったんだ？
B: Three criminals **broke out** of jail.　3人の犯罪者が刑務所から脱走したんだ。

break up　別れる、解散する

break upには「ばらばらになる、分かれる」「(関係が) 終わる、解消する」「解散する」などの意味があり、「(夫婦などが) 別れる」という意味でよく使われます。

例文
I **broke up** with him because he's so mean.
彼が意地悪だから、私は彼と別れたの。

I'm going to **break up** with you.
僕は君と別れるつもりだよ。

I **broke up** with Jim because he didn't want to have any children.
ジムは子どもを欲しがらなかったから私は彼と別れたのよ。

Have you seen Mike since you two **broke up**?
君たち２人が別れてから、マイクに会ったかい？

A: Why did you **break up** with Anna?　なぜ君はアンナと別れたんだい？
B: She wants to start a family. I'm not ready.　彼女は子どもを作りたがっているんだ。僕にはまだそのつもりがないんだ。

More Expressions

- **be broke**　一文無しである
  The wedding was expensive. I'm broke.
  結婚式にとてもお金がかかったんだ。僕は一文無しだよ。
- **break through**　打ち破る
  That'll help us break through to the trapped miners.
  それは、閉じ込められた鉱夫たちのところまで私たちが突破するために役立つだろう。
- **break with ~**　～と決別する、～と絶交する
  I just broke with them a week ago.
  僕らと１週間前に絶交したばかりだ。
- **break wind**　おならをする
  Do not break wind in the park.
  公園でおならをしてはいけません。
- **break even**　損益なしになる、収支があう
  This month, we will barely break even.
  今月、僕たちはかろうじて収支が合うだろう。
- **break the ice**　きっかけを作る、緊張をほぐす
  Okay, I've got to break the ice here.
  さあ、僕はここで緊張をほぐさないといけない。
- **a big break**　大きなチャンス
  I don't care! This is a big break for me!
  どうだっていいよ！これは僕にとって大きなチャンスなんだ。

start/begin

start と begin は両方とも「始める」。目的語に名詞、to+動詞、-ingをとり、「〜を始める、〜し始める」という意味になります。「始める、着手する、取りかかる」「始まる」「〜を始める」という意味の start は begin と言いかえられますが、「出発する」「(エンジンなどが) 動き始める」など、動作を表す start を begin で言いかえることはできません。「車を動かす」と言うときには begin は使わず、start a car。「スタートライン」は beginning line とは言わず、starting line。

1. start：出発する、〜し始める（start to [-ing]）、（名詞）出発、開始

We'll be starting in a few minutes.　数分後に始めるよ。
We are going to start now.　私たちは今から始めるつもりだ。
What time does the game start?　何時に試合は始まるの？

2. begin：始める、〜し始める（begin to [-ing]）

I think we should begin.　僕らは始めるべきだと思うよ。
It began to rain.　雨が降り始めた。
Would you like to begin after a short break?　ちょっと休憩した後に始めましょうか？

start to ~ [-ing]　～し始める

start to+動詞は「～し始める」。start -ingでも構いません。startは目的語にto＋動詞または -ingをとり、どちらも同じ「～し始める」という意味になります。

例文 What time do you start to board?
何時から搭乗するのですか？

We should start working on the report.
私たちは報告書に取り組み始めるべきです。

I just started driving this month.
僕は今月から運転し始めたばかりだよ。

They started to french kiss in the elevator.
彼らはエレベーターの中でフレンチキスをし始めた。

A: How is your cold?　風邪の調子はどう？
B: It's not bad. I'm starting to feel better.　悪くないよ。気分がよくなり始めているよ。

start it　最初に始める

start itは文字通り「それを始める、開始する」という意味で、it（そのこと）とはすでに述べた事柄を指している。「itを最初に始めたのは誰なのか」を話題にするときに使う表現。

He started it and got caught in the middle of it.
彼が最初にやり始め、その途中で捕まった。

I started it but, now it's scaring me.
私が始めたことだが、まだ怖いんだ。

She's the one that started it.
彼女が最初にやった人だ。

You started it. Everybody knows that!
君が始めたんだ。みんな知ってるよ！

A: Many people were killed in the war.　戦争でたくさんの人が殺されたんだ。
B: I wonder which country started it.　どの国が最初に始めたのかしら。

starting +副詞　～から

starting+副詞で「～から(以降)」。starting nowは「今から」、starting next weekは「来週から」。

例文 I'm going to study hard **starting tomorrow**.
僕は明日から一生懸命勉強するつもりだよ。

I'll be on vacation **starting next week**.
私は来週から休暇に入ります。

Would it be all right if I took a week off **starting tomorrow**?
明日から1週間休んでも大丈夫ですか？

Starting next month, I'm going to pay you to live here.
来月から、君がここに住むためのお金を君に払うよ。

会話例

A: I'm going to exercise **starting next week**.　僕は来週から運動しようと思っているんだ。

B: Good. You need to lose weight.　いいね。君は体重を落とすべきだよ。

start off　出発する、着手する

start offは「離れて出発する」ということから、「～のほうへ動き出す」「～が始まる、始める」。start offの後にwith ～が来ると「～で始める」。to [toward] +場所を表す名詞が来ると「～に向かう」。

例文 I decided to **start off** with something small like doing sit-ups.
私は腹筋のような小さなことから始めることにしました。

I always like to **start off** with a hug.
僕はいつもハグから始めるのが好きなんだよ。

She **started off** toward the church.
彼女は教会へ出発しました。

会話例

A: Is it difficult to work in a bank?　銀行で働くのは大変ですか？

B: All employees **start off** by working long hours.
すべての職員が長時間働くことから始めるんだ。

start on ~　～を始める、～に取りかかる

start on ～のonは「～に従事して」という意味。work on ～「～に働きかける」と同様に、動作の対象を示しています。start onは「～を始める、～に取りかかる」という意味。start in on *someone*で「（人を）非難する」、start on *someone*で「人にけんかを売る」「文句を言う」という意味。

例文 When can you **start on** the annual report?
いつ年間報告書に取りかかるのですか？

Sorry I couldn't **start on** your case sooner.
残念ですが、あなたの件にすぐに取りかかることはできなかったのです。

You can **start on** your essay now.
今からエッセーに取り組めるね。

I told her I was going to leave her and then she **started in on** me.
僕が彼女に別れるつもりだということを伝えるとそれから彼女は僕を非難し始めたんだ。

A: The class is waiting to take the exam.　そのクラスはテスト開始を待っているよ。

B: Have them **start on** the first part of it.　最初の部分に取りかからせてくれ。

start out　出発する、歩み出す

start outは「外に出発する」という意味で、start out of ～ で「～から出る」という意味のほか、「始まる」「出発する」「（仕事などを）始める、～を始める」などの意味があります。

例文 I **started out** as a ghost writer.
私はゴーストライターとして作家の道を歩み始めた。

He **started out** of the bathroom to the door. She followed him.
彼はバスルームからドアのところに飛び出してきた。彼女は彼を追いかけた。

I actually **started out** as a playwright, and then I went into law.
実は、僕は脚本家としての道を歩み始めて、そこから法律の道に進んだんだ。

A: Where will you be traveling this year?　今年、君はどこに旅行するつもりなの？

B: I'll **start out** in Russia and then go to China.
まずロシアから始めて、中国に行こうと思っているんだ。

start (all) over　もう一度[最初から] やり直す

start over のoverは、「繰り返して、(はじめから) もう一度」という意味の副詞。start overで「最初からやり直す」「人生をやり直す」という意味です。start all overは「すっかり最初からやり直す」という意味の強調表現。

例文 Put your past behind you and **start over**.
過去のことは忘れて、もう一度やり直すんだ。

Can we just **start all over**?
私たちは最初からやり直せますか？

Maybe we can **start over** again, but things will be different this time.
たぶん僕たちはやり直すことができるだろうが、ただ今回は状況が異なるだろう。

We're going to have to **start all over** again.
僕らはまた最初からやり直さなければならないだろう。

A: There are too many mistakes in this report.　この報告書には誤りが多すぎるよ。

B: I think we'll need to **start over** again.　僕たちはまた最初からやり直す必要があると思うね。

start up　始める、立ち上げる

start up ～ は「(事業など) が立ち上がる」「(エンジンなど) がかかる」「(活動など) が始まる」、あるいは「(事業など) を立ち上げる」「(エンジンなど) を始動させる」「(事業など) を設立する」などさまざまな意味があります。startupまたはstart-upになると名詞で「立ち上げ」「新会社」、形容詞で「立ち上げの」という意味。

I feel like such an idiot! We'd better **start up** again.
バカみたいだ！ 僕たちはもう一度最初からやり直した方がいいよ。

I am not **starting up** with him again.
私は彼ともう一度やり直すつもりはないの。

I can't **start up** something with you.
僕は君と何かを始めるつもりはないよ。

His heart's too weak to **start up** again.
彼の心は弱すぎて最初からやり直すことができずにいる。

A: **Start up** the car. We'll be leaving soon.　車のエンジンをかけてよ。すぐ出発するぞ。

B: I'll go get the keys for it.　鍵を取りに行ってくるよ。

start with ~ 〜から始める

start withの後に人や物が来て、「〜から始める」という意味。何から物事を始めるかを述べるときの表現。レストランでstart withというと「〜の料理から始める」。I'm going to start with cheese salad and then I'll have 〜「チーズサラダから始めて、次に〜」。

例文

Maybe we should **start with** the kitchen.
たぶん私たちはキッチンから始めるべきだよ。

Let's **start with** her and we'll see what we can do.
彼女のことから始めて、そして僕らに何ができるか考えよう。

Which one would you like me to **start with**?
どれから始めましょうか？

Let's speak in turn, **starting with** you.
君から始めて交互に話そう。

A: Let's **start with** a prayer before eating. 食べる前にお祈りから始めよう。
B: Okay, please go ahead with it. わかった、そうしよう。

begin to ~ [-ing] 〜し始める

beginにもstartと同じく「始める」という意味があります。startと同様にto+動詞、-ingのどちらをも目的語にとり、いずれも「〜し始める」という意味。

I **began to** get butterflies in my stomach.
私は緊張し始めた。

I **began to** like Korean food, such as bulgogi and kimchi.
僕はプルコギやキムチのような韓国の食べ物が好きになり始めたよ。

I'd like to **begin repairing** it.
それの修理を始めたいのですが。

Tom pulled her toward him and they **began to** kiss.
トムは彼女を引き寄せて、キスし始めた。

A: Does your son have any hobbies? 君の息子には何か趣味があるのかい？
B: He'**s begun to** collect stamps. 彼は切手を集め始めたよ。

begin with [by] ~　～から始める

begin with ～ は「～から始める」という意味で、物事を何から始めるかを述べるときの表現。begin by -ing で「～することから始める」。

Does her name **begin with** a "C"?
彼女の名前は「C」から始まりますか？

We would like to **begin with** that.
私たちはそれから始めたいのですが。

Let me **begin by** saying that a terrible tragedy has occurred here.
ここで惨事が起こったことを伝えることから始めさせてください。

A: I want to be successful at my job.　僕は仕事で成功したいよ。
B: That **begins with** a lot of hard work.　それはたくさんのきつい仕事から始まるよ。

More Expressions

- **get started**　始める
  Let's get started on the wedding plans!
  結婚式の計画に取り掛かりましょう！
- **start from scratch**　一から始める
  I'd like to have lunch again. Let's start from scratch.
  僕はもう一度昼ご飯が食べたいんだ。一から始めよう。
- **from the start**　最初から
  As I said from the start, they don't support us here.
  僕が最初から言っていたように、彼らはここで私たちを支援しません。
- **a good start**　良いスタート
  That's a good start.
  それはいいスタートだね。
- **begin to understand [imagine]**
  ～を理解し始める、想像がつく
  She began to understand what the boss was getting at.
  彼女は上司が目指していることを理解し始めた。
- **in the beginning**　初めに、最初は
  That was true, in the beginning.
  それは真実でした、初めは。
- **to begin with**　まず初めに
  I never wanted this baby to begin with.
  まず初めに、僕はこの赤ちゃんを欲しいと思ったことはなかった。

help

helpは「人を助ける、手伝う」という意味。help *someone*「（人を）助ける、手伝う」のほかに、help *someone* (to)+動詞「人が～するのを助ける、手伝う」、help *someone* with *something*「人の～を手伝う」、help+動詞「～するのを手伝う、助ける」の3つの基本表現は必ず覚えておきましょう。can't help but 動詞、can't help -ingは「～せずにはいられない」「思わず～してしまう」「～するのは仕方がない」。

1. 助ける、役に立つ

Is there anything I can do to help? 何か私にできることはありますか？
May I help you? 何か御用はありますか？
How can I help you, sir? どうされましたか？
I'd be happy to help you. 喜んでお手伝いします。

2. …が～するのを助ける（help ～ ＋動詞[with＋名詞]）

He sent me to help you with your grief. あなたの悲しみを癒すために私を送ってくれたのです。
Can I help you with anything? 何かお手伝いしましょうか？

3. can't（couldn't）help ～　～せずにはいられない

I can't help but to do that. 僕はそれをせずにはいられないんだ。
I couldn't help feeling sorry for her. 僕は彼女に申し訳なく思わざるを得なかったよ。

help *someone* do　（人）が～するのを手伝う

help *someone* + (to) 動詞で「人が～するのを助ける、手伝う」。toはふつう省略されます。helpの次にすぐ動詞が続くと、「～するのに役立つ」という意味。

Well, I think I can **help you get** over him.
ええと、僕は君が彼を忘れるのを助けることができると思うよ。

You have got to **help me get** Tammy.
僕がタミーをゲットするのを君は手伝うべきだよ。

It will **help solve** the traffic problems.
それは交通問題を解決する役に立つだろう。

A: Come on, **help me move** this.　お願いだよ、これを動かすのを手伝ってよ。
B: I'm sorry! I must be off right now.　ごめん！ 今すぐ行かなくちゃいけないんだ。

help *someone* with　（人）の～を手伝う

help *someone* with+名詞は「人の～を手伝う」。手伝う内容を動詞ではなく、名詞を使って表す表現。

Why don't you let me **help you with** that?
あなたがそれをするのを手伝わせてくれませんか？

Can I **help you with** anything?
何か手伝いましょうか？

I have to **help my son with** his homework.
僕は息子が宿題をするのを手伝わなくてはならないんだ。

A: Can I **help you with** anything?　ご用はありませんか？
B: No, thank you, I'm just looking around.　大丈夫だよ、ありがとう。ただ見て回っているだけなんだ。

help yourself (to ~)　(～を) 勝手に使う、自分で取って食べる

help yourselfは「どうぞご自由に」。help yourself to *something*で相手に「(遠慮なく) 物をお取りください」。特に飲食物で使われることが多いです。toの後に食べ物以外の物が続くと、「ご自由に使ってください」という意味になります。

例文
Help yourself to anything in the bathroom.
バスルームにあるものは何でも勝手に使ってください。

Go ahead, **help yourself**. Take whatever you want.
さあ、ご自由にお食べください。欲しいものは何でもどうぞ。

Help yourself to the cake.
ケーキをご自由に召し上がってください。

Help yourself to whatever's in the fridge.
冷蔵庫の中にあるものは何でも勝手に取って食べてください。

A: I feel like drinking a cold beer.　冷たいビールが飲みたい気分だよ。
B: There are a few in the fridge. **Help yourself**.　冷蔵庫の中に何本かあるよ。勝手に飲んでいいよ。

can't help but [-ing]　～するのはどうしようもない、しかたがない

どうしようもなく何かをしなければならないことを表す表現が、can't help but do、can't help -ingで「～せずにはいられない」「思わず～してしまう」「～するのは仕方がない」。I can't help it.は「どうしようもない」「仕方がない」という意味でよく使われる表現。自分自身が我慢できないときはcan't help *oneself*。

例文
I **can't help but** think that he's not a good friend.
彼はそこまで仲のいい友達ではないと思わざるを得ないよ。

I **couldn't help laughing** when I saw that movie.
あの映画を見たときは、思わず笑ってしまったよ。

I'm sorry, but I **can't help** myself.
ごめんなさい、でも自分を抑えられないの。

A: I **can't help playing** computer games every day.
僕はどうしても毎日コンピューターゲームをしてしまうんだよ。
B: That means you have no time to study.
勉強する時間がないということだね。

be a great [big] help (to ~)　(〜に) とても役立つ

be a great [big] help (to 〜) は「(〜に) とても役立つ、大きな助けにある」という意味。人に感謝を表すときにも使われます。You've been a big [great] help. で「あなたにたくさん助けてもらいました」。

That'**s a big help**. You are a life saver.
それはとても役立っているよ。君は命の恩人だ。

Thanks. You'**ve been a great help**.
ありがとう。君にはたくさん助けてもらったな。

He **was a big help to** us, as always.
彼はいつものように私たちに大いに役立った。

You'**re a big help**. I think I can't live without you.
あなたはとても役立っています。私はあなたなしでは生きられないと思います。

A: I see there is a new secretary in the office.　オフィスに新しい秘書がいるようだね。

B: Yes, she **is a great help to** all of us.　はい、彼女は私たちみんなに大いに役立っています。

need (some) help　(いくらか) 助けが必要だ

need helpは「助けが必要だ」。このhelpは名詞。get helpは「助けを得る」。I need your help.は「私はあなたの助けが必要だ」、Get help!は「助けを呼んで！」。needの代わりにwantを使うとwant help「助けが欲しい」。

Help me! I **need help**! I can't do this!
助けて！　助けが必要なの！　私にはこんなことできない！

Can you make time for me? I **need help** with this.
時間をつくってくれませんか？　これを手伝ってほしいのです。

We've got to **get help**. Go and call some people!
僕らは助けを呼ばなくてはならない。誰かに電話しに行って！

Do you **want help** or not?
手伝ってほしいの、それともそうじゃないの？

A: I **need help** setting up the computer.　コンピューターの設定をするのに助けが必要なんだ。

B: I'll give you a hand after lunch.　昼食の後に手を貸すよ。

help *someone* out （人）の手伝いをする、（人）を助ける

outは「外へ」。help outで「（困難な状況から）助け出す」という意味。help *someone* outは「（人）を手助けする、援助する、困難な状況から救い出す」。助ける内容を具体的に述べるときにはwithを使って、help *someone* out with *something*「人を～から救い出す」と言う。

例文 Are you sure you can't **help me out**?
私を手伝えないというのは本当なの？

Someone **help me out**!
誰か、私を助けて！

I'm trying to **help you out** here.
僕はここで君を助けようとしているんだ。

Okay, let me **help you out** with this.
わかった、君がこれをやるのを手伝わせてよ。

A: Where are you going right now? 今どこに向かっているの？
B: I'm **helping Jen out**. She is moving. ジェンを手伝っているんだ。彼女は引っ越しの最中だよ。

More Expressions

■ **with the help of *someone*** （人）の援助で、おかげで

I could solve the problem with the help of Hellen.
私はヘレンのおかげで問題を解決することができた。

■ **So, help me (God)** （神に）誓って、本当に

So help me, I will win this lottery.
間違いなく、僕はこの宝くじを当てるだろう。

■ **Are you being helped?** 注文をお伺いしましょうか？

Yes, thank you. I'm being helped now.
うん、ありがとう、今聞かれたところだよ。

ask/answer

askの元々の意味は「尋ねる、要求する」。ask *something*で「～を尋ねる、質問する」「～を求める、頼む」、ask *someone something*で「（人に）～を尋ねる、質問する」「（人に）～を求める、頼む」。tell *someone* to+動詞は「（人に）～するように言う、指示する」という意味ですが、ask *someone* to+動詞は「（人に）～するように頼む」という意味。ask for *something*は「～を頼む、求める」。
answerはaskの逆で「（～に）答える」の意味。

1. 質問する、聞く

Hey, can I ask you something?　ねえ、君に尋ねたいことがあるんだけど？
I have to ask you something.　君に聞かなければならないことがあるんだ。

2. （助け、アドバイス、情報などを）依頼する

Is that too much to ask?　それは欲張りすぎですか？
That's all I ask.　私が求めるのはそれだけです。

3. …に～して欲しいと頼む（ask *someone* to do）

Did my wife ask you to lie for her?　私の妻が、嘘をつくようあなたに頼んだのですか？

4. answer：答える

Go ahead and ask. He won't answer.　聞いてくれば。彼は答えないだろうけどね。
You ask, I'll answer.　聞いてみて、答えるから。

ask *someone* to do （人）に〜するように頼む

ask *someone* to+動詞で「（人に）〜をしてほしいと頼む」。Can I ask you to+動詞？で「〜するのをお願いしてもいいですか？」。

例文 You came down here to **ask me to** marry you?
私があなたと結婚するよう頼むためにここに来たの？

I'm going to have to **ask you to** leave now.
もうお帰りいただかないといけないですね。

I didn't **ask you to** do it!
僕は君にそれをやれとは言ってないよ！

I'm not **asking you to** set me up.
君にお膳立てしてもらうように頼んでいるわけではないよ。

A: Where is the report I **asked you to** do? 君に頼んだ報告書はどこ？
B: I'm still working on it. まだやってる最中だよ。

ask (*someone*) ＋疑問詞 （人）に何［いつ／どこ…］が〜か聞く

ask (*someone*)＋疑問詞節はいわゆる間接疑問文で「〜かを尋ねる、聞く」という意味。what、when、where、who、whyで始まる節が続きます。

Can I **ask you what** school you attended?
あなたがどんな学校に通っていたのか聞いてもいいですか？

Can I **ask you what** happened here?
ここで何が起こったのか教えてもらってもいいですか？

She will **ask me where** it came from.
彼女はそれの原産はどこなのか私に尋ねるでしょう。

People **ask me why** we're not together.
みんな僕らがなぜ一緒にいないのか尋ねてくるよ。

A: **Ask Dad what** he wants to do tonight. お父さんに今夜何がしたいか聞いて。
B: He said he's going to the baseball game. 野球の試合に行くつもりだって言ってたよ。

ask (*someone*) if [how] ~ （人）が[どのくらい] ～かどうか聞く

ask (*someone*) + if節は「～かどうかを尋ねる、聞く」、ask (*someone*) + how節は「どのくらい～か、どのように～かを尋ねる、聞く」、ask (*someone*) + how to+動詞は「どのように～するか、～の仕方を尋ねる、聞く」という意味になります。よく使われるのはask *someone* if ～「（人に）～かどうかを尋ねる、聞く」。

例文 She **asked me if** I have an interest in movies.
彼女は僕が映画に興味があるかどうか聞いた。

You never **asked me if** I lived in Germany.
僕がドイツに住んでいたかどうかを君は僕に尋ねたことがないよ。

He **asked me how** much I loved my wife.
彼は僕に、どれくらい妻を愛しているのかを聞いた。

A: I want to get this report done before I go home.
僕は帰る前に、この報告書を終わらせたいんだ。

B: Feel free to **ask if** you have any questions. 何か質問があったら、遠慮なく聞いてくれよ。

ask *oneself* ~ ～を自分に問いかける、～を自問する

ask *oneself*は「自分に問いかける、自問自答する」。ask *someone*の場合と同様に、ask *oneself*の後にも名詞のほか、疑問詞節やif節、how to+動詞が続きます。

You're going to **ask yourself** who you want to give up.
自分が諦めたいが誰なのか、自分自身に問いかけることになるでしょう。

Well, then **ask yourself** this.
じゃあ、このことを自分に問いかけてみたら。

You should **ask yourself** why you're doing that.
君はなぜそんなことをしているのか自分に問いかけてみるべきだよ。

I'd have to **ask myself** what kind of person would do that.
僕はどのような人がそういうことをするのか自問しなければならないだろう。

A: I spent thirty years working in an office. 僕は30年間事務所で働いてきたよ。

B: Did you ever **ask yourself** if you enjoyed it?
それが楽しかったかどうか自分の胸に聞いて見たことはあるの？

ask for ~ 　～を求める

ask for ～ は「～を求める」、ask *someone* for ～は「(人に)～をくれと求める」。ask for＋人の場合には、「～に面会を求める」「～を電話に出してくれるように頼む」という意味。

例文

She's the one who **asked for** the divorce.
離婚を求めたのはまさに彼女なんだ。

You don't have to **ask for** my permission.
君は私の許可を求める必要はないよ。

Why didn't you just **ask me** for the money?
何でお金を貸してほしいと僕に言わなかったんだ？

She didn't really **ask for** you, she asked for me.
彼女はそれほど君を求めていなかったんだ、僕を求めていたんだからね。

A: I need to **ask for** some help here.　ここでいくらか手助けが必要なんだ。
B: You name it. What can I do for you?　何でもどうぞ。君に何をしてあげられるかな？

ask *someone* out 　(人)を招待する、デートに誘う

ask out「外に頼む」、つまり「(人)をパーティーや食事などに招待する、誘う」という意味の表現。さらに、ask *someone* out (for a date)で「～をデートに誘う」。

Our client **asked me out** to dinner.
顧客が私をディナーに招いてくれたのよ。

I **asked Sarah out** for dinner tonight.
僕は今夜、サラをディナーに誘った。

He **asked me out**.
彼は私をデートに誘ったわ。

Are you **asking me out** on a date?
あなたは私をデートに誘っているの？

A: Are you planning to **ask Brian out**?　君はブライアンをデートに誘うつもりなの？
B: No, I'm too shy to **ask a boy out**.　違うわ、私には恥ずかしくて男の子をデートになんて誘えないわよ。

be asked to do　～することを依頼される、～するように言われる

be asked to＋動詞は、ask *someone* to＋動詞「（人に）～するように頼む」を受動態にした表現。「（人から）～するように頼まれる」という意味。be told to do「～するように言われる、指示される」の方が指示のニュアンスが強い表現。

I **was asked to** get over here right away.
私は今すぐここへ来るように言われました。

I **was asked to** go there instead of Karl.
僕はカールの代わりにそこに行くように頼まれたんだ。

I thought you **were asked to** come home.
君は家に帰るように言われたと思っていたよ。

I **was asked to** give this to you.
これを君にあげるように言われたんだ。

A: Why is Alice so excited today?　なぜアリスは今日、そんなにわくわくしているの？

B: She **was asked out to** the school dance.　彼女は学校のダンスパーティーに誘われたんだ。

answer *someone* [*something*]　（人、もの）に返答する、答える

ask「尋ねる、聞く」に対して、「答える」のがanswer。answerの後ろに人や物が来て、「～に答える」という意味。answer *someone something*になると「人に～を答える」。

Just **answer me** this. Why did we break up?
これだけは答えてくれよ。何で僕らは別れたんだ？

I will expect you to **answer me**.
君が僕に返事をしてくれることを期待してるよ。

Don't **answer me**. It's your choice.
答えなくていいよ。それは君が決めることだよ。

Why didn't you **answer my e-mail**?
なぜ私のメールに返信しなかったの？

A: Stop wasting time surfing the Internet.　インターネットで時間を無駄にするのはやめなさい。

B: I must **answer an e-mail** before I log off.　終了する前に、メールに返事をしないといけないんだ。

answer *one's* question （人）の質問に答える

answer my [your] question「私の（あなたの）質問に答える」の形でよく使われます。質問が複数であれば、questionsとなります。

例文
I'll **answer your question** if you answer mine.
僕の質問に答えてくれたら、君のにも答えるよ。

That didn't **answer my question**.
それは私の質問の答えになっていなかった。

She'll **answer your questions** when she's ready.
準備ができたら、彼女はあなたの質問に答えるでしょう。

I'm very happy to **answer your questions**.
喜んで質問にお答えします。

A: Is your girlfriend dating another guy? 君の彼女は他の男と付き合っているの？

B: I asked her but she wouldn't **answer my question**.
彼女に聞いたけど、どうしても僕の質問に答えてくれないんだ。

answer the phone [call, door] 電話に出る、来客の対応をする

answerには「（電話やノックなどに）応答する、出る」という意味があり、answer the phone「電話に出る」、answer the call「電話、呼び出しに出る」、answer the door「玄関に出る」などが使われます。電話が鳴ったり、玄関のベルが鳴ったりして、誰かに出てほしいときにはAnswer it.「出て」と言います。

Why didn't you **answer your cell phone**?
電話に出たらどうですか？

He's not **answering his cell phone**.
彼は電話に出ないつもりだ。

Will you please **answer the phone**?
電話に出てくださいますか？

Please **answer the door**.
来客の応対に出てください。

A: Did you **answer the phone**? 電話に出たのかい？

B: I did, but they hung up as soon as I answered.
うん、でも僕が出たらすぐに切ったんだ。

give *someone* an answer （人）に返事をする

give *someone* an answerで「人に答えを出す、返答をする」。何に対する答え、返答かを具体的に述べるときにはanswerの後ろにtoを続けます。

例文 Please **give me an answer** within three days.
3日以内に僕に返事をしてください。

I thought you could **give me an answer** to my question.
私はあなたが私の質問に答えてくれると思っていたのよ。

I'd like to **give you an answer** after work.
仕事が終わったら、返事をするよ。

I'll **give you a firm answer** by Friday.
僕は金曜日までにしっかりした返事をします。

A: Could you **give me an answer** by tomorrow? 明日までに返事をしてくれませんか？

B: Sure, I'll let you know by tomorrow. 分かりました、明日までにあなたにお知らせします。

More Expressions

- **if you ask me** 私に言わせれば

  If you ask me, we aren't getting paid enough.
  僕に言わせてみれば、僕らは給料を十分にもらっていないよ。

  If you ask me, I think it's too good to be true.
  私に言わせれば、それは出来すぎた話だと思うわ。

  If you ask me, you're making a huge mistake.
  僕に言わせれば、君は大きなミスを犯しているよ。

- **Whatever you ask** あなたが求めるものは何でも

  Whatever you ask, I will do.
  君がしてほしいことは、何でもするよ。

- **All I'm asking is for you to ~** 私があなたに求めているのは~することだけだ

  All I'm asking is for you to leave!
  僕が君に求めているのは君が去ってくれることだけだ！

think

think「～だと思う、考える」も最もよく使われる動詞の一つです。一番基本的な表現はI think (that) 主語+動詞「私は～だと思う」やDo you think (that) 主語+動詞？「あなたは～だと思うか？」。I'm thinking of ～「私は～しようと考えている」という表現もよく使われます。think about [of]「～について考える」も必ず覚えておきましょう。

1. 考える、熟考する、検討する

I don't have time to think.　僕には考える時間がない。
Tell me what you're thinking.　君が何を考えているのか教えてくれよ。
I think I'm catching a cold.　僕は風邪を引いたと思う。

2. ～するつもりだ、意図する

I'm thinking of ordering a pizza.　ピザを頼むつもりなんだ。
Are you really thinking of going?　あなたは本当に行くつもりでいるのですか？

3. 見なす、思う、予想する

I thought as much.　思った通りだよ。

I think I will ~ 〜しようと思っている

I will 〜「私は〜するだろう」「私は〜するつもりだ」は単純な未来や意志を表す表現。これにI think 〜がつくと「〜しようと思う」と婉曲的な表現になります。

I think I will have a Sex on the Beach.
僕はセックス・オン・ザ・ビーチ（カクテル）を1杯飲むつもりなんだ。

I think I will stay here with her.
僕は彼女とここにいようと思っているよ。

I think I'll go say hello to your wife.
あなたの奥さんによろしくと言いに行こうと思っています。

That's okay with me. **I think I'll** pass.
私はかまいません。辞退しようと思います。

A: Why don't you ask her to join us? 彼女も参加するよう頼んだらどう？
B: **I think I will.** そうするよ。

I'm thinking of [about] -ing 〜しようと考えている、思っている

think of [about] -ingは「〜しようと思う」。よく使われるのが、I'm thinking of [about] -ing「私は〜しようと思っている、考えている」で、自分が今後とりたい行動を述べるときの表現。

I'm thinking of ordering a pizza.
ピザを注文しようと思っているの。

I'm thinking of retiring soon.
私はもうすぐリタイアしようと考えています。

I'm thinking of inviting Anne this weekend.
僕は今週末、アンを招待しようと考えているんだ。

I'm thinking about coloring my hair.
僕は髪を染めようと思っているんだ。

A: What are you going to do with your bonus? ボーナスで何をするつもりですか？
B: **I'm thinking of going** on vacation. 私は休暇に出かけようと考えています。

think so そう思う

think so「そう思う」は相手の意見に同意することを表す表現。相手の話した内容をsoで表す。I think so, too.と言えば「私もそう思う」。

例文
I don't think so. I don't think you can.
私はそうは思いません。私にはあなたができるとは思えないのです。

I'm glad you think so.
そう思ってくれてうれしいよ。

I thought so, too, but she didn't want to see me.
僕もそう思っていたんだけど、彼女が僕と会いたくなかったんだ。

I think we should go. Don't you think so?
僕らは行くべきだよ。そう思わないか？

A: Dave might have the key. たぶんデイブが鍵を持っているんじゃない。
B: I don't think so because he wasn't in yesterday.
彼は昨日いなかったから、そうは思わないよ。

think twice よく考える、考え直す

think twiceは「二度考える」、つまり「よく考える、再考する」、「考え直す」という意味。think twice before 〜で「〜する前によく考える」。似た表現に、think over「（決断する前に）〜を熟考する」があります。

Why don't you think twice before you start a family?
君たちは子どもを作る前に、よく考えてみたらどうだい？

I'm going to think twice before I try this.
これを試す前に、よく考えるつもりだよ。

There's always something bugging you. Think twice.
君はいつも何かに悩んでいるね。よく考えろよ。

Let me have time to think it over.
私にそれを考え直す時間をください。

A: Think twice before you choose what to study.
何を勉強すべきか選ぶ前によく考えなさいよ。
B: Yeah, you need to get a good education. そうなんだ、良い教育を受ける必要があるからね。

~ don't you think?　～だと思わない？

don't you think? は自分の意見や見解の後に付け加えて、「～だと思わない？」と相手の意見を聞いたり、自分の意見への同意を求めたりするための表現。自分の意見を述べた後に、軽く付け加えます。

It's my civic duty to report it, **don't you think**?
それを報告するのは私の市民としての義務だと思わない？

It's about time for some tea, **don't you think**?
そろそろ紅茶の時間だと思わない？

It's a little excessive, **don't you think**?
それは少し行き過ぎだと思わない？

Well, that's a little easy, **don't you think**?
うーん、それは少し簡単だと思わない？

A: Angelina is beautiful, **don't you think**?　アンジェリーナは美しいと思わない？

B: Sure. Her boyfriend is a lucky guy.　もちろんだよ。彼女の彼氏は運がいい奴だよ。

~ than I thought　私が思っていたより～

物事の状況や状態が自分の予想以上に良かったり、悪かったりするときに使う表現。前に比較級の形容詞が来ます。

Oh, my god. It's worse **than I thought**.
何ですって。思っていたよりも悪いじゃないの。

The exam was harder **than I thought**.
試験は僕が思っていたよりも難しかった。

This is going to be harder **than I thought**.
これは僕が思っていたよりも厳しくなるだろう。

You're meaner **than I thought**.
君は僕が思っていたよりも嫌な人だね。

A: A lot of people came to the festival.　たくさんの人が祭りにやってきたんだ。

B: I know. The crowd was bigger **than I thought**.
知ってるよ。僕が思っていたより混雑していたよ。

What do you think of ~? あなたは~についてどう思いますか？

What do you think of [about] ～?「あなたは~についてどう思うか？」は相手の意見を聞くときに使う表現。すでに出た話題に対してWhat do you think (of that)?と言ってもいいし、相手の意見を聞きたい事柄をWhat do you think of [about]の後に名詞や -ingを続けることもできます。

例文 **What do you think of** me?
私のことはどう思いますか？

What do you think of adding her to our team?
彼女を僕らのチームに入れるのはどう思う？

What do you think about me staying the night?
私が今夜一緒にいることについてどう思いますか？

A: **What do you think of** this new phone? この新しい電話をどう思う？
B: It's certainly superior to the one I have. 確かに僕が持っているものより優れているね。

What do you think ~? あなたはどう思いますか？

What do you think ～?は「~をどう思うか？」などの意味。thinkの後には主語＋動詞の語順をとります。場合によっては、What do you think I am?「私を何者だと思っているんだ」のように、相手を非難するニュアンスになります。

What do you think our chances are?
私たちの可能性はどう思いますか？

What do you think she's going to do?
彼女は何をするつもりだとあなたはお考えですか？

What do you think I should order?
僕は何を注文すべきだと思う？

What do you think she wants?
彼女は何がほしいと思う？

A: We have to get a nice gift for Mom. お母さんの誕生日に素敵なプレゼントを用意しないとね。
B: **What do you think** she wants for her birthday? 彼女は誕生日に何が欲しいと思う？

~ what *someone* thinks　～は（人）が考えていること

what *someone* thinksは「（人）が考えていること」。beの補語、say「～を言う」、do「～をする」、know「～を知る、知っている」などの目的語となる。

例文 Let me tell you **what I think** happened to Cindy.
シンディの身に起こったと私が思っていることを教えるよ。

Do you know **what I think**? I think you were right.
僕がどう思っているかわかる？　僕は君が正しかったと思っているんだ。

That's **what I thought**.
それが私の思っていたことです。

Oh, it's exactly **what I thought**.
ああ、それはまさに僕が考えていたことだよ。

We know **what you think**.
君が何を考えているか僕たちには分かっているんだ。

I was just curious **what you thought** about that.
僕はただ君がそのことについてどう考えていたかに興味があっただけなんだ。

Is that **what I think** it is?
それは私が思っているものですか？

Are they saying **what I think** they're saying?
彼らは私が思っている通りのことを言っていますか？

You know **what I think** you should do?
君が何をすべきだと僕が思っているか知っていますか？

I don't feel **what you think** I'm feeling.
僕がそう感じているだろうと君が思っているような気持ちではないんだ。

A: I don't like the way you designed this.　僕は君のこのデザインの仕方が気に入らないんだ。

B: Bite me. I don't care **what you think**.　ふざけるな。君がどう思っているかなんてどうでもいいよ。

think less of ~　～を軽蔑する、～を見くびる

thinkの後にless、little、nothingなどの否定的な単語が来ると、「～を低く見る、少なく考える」という意味になります。think little of ～は「～を軽んじる、～を苦にしない」、think nothing of ～は「～を大したことがないと思う」。逆にthink much of ～は「～を重んじる、高く評価する」という意味です。

例文

I really hope you don't **think less of** me.
君が僕を軽蔑していないことを心から祈るよ。

No, I don't **think less of** you. Believe me.
いや、僕は君を軽んじていないよ。信じてくれ。

(Please) **Think nothing of** it. It's no big deal.
（どうぞ）気にしないでください。大したことではありません。

She's not a big talker so I didn't **think much of** it.
彼女はあまり話さない人なので、それについてあまり深く考えませんでした。

A: The teacher drank too much alcohol.　先生は酒を飲みすぎたよ。
B: His students are going to **think less of** him.　彼の生徒は彼を軽蔑するだろうね。

think about [of] ~　～について考える

think about [of]+名詞または -ingで「～について考える、判断する」「～を熟考する」という意味。命令文でThink about [of] ～. と言えば、「～について考えなさい」。

Why don't you **think about** looking for a job?
仕事を探すことを考えたらどう？

Let me **think about** it a little more.
僕にそれをもう少し考えさせてよ。

I haven't **thought about** marriage yet.
私はまだ結婚は考えていません。

Let me **think about** that and I will get back to you.
僕にそのことを考えさせてよ、それから君に返事をするよ。

A: We may never see each other again.　僕らはもう二度と会わないかもしれないね。
B: I don't like to **think about** that.　そのことは考えたくないよ。

think of ~ as ...　…を～と見なす、考える

think of A as Bは「AをBだと思う、見なす」。Bには名詞、形容詞、分詞が来ます。think of *oneself* as ～は「自分自身を～だと思う」。

例文

People **think of** me **as** a hard worker.
みんなは私を働き者だと思っている。

Will, I **think of** you **as** a friend.
ウィル、僕は君のことを友達だと思っているよ。

I like to **think of** myself **as** a freelancer.
私は自分のことをフリーランサーだと思っていたい。

A: You've been friends with Rob a long time.　君は長い間、ロブと友達だね。
B: I **think of** him **as** my best friend.　僕は彼を親友だと思っているんだ。

More Expressions

- **think out loud**　思ったことを口に出す
  No, I'm just thinking out loud.
  いや、僕は思ったことを口に出しているだけだよ。

- **not think straight**　まともに考えない、どうかしている
  I don't want to talk about it right now. I can't even think straight.
  僕は今、それについて話したくないんだ。まともに考えることさえできないよ。

- **I think the best thing to do**　一番良いのは～だと考える
  I think the best thing to do is just smile.
  私は一番良いのはただ笑っていることだと思う。

- **I hate to think ~**　私は～とは思いたくない、考えたくない
  I hate to think that you have been cheating on me.
  君が僕を裏切り続けているとは考えたくもないよ。

- **think it best (for *someone*) to ~**　（人にとって）～するのが一番だと思う
  I thought it best to work with Tony.
  私はトニーと一緒に働くのが一番だと思った。
  I thought it best for us to keep this quiet.
  私たちにとってこれを黙っておくのが一番だと私は思った。

- **think outside the box**　固定観念にとらわれずに考える
  Is it really impossible for you to think outside the box?
  固定観念にとらわれずに考えることは本当に君には不可能なのかい？

- **have second thoughts**　考え直す
  Don't give it a second thought.
  気にするなよ。
  I'm having second thoughts about the wedding.
  僕は結婚式について考え直している。

- **On second thought**　よく考えてみると
  You know, on second thought, gum would be perfect.
  ところで、よく考えてみると、ガムは完璧だろう。

work

workには「働く」「勤務する」という基本的な意味のほかに、「(機械が)動く」「(計画・方法などが)うまくいく」などの意味があります。ネイティブはこれらの意味でよくworkを使うので、きちんと覚えておきましょう。

1. 働く、勤務する、研究する

I work around 10 hours a day. は一日におよそ10時間働きます。
Who do you work for? お勤めはどちらですか？
Thanks for your hard work. 一生懸命働いてくれてありがとう。

2. (機械)動く、動かす

It's working fine. それは問題なく機能しているよ。
My computer doesn't work. コンピューターが作動しないんだ。
My father can't even work an MP3 player. 僕の父親はMP3プレーヤーを作動させることすらできない。

3. (計画)うまく進む、(薬)効く

My plan didn't work well. 私の計画はうまくいきませんでした。

work hard 一生懸命働く

副詞hardは「熱心に、懸命に」、work hardで「懸命に働く」。上司が部下との別れ際にDon't work too hard.と言えば、「あまり無理せずに、休み休みやってね」の意味です。

I **work hard** all week and I deserve to have fun.
1週間ずっと一生懸命働いたから、楽しむのは当たり前さ。

It's been a long day. We **worked hard** today.
長い一日だったよ。僕らは今日、一生懸命働いたね。

We're **working hard** around the clock.
私たちは昼夜ぶっ通しで働き続けている。

I'm **working hard** to become a better man.
僕は人間的に成長するために、一生懸命働いている。

A: You have to **work hard**. Don't let me down.
君は一生懸命働かないといけないよ。僕を失望させないで。

B: I'll do my best, boss. Believe me. 最善を尽くします、ボス。信じてください。

work overtime 残業する

overtimeは「時間外で」という意味の副詞で、work overtime「残業する」。work lateは「遅くまで働く」。

I have to **work overtime** again tonight.
今夜、また残業しないといけないよ。

I can't meet you for dinner. I have to **work overtime** today.
君とディナーで会えないんだ。今日は残業しないといけないんだ。

Are you **working overtime** tonight?
あなたは今夜残業する予定ですか？

I don't **work late** tomorrow night. Let's get together then.
明日の夜は残業しないよ。だから集まろう。

A: How is your new job? 新しい仕事はどうだい？

B: Not so bad. I have to **work overtime** sometimes, but I like the job.
そんなに悪くないよ。時々残業しないといけないけど、僕はこの仕事が好きだよ。

work ＋時間表現　(～時間) 働く

work＋時間を表す副詞 (句) で、「(～時間、日) 働く、営業する」という意味になります。What are the hours?「勤務 (営業) 時間は何時から何時までですか？」の返事としてよく使われます。

例文

They **worked around the clock** to meet the deadline.
納期に間に合わせるために、24時間体制で作業した。

You'd be **working a five-day week**, 9 to 5.
あなたは週に5日、9時から5時まで働くことになるでしょう。

I'm **working nights** [days].
私は夜間[昼間]に働いています。

A: Why don't I ever see your husband?　なぜ私はあなたのご主人に一度も会えないのかしら？

B: He's very tired since he has to **work nights**.
彼は夜に働かなければならないからとても疲れているのよ。

make it work　それを機能させる、うまくいかせる

make「～させる」とwork「(機械が) 動く」を使った表現で、「それをきちんと機能させる、動かす」という意味。いろいろな名詞とともに使うことができ、make marriage workと言えば「結婚をうまくいかせる」。make things work「物事をうまくいかせる」もよく使われます。

We will find a way to **make it work**.
私たちはそれを機能させるための方法を見つけるだろう。

I'm going to need some time to **make it work**.
それを機能させるにはいくらか時間が必要になるだろう。

The only person that can **make marriage work** is you.
結婚をうまくいかせられるのは君しかいない。

You have to trust me to **make this relationship work**.
この関係を何とかするためには僕を信用するべきだよ。

I thought about what it takes to **make a relationship work**.
私は人間関係をうまくいかせるために必要なことについて考えた。

A: What do you think about that idea?　その考えについてどう思う？

B: It will be difficult, but we can **make it work**.
難しいだろうね、でも僕たちはそれを機能させられるよ。

work for *someone* （人）の役に立つ、（人）にとって都合がいい

work for *someone*は、「人にとって役に立つ、都合がいい」。約束を決めるときなどによく使われる表現。

例文

Does seven o'clock **work for you**?
7時で構いませんか？

It **works for me.** それで構いません。

Does it [that] **work for you**? Tell me what you think.
それ[あれ]は君の役に立つかい？　君がどう考えているか教えてよ。

Does this afternoon **work for you**?
今日の午後でいいですか？

会話例

A: Let's see, is Friday all right? ええと、金曜日でいいですか？
B: Yes, I guess that **works for me.** はい、それが私にも都合がいいです。

work at ~ ～で働く、～に取り組む

work at＋場所を表す名詞で「～で働く、勤めている」。work atの後に仕事や-ingが続くと「（仕事・学業など）に取り組む」「～を改善しようと努力する」という意味になります。

例文

I **worked at** home. I hardly ever go out.
私は家で仕事をしました。ほとんど外には出ていないのです。

They think I **work at** a cafe.
彼らは私が喫茶店で働いていると思っています。

How long did you **work at** the store?
その店でどれくらいの期間働いていたのですか？

I **worked at** getting the job done.
僕はその仕事を終わらせるように取り組んだ。

I tried my best to **work at** this marriage.
私はこの結婚のために全力を尽くした。

会話例

A: I'm so tired of **working at** this job. この仕事で働くのに疲れました。
B: Why don't you **work at** something you're passionate about instead? 代わりに自分が熱中できることを仕事にしたらどうだろう？

work for ~　～に仕える、～に勤めている

work for＋名詞は「～のために働く」、つまり「～で働く、勤務する」。Who do you work for?は「どこで働いていますか」「どちらにお勤めですか」。work at [in] ～もほぼ同じ意味ですが、より勤務先の場所に注目しています。

I can't **work for** you anymore. I quit.
私はもうあなたのところで働けません。辞めます。

I **work for** a government agency.
私は政府機関で働いています。

I **work for** an Internet company.
私はインターネット会社に勤めています。

She has **worked for** an ad agency since 2003.
彼女は2003年から広告代理店に勤務しています。

A: It's difficult to **work for** uptight bosses.　堅苦しい上司たちと働くのは難しいことだよ。

B: You can say that again!　その通りだよ！

work on ~　～に取り組む

work for ～「～で働く、勤務する」に対して、work on ～ は「～に取り組む」。実際に行っている仕事内容を述べるときの表現。work on the reportで「リポートに取り組む」。ただし、work on *someone*は「(人) に働きかける」「～を説得する」「～に影響を与える」という意味になるので注意しましょう。

I'm **working on** what I'm going to say at the ceremony.
僕はセレモニーで何を言おうか考えているところなんだ。

I'll get to **work on** it right now.
僕は今すぐそれに取りかかり始めるよ。

Let me **work on** this. I'll get it done by tomorrow.
私にやらせてください。明日には終わらせます。

I was **working on** a crossword puzzle when you called this morning.
君が今朝、電話してきたとき、僕はクロスワードパズルに取り組んでいたんだ。

A: How long have you been **working on** that project?
どのくらいあのプロジェクトに取り組んでいるの？

B: I've been working on it all day long.　一日中取り組んでいるよ。

work out　うまくいく、解決する、主張する

重要なのに意味をとりにくい表現の一つがwork out。「うまくいく、いい結果になる」「（トレーニングなどで）体を鍛える」という意味のほか、work out well [badly、all right、okay] で「～という結果になる。になる」という意味になります。「～をやり遂げる、丸く収める」という意味もあります。

例文 Let me know how that **works out** for you.
それが君にとってうまくいっているか私に知らせてくれ。

I hope it **works out** with you and Mike.
君とマイクがうまくいくことを願っているよ。

How did everything **work out**?
どのようにすべてが解決しましたか？

How's that **working out** for you? Is that good enough?
それはうまくいってるかい？　十分良いものかい？

It never would have **worked out**. I knew it!
それは絶対にうまくいかなかっただろう。そんなことわかっていたよ！

Let's **work** it **out**.
何とかしてみよう。

Don't worry about a thing. We can **work** it **out**.
心配するなよ。何とかなるさ。

You can count on me. Everything will **work out** for the best.
君は僕を当てにしていいよ。すべてが一番いい結果になるだろう。

The figures that you gave me don't **work out**.
君からもらった数字は合わないんだ。

A: How's that new guy **working out**?　その新人はうまくやってるかい？
B: Not very well. He's all thumbs.　あんまりうまくやってないよ。彼は不器用なんだ。

work things out　物事を解決する

work things outはwork out「〜を解決する、丸く収める」を使った表現で「問題を解決する」という意味。thingsを主語にしてThings don't work out.「物事がうまくいかない」などと言うこともあります。

例文 I wanted to **work things out** with my husband.
私は夫との問題を解決したかった。

I'm trying to **work things out** with Eva.
私はエヴァとの問題を解決しようとしています。

Why do I have to **work things out** with a man who used me?
なぜ私を利用した男との問題を私が解決しないといけないの？

Things didn't **work out** and he broke up with her.
問題は解決されず、彼は彼女と別れた。

A: I'm having trouble **working things out** with my schedule.
スケジュールの調整がうまくつきません。

B: Have you tried using a planner to keep track of everything?
すべてを記録するために、システム手帳を使ってみたことはありますか？

work up (~)　徐々に上がる、〜をかきたてる、〜をいらいらさせる

work upには「出世する」「盛り上げる、高まる」などの意味がありますが、interest「興味」、nerve「勇気」、appetite「食欲」などを目的語にすると、「〜をかきたてる」という意味になる。また、work someone upは「（人を）興奮させる」という意味で、get worked upは「興奮する、怒る」。

例文 That'll really **work up** your appetite for lunch.
それのせいでだんだん昼食が食べたくなってくるだろう。

Go **work up** some new ideas and then we'll go over it during lunch.
いくつか新しいアイデアを考えてきて、それから昼食時にそれについて話し合いましょう。

I just think you're getting **worked up** over nothing.
君が何でもないことに熱くなっているとしか僕には思えないんだ。

What are you so **worked up** about?
何をそんなにムキになっているの？

A: Have you **worked up** the courage to ask her out?
彼女をデートに誘う勇気は出たかい？

B: I'm still too afraid.　まだ勇気がないんだ。

have a lot of work　仕事がたくさんある

have a lot of work「仕事がたくさんある」は相手の誘いを断るとき、先に退席するときなどに使われる表現。have much workとも言いますが、have a lot of workの方が高い頻度で使われます。haveの代わりにhave gotも使われます。

I can't. I **have a lot of work** today.
無理だよ。今日は仕事がたくさんあるんだ。

We **have a lot of work** today.
今日、私たちには仕事が山積みだ。

Can I go? I'**ve got a lot of work** to do today.
行ってもいいかい？ 僕には今日やるべき仕事がたくさんあるんだ。

I **have so much work** to do on the case.
私には、その事例に関する仕事が非常にたくさんある。

A: What is our plan for tonight?　今夜はどうするの？
B: We'll be busy. We **have a lot of work** to do.　僕らは忙しいだろうね。やることがたくさんあるんだ。

after work　仕事が終わったら

after workは「退勤後」「仕事が終わったら」。このworkは名詞です。at workは「働いている」「仕事中で」「職場で」。be at workは「仕事中だ」。

I'll see you **after work**, sweetie.
ねえあなた、仕事が終わったら会いましょう。

I'll be home right **after work**.
仕事が終わったらすぐに家に帰るよ。

I'm supposed to be **at work** all night.
私は一晩中仕事をすることになっています。

He likes to play computer games **at work**.
彼は仕事中にコンピューターゲームをするのが好きです。

A: He needs to be picked up **after work** tomorrow.
明日の仕事のあとに迎えに来てもらう必要があるんだ。
B: I'll send a taxi for him.　タクシーを手配しますよ。

feel

feelは「～の気分を持つ」という意味の動詞で、feelの後にさまざまな形容詞を続けて、気持ちや体調を表現します。feel goodで「気分がいい」、feel badで「気分が悪い」、feel sickで「体調が悪い」。feel likeの後に名詞を続けると「～のような気分だ」、あるいはI have a coldなどのように主語＋動詞を入れると「～であるような気がする」となります。I feel like -ingは「～したい気がする」。

1. 気分が～だ

I feel much better　だいぶ気分がよくなってきているよ。
How do you feel?　気分はどうですか？
I know just how you feel.　君がどう感じているか僕にはわかるよ。
I've never felt like this before.　私は今までこんな風に感じたことがありません。
How (are) you feeling?　調子はどうですか？

2. ～のような気分だ（feel like＋名詞［主語＋動詞］）

I feel like an idiot.　僕はばかみたいだよ。
I feel like it's my fault.　それは私のせいのように感じるよ。

3. ～したい（feel like -ing）

I feel like having a drink.　僕は飲み物が飲みたい気分だよ。
I don't feel like talking to you.　君と話したくないんだ。

feel better [good, great]　気分がよくなる、いい気分だ、すばらしい気分だ

feel goodは「気分がいい」、feel greatは「気分は最高、とても気分がいい」、feel betterは「(前よりも) 気分がいい、体調がいい」。feel wellは「体調がいい、気分がいい」。feel badは 「気分が悪い」。気分がいい、悪い理由については、about 「～について」、to +動詞 「～すると」、if 「もし～すると」、that 「～のことで」 で表現します。

例文

I don't **feel well** these days.
私はこのごろ気分がすぐれません。

I didn't mean to make you **feel bad**.
君の気分を悪くさせるつもりじゃなかったんだ。

Don't **feel so bad** about it.
そのことでそんなに気を悪くするなよ。

I'm not **feeling very good** today.
私は今日、あまり気分がよくありません。

I **feel good** about this.
私はこれに満足しています。

A: You look terrible today.　今日、君はひどい顔をしているよ。
B: I'm not **feeling well**. I need to lie down.　あまり気分がよくないの。横になることが必要ね。

feel +形容詞　(形容詞) に感じる

feelはbetter、good、great、well、bad以外にもさまざまな形容詞を従って、気分や体調を表現することができます。about ～「～について」 やthat 主語+動詞などを続ければ、そう感じる理由を具体的に述べることができます。

I don't really **feel right** about doing this.
僕はこれをやることが本当に正しいとは思っていない。

I **feel really sick** today.
今日は本当に気分が悪いよ。

This **feels (very) weird** to me.
これは僕には (とても) 奇妙に感じるよ。

You can stop working and go get some rest if you **feel tired**.
もし君が疲れていると感じるなら、作業をやめて休憩を取りに行ってくれよ。

A: I have no energy and **feel sick**.　僕は元気が出ないし、気分が悪いんだ。
B: This is why you need to exercise.　それが、君に運動が必要な理由だよ。

feel okay　大丈夫である

feel okayは「大丈夫だ」。相手の体調や置かれている状況を心配して尋ねたり、自分の体調や置かれている状況を大丈夫だと相手に伝えるときに使います。feel all rightも同じ。

Are you feeling okay? You look so exhausted.
大丈夫ですか？ あなたはとても疲れているように見えますよ。

You're feeling okay, David?
デイビッド、大丈夫かい？

How can you feel okay about this?
どうしてこのことを大丈夫だと思えるのですか？

I actually feel okay! At least about life with my husband.
実際、私は大丈夫よ！ 少なくとも夫との生活に関しては。

Does that feel okay? Don't hesitate to tell me if it doesn't feel good.
調子はどうですか？ よくなかったら遠慮しないで私に教えてください。

A: Are you feeling okay?　大丈夫かい？
B: No, actually I'm feeling pretty sick.　いや、実は、かなり気分が悪いんだ。

feel like ~　～のように感じる

feelの後に形容詞がくると「～の気分がする」ですが、feelの後にlikeを付けて、feel like+名詞の形を取ると「～のような気分だ、～のように感じる」という表現になります。

I'm beginning to feel like a nomad.
僕はノマドのような気分になり始めている。

I feel like a new person.
私は生まれ変わったように感じています。

I can't believe I didn't get a promotion. I feel like such a loser.
僕が昇格できなかったなんて信じられないよ。負け犬のような気分だ。

How could you say that? You made me feel like an idiot.
どうしてそんなことが言えるの？ あなたのせいで自分がばかみたいに感じたよ。

A: What should we get to eat?　何を食べる？
B: I feel like Chinese food tonight.　今夜は中華料理が食べたい気分だよ。

feel like (that) ~ 〜ようだと感じる、どうやら〜らしい

feel like (that) 〜 は「〜であるような気がする」。It seems (like) 〜「〜のようだ」、It looks like 〜「〜しそうだ」と似た意味の表現。likeを省略してI feel that主語+動詞とすると、「〜だと思う、〜という気がする」という意味になります。

I kind of **feel like** it's my fault.
なんか、自分のせいのような気がする。

I **feel like** you are not listening to me.
君は僕の話を聞いていないような気がするんだが。

I still **feel like** something's not right.
私はまだ何かがおかしいと感じる。

I **feel like** I'm totally lost.
どうやら僕は完全に道に迷ったようだ。

You probably **feel like** you don't have a chance.
君はどうやら自分にはチャンスがないと感じているようだね。

A: I **feel like** my head is going to explode! 頭が破裂しそうな気がするよ！
B: What happened? 何が起こったんだい？

feel like -ing 〜したい気分だ

feel likeの後に動詞の -ing形が続くと「〜したい気がする」という意味になります。一方、「〜したくない」と言うときは、否定文don't feel like -ingを使います。

I don't **feel like being** alone tonight.
僕は今夜ひとりでいたくない気分だ。

I **feel like having** a cup of coffee.
私はコーヒーを1杯飲みたい気分です。

Leave me alone. I don't **feel like doing** anything.
私を放っておいて。何もやる気がしないんだ。

I don't **feel like going** to play computer games with you.
君とコンピューターゲームで遊ぶ気にはなれないんだ。

A: Do you want to go out? 出かけないかい？
B: Later. I **feel like taking** a shower first.
後でね。まずはシャワーを浴びたい気分なんだ。

feel free to ~ 遠慮せずに〜する

feel free to 〜は「遠慮なく〜する」。相手に「好きなように〜してください」というときによく使う表現です。Don't hesitate to 〜.「遠慮なく〜して」とほぼ同じ意味で使われます。

例文

Feel free to bring some girlfriends to the party.
遠慮せずにパーティーにガールフレンドを連れてきてください。

Please **feel free to** have another.
遠慮せずにもう一つ食べてください。

Feel free to ask if you have any questions.
何か質問があったら遠慮せずに聞いてください。

A: **Feel free to** stay here as long as you like. 遠慮せずに君がいたいだけここにいてください。

B: It's very kind of you to say so. そう言ってくれてありがたいよ。

feel the same way 同じ気持ちである、同感だ

feel the same way (about *someone*)は「(人について)同じ気持ちだ、同感だ」という意味の表現。the same wayは前に話された内容と同じだということを表します。

I'm sorry but she doesn't **feel the same way**.
残念だけど、彼女は同じ気持ちではないんだ。

I **feel the same way**.
僕は同感だよ。

I don't **feel the same way** about you.
僕は君のことについて同感ではないよ。

I hope that you **feel the same way** about me.
僕のことについて君が同じ気持ちを抱いてくれるといいなあ。

Does he **feel the same way**?
彼は同じ気持ちですか？

A: I really don't like the cold weather. 寒い天気が本当に嫌いです。

B: I **feel the same way**. I can't wait for summer. 私も同じ気持ちです。夏が待ちきれません。

feel for ~ 〜に同情する

feel for *someone* [*something*] は「（人や物事）に同情する」。人や物事が置かれている困難な状況を見て心が痛むことを表す表現です。have a feel for 〜は似た表現ですが、「〜に対する才覚がある」「勘がいい、上手だ」と意味が異なるので注意しましょう。

She suffers from depression. We all **feel for** her.
彼女はうつで苦しんでいる。僕たち全員が彼女に同情しているんだ。

The boss will like her and **feel for** her situation.
主任は彼女のことを気に入って、彼女の状況に同情するだろう。

I **feel for** the loss that they suffered.
私は彼らが被った損失に同情します。

A: I **feel for** Bette. She looks unhappy. 僕はベットに同情するよ。彼女は悲しそうに見えるんだ。

B: She's having problems with her parents. 彼女は両親との間に問題を抱えているんだよ。

have a good [bad] feeling about ~ 〜に好感を抱く、嫌な予感がする

have a good feeling about 〜は「〜のことに好感を持っている、満足している」、have a bad feeling about 〜は「〜のことに悪感情を持っている、苦々しく思う、嫌な感じがする」。feelingの前に感情を表す形容詞を置いて表現します。例えば、奇妙な気がするときにはweirdを使います。

I **had a bad feeling about** this.
嫌な予感がするよ。

I **have a really good feeling about** her.
僕は彼女にとても好感を抱いているよ。

I **have a weird feeling about** this place.
僕はこの場所に奇妙な感覚を抱いているよ。

I **have a weird feeling** I've been here before.
僕は以前ここに来たことがあるような変な感じがする。

A: I **have a good feeling about** this date.
僕はこのデートに対していい感じがしてるんだ。

B: You'll have a good time with Eileen.
君はアイリーンといい時間を過ごすだろうね。

have the [a] feeling ~ 〜という気がする

have the [a] feeling (that) 主語＋動詞で「〜という気がする」。that以下でどのような気がするのかを具体的に述べます。a feeling of anxiety「不安感」のように、後ろにofが続くと「〜という感じ」。the feeling about the matter「その問題についての考え」のようにaboutが続くと、「〜についての考え」となります。

例文

I **have a feeling** you did it for me.
あなたが私のためにそれをやってくれた気がする。

I **have the feeling** you had something to do with it.
君が関係しているという気がしてるんだ。

I **have a feeling** he's going to be very angry.
僕には彼がひどく怒りだすような気がしているんだ。

I **got the feeling** that your wife was coming on to me.
君の奥さんが僕に気があるような感じがしたんだ。

I'**ve got a feeling** he'll be back.
彼が戻ってくるような感じがしたの。

A: Morton has done a very poor job. モートンはひどく手際が悪いんだ。
B: I **have a feeling** that he will quit soon. 彼はすぐに辞めるような気がする。

have feelings for ~ 〜が好きだ、〜に特別な感情を抱いている

have a feeling for 〜 の場合、「〜に素質がある」「〜が好きだ」という意味になります。

I **have feelings for** you. I know you feel something for me.
私はあなたが好きです。あなたも私に特別な感情を抱いているのがわかっています。

I **have (strong) feelings for** her.
僕は（とても）彼女が好きだ。

You've **had feelings for** me?
あなたは私のことが好きだったの？

You still **have feelings for** me, don't you?
君はまだ僕のことが好きなんだ、そうだろ？

A: Bob is always calling me. ボブはいつも私に電話してくるのよ。
B: You know he **has feelings for** you. 君は彼が君のことが好きなのを知っているじゃないか。

(There's) No hard feelings 悪く思うなよ。悪く思っていないよ。

hard feelingsは「恨み、怒り」。(There's) no hard feelings.で「悪く思わないで」と口論した相手に伝えたり、「もう怒ってないよ」と自分が相手を悪く思っていない、恨んでいないということを伝えたりします。on my partを続ければ「私は悪く思っていないよ」。何について悪く思うのかについては、hard feelingsの後にforあるいはabout ～を続けます。

例文 **No hard feelings.** Promise.
悪く思うなよ。約束だ。

There's no hard feelings even though I was fired.
僕が解雇されたとしても恨みはないよ。

No hard feelings about you leaving me behind.
君が僕のもとを去ったことについて恨みは抱いていないよ。

I know you tried, so **no hard feelings.**
君がやってみたことは知っているんだ、だから悪くは思っていないよ。

A: I'm sorry I spilled your drink. あなたの飲み物をこぼしてしまってごめんなさい。
B: **No hard feelings.** I'll get another. 悪くは思っていないよ。もう1杯取ってくるよ。

More Expressions

■ **feel up to＋名詞 [-ing]** （もの、～すること）の気分になる、ができそうに思う
I don't feel up to it.
その気になれないよ。

■ **feel the need to ~** ～する必要性を感じる
You don't feel the need to apologize to me.
君は僕に謝らなくてもいいよ。

■ **What are your feelings about ~?** あなたは～についてどう感じていますか？
What're your feelings about us divorcing?
君は僕らが離婚することをどう思っていますか？

■ **spare *one's* feelings** （人）の気持ちを思いやる
I was trying to spare your feelings.
僕は君を思いやろうとしていたんだ。

■ **hide *one's* feelings** 気持ちを隠す
Yeah, at least you hid your feelings well.
そうね、少なくともあなたはうまく感情を隠していたわね。

■ **hurt *one's* feelings** （人）の気を悪くする
She's too afraid of hurting your feelings.
彼女は君の気分を害するのをひどく恐れている。

turn

turnの基本的な意味は「回す、回る、向きを変える」。She turned and walked away. で「彼女は背を向けて歩き去った」。turn left [right] は「左[右]に回転する」のほか、「左[右]に曲がる」という意味もあります。turn on/offは、スイッチを回して、つけたり消したりすること。また、turnにはgetやbecomeと同様に「〜になる」という意味もあり、turn+形容詞で「〜の状態になる」、turn+数字で「〜歳になる」と言うことができます。

1. 回す、裏返す、(ある方向に)向かう、向ける、変える

Would you please turn the TV off?　テレビを消していただけませんか？

Go down this street and turn to the left.　この通りを進んで、左に曲ってください。

2. 変化する、変わる(turn+名詞[形容詞])

My mother's hair began to turn grey.　私の母の髪は白髪になり始めた。

The weather is starting to turn cold.　気候は涼しくなり始めている。

3. (年齢、時間)〜になる

My wife's just turned 33.　僕の妻は33歳になったばかりだ。

Our company will turn 100 next month.　私たちの会社は来月、創業100年になります。

turn left [right]　左[右]に曲がる

体を回せば、向かう方向が変わります。道案内で使われる頻出表現で、turn rightは「右に曲がる」、turn leftは「左に曲がる」になります。

例文
Turn left and go south three blocks and it's on the right.
左に曲がって南に3ブロック進んでください、そうすればそれは右手にあります。

Go east for two blocks and then **turn right**.
東に2ブロック進んで、その後、右に曲がってください。

Take this road until it ends and then **turn right**.
突き当りまでこの道を進んで、それから右に曲がってください。

A: **Turn left** and go straight for 2 blocks. You can't miss it.
左に曲がって2ブロックまっすぐ進んでください。それを見逃すことはないでしょう。
B: Thank you so much.　本当にありがとうございます。

turn *one's* back on ~　～に背を向ける、～を無視する、見捨てる

turn *one's* back on ～は「～に背中を向ける」、つまり「～に背を向ける」「～を見捨てる」「～を拒む」という意味。無視する、拒む対象についてはon *somebody* [*something*]で表します。

How can I **turn my back on** him?
どうやって彼を見捨てろと言うの？

Why did you **turn your back on** him? I told you to take care of him!
なぜ彼に背を向けたんだ？ 彼の面倒を見るように言ったじゃないか！

Now I only **turned my back on her** and she was gone.
今、少しの間背を向けただけで、彼女は去ってしまった。

Don't **turn your back on** him.
彼を見捨てるんじゃないぞ。

If you **turn your back on** her, she will try to kill you!
もしあなたが彼女を見捨てたら、彼女はきっとあなたを殺そうとするわよ！

A: I am not going to listen to you.　僕は君の話を聞くつもりはないよ。
B: Don't **turn your back on** me while I'm talking!　私が話している間は背を向けないでよ！

turn around 向きを変える、後ろを向く、状況が好転する

turn aroundは「向きを180度変える」。turn around to (and) ＋動詞は「体の向きを変えて〜する」。このような「ぐるりと向きを変える、回れ右をする」という直接的な意味のほかに、「(人・事業などの) 状況が好転する」「(意見、態度を) 変える」という意味でも使われます。

例文

I **turned around** to see who was entering the room.
僕は誰が部屋に入ってきたのか見ようと後ろを向いた。

I **turned around** to see where it was coming from.
私はそれがどこから来ているのか確認するために後ろを向いた。

They **turned around** and looked at Tammy.
彼らは後ろを向き、タミーを見た。

He **turned around** and said "Again, I'm sorry."
彼は振り向いて言った。「何度も言うよ、ごめんね」

A: I think we're lost now. 僕らは今、道に迷っていると思うよ。
B: Let's just **turn around** and go home. もうUターンして家に帰ろう。

turn away 顔をそむける、拒否する

turn awayの基本的な意味は「向きを変えて立ち去る」「〜から顔をそむける」。ここから派生して、「そっぽを向く」「〜を拒む、見捨てる」「(人を) 〜から追い払う」などの意味を表します。

Turn away for a second. 一瞬、そっちを向いて。

She kept trying to kiss me on the mouth, and I kept **turning away**.
彼女は僕の口にキスしようとし続けていたが、僕は拒否し続けた。

Don't you **turn away** from me. Look at me!
私から顔をそむけないでよ。私を見て！

Lord, help us find the strength to **turn away** from evil when it tempts us.
どうか、悪が私たちを誘惑するとき、それを寄せ付けない力を見つけるのを助けてください。

A: Many people wanted to see the show. 多くの人々がそのショーを見たがっていたよ。
B: They had to **turn away** people at the door. 彼らは入り口で人々を断らなければならなかった。

turn back 引き返す、振り向く、元に戻す

turn back「後ろに戻る、回って元に戻る」には「振り向く」という意味のほか、「元のやり方に戻す」「後戻りする」「～を追い返す、引き返させる」という意味があります。

She **turned back** and decided not to enter.
彼女は引き返し、入るのをやめた。

Even though she never **turned back**, she knew Tom was behind her.
彼女は一度も振り向かなかったにもかかわらず、トムが後ろにいることをわかっていた。

They both **turned back** to look at the building.
彼らは2人ともその建物を見ようと振り向いた。

You have a right to **turn back** if you're scared.
怖かったら引き返してもいいんだよ。

A: A lot of snow is falling. Should we **turn back**? 大雪だよ。僕らは引き返すべきかな？

B: No, let's keep going till we get there. いや、そこに着くまで進み続けよう。

turn down ~ ～を断る、～を下げる

turn downとは「下向きに回す」で、「(ガス、電灯、テレビなどのボリュームを) 小さくする、下げる」という意味があります。「(応募者・申し出など) を断る、はねつける」という意味も。turn upは逆の意味で、「(ボリュームを) 大きくする、上げる」のほかに、「(人が) 姿を見せる、現れる」「(物などが) 見つかる」という表現で使われます。

We **turned down** over 99% of our applicants.
私たちは応募者の99%以上を断った。

I had to **turn down** a job in Indonesia.
僕はインドネシアでの仕事を断らなければならなかった。

Tell the kids to **turn down** the TV.
子どもたちにテレビの音量を下げるように言ってくれよ。

I don't know what's keeping them, but I'm sure they'll **turn up**.
何で彼らが遅れているのかわからないけど、きっと来るのでしょう。

A: What are you going to do with the offer? その申し出をどうするつもりなの？

B: I'm pretty sure I'm going to **turn it down**. 間違いなく断るつもりだよ。

turn in (~)　～を提出する、～を出頭させる、～を取り替える、寝る

turn inには「内側に曲がる、曲げる」という意味がありますが、hand inと同じ「～を提出する」という意味や「～を交換する、取り換える」「～を（警察などに）引き渡す」といった意味でもよく使われます。やや古い表現ではありますが、自動詞句として「寝る、床につく」という意味もあります。turn intoは「～に向かう」「～に変わる」。

例文 Please **turn in** your papers by tomorrow.
明日までに書類を提出してくれよ。

You didn't even read it before you **turned** it **in**?
あなたはそれを提出する前に、読むことすらしなかったのですか？

She went to the police to **turn in** a client.
彼女は依頼者を出頭させるために警察へ行った。

I had this room **turned into** a nursery.
私はこの部屋を子ども部屋に模様替えしたの。

A: Come on everyone, let's **turn in**.　さあみんな、寝ますよ。
B: But I don't feel sleepy right now.　でも僕は今眠くないよ。

turn on ~　～をつける、～を興奮させる、～を夢中にさせる、～を開ける

turn down (up)は「ボリュームを上げる（下げる）」ことですが、turn on (off) ～は「（電気やガスなどの）スイッチを入れる（切る）」こと。turn on ～にはほかに「興味がわく、興奮する」あるいは「興味を起こさせる、興奮させる」こと、turn off（～）には「興味を失う」あるいは「興味を失わせる」という意味もあります。

例文 Do you want me to **turn on** the TV?
私がテレビをつけましょうか？

Turn off the lights before you come to bed.
君がベッドに入る前に、ライトを消してくれよ。

You have to **turn** the gas valve **off** before going out.
あなたは出かける前にガス栓を閉めなければいけませんよ。

A: Who forgot to **turn on** the alarm?　誰がアラームをかけ忘れたの？
B: It's my fault.　それは僕のせいだよ。

turn out　わかる、判明する、消す

turn outは「わかる」「判明する」という意味でよく使われます。そのほか「（明かりなどを）を消す」や「（物を）生産する、（人を）輩出する」「（人）を追い出す、解雇する」などさまざまな意味があります。

It **turns out** it was a mistake.
それは間違いだとわかった。

Our relationship **turned out** to be a disaster.
私たちの関係は散々な結果に終わった。

In the end it **turned out** for the best.
最終的に、それは一番いい結果になった。

Let's **turn out** all the lights and we'll watch the movie!
さあ電気を全部消して、映画を見るんだ！

A: I'm not sure we can get through this difficult time.
僕らがこの困難な時期を切り抜けられるか不安だよ。

B: Don't worry. Things always **turn out** for the best.
心配しないで。物事はいつも一番いい結果に終わるんだ。

turn over (~)　～を引き継ぐ、～を任せる、ひっくり返す

turn overは「寝返りを打つ」「転覆する」「～をひっくり返す」が基本的な意味。それ以外に、「（事業や責任など）を人に移譲する、任せる」という意味もあり、渡す先はto *somebody* [*something*] で表します。

Are you ready to **turn over** now?
今、うつ伏せ（仰向け）になる準備ができていますか？

We **turned over** and faced each other.
体の向きを変えて、互いに向かい合った。

When did you **turn it over**?
いつ君はそれを引き継いだんだ？

Why didn't you just **turn** them **over** to me?
なぜあなたはそれを私に任せてくれなかったの？

A: I think I hurt the back of my leg.　脚の後ろ側を痛めたように思うんだ。

B: **Turn over** and let me look at it.　向きを変えて、私に見させてください。

turn to ~ 〜の方を向く、〜に頼る、〜を調べる

turn to+動詞は「〜するようになる」。turn to+名詞は「〜に体を向ける」という意味で、「(人)に頼る」「〜に取りかかる」「(あるページ)を開く」などの意味で使われます。

例文 When people are in trouble, they usually **turn to** religion.
人々は困ると、大抵は宗教に頼るようになる。

Can we **turn to** the case?
私たちはその事件について調べられますか？

You shouldn't **turn to** drugs to escape from stress.
ストレスから逃れるのにドラッグに頼るべきではない。

A: Everyone seems to love Lisa. みんながリサのことを気に入っているようだね。
B: Yes, they **turn to** her when they need help. そうだね、助けが必要になると彼女を頼るんだ。

take turns 交代でする

take turnsは「〜を交代でする」。ここでのturnは名詞で「順番、番」という意味。take turns -ingで「交代で〜する」。

They **took turns** beating me with the sticks.
彼らはかわるがわる僕を棒でたたいた。

Take your **turn**.
君の番だよ

They **took turns** looking at each other.
彼らは順ぐりにお互いを見た。

A: I want to use the computer right now. 僕は今すぐコンピューターを使いたいんだ。
B: Not yet. We have to **take turns**. まだだよ。僕らは順番に使わなければならないんだ。

check

checkは「阻止する」というのが元々の意味ですが、現在は主に「調べる」「確認する」という意味で使われます。check *something*は「～を確認する」、check if ～は「～かどうかを確認する」。そのほか、レストランや劇場で荷物を預けることをcheck、ホテルや空港でのcheck in [out]、空港で搭乗手続きをするcheck-in counter、図書館で本を借りることをcheck outと言うなど、さまざまな使い方があります。

1. 制する、確認する

Do you want me to check again?　私がもう一度確認しましょうか？
Why don't we check this area again?　このエリアをもう一度確認しませんか？
Where can I go to check my e-mail?　どこでメールを確認することができますか？
Honey, I'm just checking.　あなた、私はただ確認しているだけよ。

2. (荷物を)送る、(ホテルなどで)チェックイン(~in)、チェックアウトする(~out)

How many pieces of luggage are you checking?　預ける荷物をいくつですか？
How can I get to the check-in counter?　チェックインカウンターへどうやって行けばいいですか？
She's checking the coats.　彼女はコートを預けようとしている。

3. (名詞)調査、点検、小切手、(レストラン)計算書

What did the doctor say at your check-up today?　今日の健康診断で医者は何て言いましたか？
I'll pay by check.　小切手で払います。

Let me check (~)　私に（～を）確認させてください。

Let me+動詞「私に～させてください」の動詞をcheckにしたもので、Let me check+名詞は「私に～を確認させてください」。Let me check.は「私に確認させて」となります。

例文 Hold on. **Let me check.**
待って。私に確認させて。

Let me check your blood pressure.
血圧を検査させてください。

Let me check the computer to see if there are any seats left.
席が残っているかどうか確認するために、コンピューターを確認させてください。

Just a moment! **Let me check** the other list.
ちょっと待って！　他のリストを確認させてよ。

A: Is that your car alarm going off?　あれは君の車のアラームが鳴りだしたの？
B: **Let me check** outside and see.　外に行って確認するよ。

check if [whether] ~　～かどうか確認する

checkの後にif [whether] 節が続くと「～かどうか確認する」。check to see if 主語+動詞はよく使われる表現で、「～かどうか（わかるように）確認する」の意味になります。

Please **check if** she is coming to the party.
彼女がパーティーに来るかどうか確認してください。

I'll **check if** he's finished working.
彼が仕事を終えているかどうか確認します。

I'm just **checking** to see **if** she's okay.
私はただ彼女が大丈夫かどうか確認しているだけです。

A: I need a size ten or eleven.　10か11のサイズが欲しいのです。
B: I'll **check** to see **if** we have any in stock.　在庫があるかどうか確認してきます。

check in (~)　～にチェックインする、～を機内に預ける、搭乗手続きをする

check inは「in (中にいる、到着している) を確認する」、つまり、「ホテルや空港にチェックインする」「(手荷物を) 空港や駅で預ける」という意味。check into ～には「ホテルや空港にチェックインする」という意味のほか、「入院する」という意味もあります。

例文

We have to **check in** our bags right now.
私たちは今すぐ荷物を預けないといけない。

He **checked in** yesterday and paid with a credit card.
彼は昨日チェックインし、クレジットカードで支払いました。

Good afternoon. **Checking in**?
こんにちは。チェックインですか？

My father just **checked into** the hospital yesterday.
僕の父は昨日、入院したばかりだ。

A: Security at the airport takes a long time.　空港でのセキュリティチェックには時間がかかるよね。

B: I always arrive early to **check in**.　僕はいつも早めに到着してチェックインするんだ。

check out (~)

チェックアウトする、～をよく見る、～を調べる、勘定を済ませて～を出ていく

check outはcheck inの反対で「(外にいる、出発している) を確認する」。「(ホテルなどを) チェックアウトする」「(図書館などから) 本を借りる」などの意味がありますが、「～を調べる」「～に注目する」という意味でよく使われます。Check it out!「注目して！、見てみて！」もよく聞く表現です。

I'll **check** it **out**.　それを調べておくよ。

Hey, **check out** that girl! She is really hot!
おい、あの子を見てみろよ！ 彼女は本当にいい女だぜ！

Your wife **checked out** two hours ago.
奥さんは2時間前にチェックアウトしました。

I'm **checking out** the restaurant with Tim.
ティムと一緒にそのレストランを試してみるよ。

A: What time should I **check out** by?　何時までにチェックアウトすればいいですか？

B: Guests need to check out by 11:00 am.　宿泊客は午前11時までにチェックアウトしてください。

check on ~　～を調べる、～を検査する

check on *someone* [*something*]で「（人や物の様子を）確認する」。安全かどうか、問題ないかを確認するという意味になります。

I'm calling to **check on** the status of a patient.
患者の具合を確認するために電話しています。

I called my apartment and **checked on** my grandma.
僕は自分のアパートに電話をして、祖母の様子を確認した。

Jack ran forward to **check on** what was going on.
ジャックは何が起こっているかを確認するために駆け出して行った。

I **checked on** her but she's a little unstable today.
僕は彼女の様子を見たけど、彼女は今日少し不安定だね。

Hold on. Let me just **check on** the baby!
待って。ちょっと赤ちゃんの様子を確認させて。

A: Where did Steve and Adrian go?　スティーブとエイドリアンはどこに行ったの？
B: They had to **check on** their kids.　子どもの様子を見に行ったんだ。

check over ~　～をよく調べる、～を検査する

check overは「すっかり、一通り確認する」、つまり「（物を）検査する、点検する」「（人）を検診する、診断する」という意味。特に、医師や技術者など専門家が対象を確認することを示します。

He's **checking** her **over** to make sure she isn't hurt.
彼は彼女がけがしていないかどうか検査した。

How long does it take for a mechanic to **check** the car **over**?
整備士が車を点検するのにどれくらいの時間がかかりますか？

The doctor is **checking over** a guy who just got run over by a bus.
医者はバスにひかれた人の検査をしている。

A: You should **check over** this term paper.　君はこの学期末レポートを見直した方がいいよ。
B: Why? Are there mistakes on it?　なんで？ 間違いがあるのかい？

check with ~ 〜に確認する、〜と照合する

check with *someone*「〜と確認する」とは、つまり「(専門家や上司など)に聞いてみる、相談する」という意味。何について聞くのか具体的に述べるときは、check with *someone* about *something*と言います。

例文

I don't know. I'm going to go **check with** the boss.
わからないよ。僕はそれを上司に確認しに行ってくるよ。

You'd better **check with** the boss.
あなたは上司に確認を取った方がいいと思います。

Did you **check with** security?
あなたは警備会社に確認を取りましたか？

I wanted to **check with** you first.
僕はまず君に相談したかったんだ。

Check with me about stuff like this.
このようなことは私に確認してください。

A: She didn't **check with** her boss before she began.
彼女は始める前に上司に確認を取らなかったんだ。

B: I'll bet she's in trouble with him. 彼女はきっと彼ともめるだろうね。

check up 調べる、様子を見る

check upは「(物) を詳しく調査する」「(人を) 検診する」。後ろにon *someone* [*something*] が続くと「(人の素行などを) 調査する」「(物の真偽) を調べる」という意味になります。check(-)upは名詞で「健康診断」「総点検」のこと。

I just came by to **check up** on you.
私はあなたの様子を見るために立ち寄ったのよ。

I'm going to go **check up** on your friend.
僕は君の友人の様子を見に行くよ。

Your ex-wife came by this morning to **check up** on you.
君の前妻が今朝、君の様子を見にやって来たよ。

I get a dental **check-up** every six months.
私は半年ごとに歯の検診を受けます。

A: Vera doesn't look very healthy these days. ベラはこのごろ体調があまり良くなさそうだね。

B: Tell her to schedule a **check-up** with her doctor.
かかりつけの医者の検査を予定に入れるように彼女に言っておけよ。

need

need「～が必要である」は、need *something*「～が必要だ」、またはneed to+動詞「～することが必要だ」という表現でおなじみの動詞。必要ではないときは否定文にし、相手に「～は必要ない」と言うときにはYou don't need ～を使います。また、「(人に) ～してもらう必要がある」はneed *someone* to+動詞を使います。

1. ～が必要だ (need+名詞)、～しなければならない (need to+動詞)

If there's anything you need, don't hesitate to ask.
何か必要なものがあったら、ためらわずに聞いてください。

I need some rest. 僕には少し休憩が必要だ。

I need to get back to the office. 僕はオフィスに戻らなければならないんだ。

2. …が～する必要がある

I need you to help me with this homework. 僕は君にこの宿題を手伝ってもらいたいんだ。

Do you need me to go with you? 僕が君と一緒に行こうか？

3. (名詞) 必要、ニーズ、義務

I don't see the need to go to school. 私は学校に行く必要性が見出せません。

I don't see the need for it. 僕にはそれの必要性がわからないよ。

need *something* （もの）が必要である

need *something* は「～が必要だ」。needの後に、主語が必要とするものを表す名詞が来ます。既出の物事を代名詞のit (that)で受けて、I need it.「それが必要だ」、I don't need it (that).「それは必要でない」、Do you need that?「それが必要ですか？」と言うこともよくあります。

Don't be sorry. I don't **need** it anymore.
申し訳なく思うなよ。僕にはもうそれは必要ないんだ。

If you **need** anything, feel free to ask.
何か必要だったら、遠慮せずに尋ねてください。

I **need** more time to think it over.
僕はそれを考え直すのにもっと時間が要るよ。

Do you **need** an answer right now?
君は今すぐ答えを必要としているのかい？

A: I **need** a new bed to sleep on.　僕は寝るための新しいベッドが必要だよ。
B: They sell them at the department store.　デパートで売っているよ。

need *someone* （人）を必要とする

needの目的語が人になることもよくあります。I (don't) need ～「私は～が必要だ（必要でない）」、You (don't) need ～「あなたは～が必要だ（必要でない）」、Do you need ～?「あなたは～が必要ですか？」。

I don't **need** you or anybody else!
僕には君も他の誰も必要じゃないんだ！

You can go now. I don't **need** you anymore.
もう行っていいよ。もう君は必要じゃないんだ。

We **need** you back. When can you come back?
僕たちは君に戻ってきてもらう必要があるんだ。いつ戻ってこれるんだい？

Why do you **need** me anyway?
とにかくなぜ僕が必要なんだい？

A: Is there a leak in your bathroom?　浴室で水が漏れているのかい？
B: Yeah, I **need** a plumber to fix it.　そうなんだよ、配管工に直してもらう必要があるんだ。

need to ~ 　～する必要がある、～しなければならない

「～する必要がある」はneed to+動詞で表します。need to be+過去分詞「～される必要がある」もよく使われる表現。

例文 I **need to** talk to you about your mid-term exam.
中間試験について君に話さなければならないんだ。

I **need to** stay another day.　僕はもう一日滞在する必要があるよ。

Hey, stay there! I **need to** talk to you.
おい、そこを動くな！　お前に話さなければならないことがあるんだ。

I **need to** borrow some money.
僕はお金をいくらか借りる必要があるんだ。

Let's get together. We **need to** talk about something.
集まろうよ。僕らは話さなければならないことがある。

A: I have to go. I **need to** get to work.　僕は行かないといけないんだ。仕事をしなくちゃいけないんだ。
B: Don't forget to take your lunch with you.　お弁当を持っていくのを忘れないでね。

You need to ~ 　あなたは～しなければならない

need to+動詞「～する必要がある」で主語にYouを使っている形。意味は「あなたは～する必要がある」。Do you need to+動詞？は「あなたは～する必要がありますか？」。

You **need to** buckle up.
シートベルトを締めてください。

You **need to** call her right now.
君は今すぐ彼女に電話しなければならないよ。

You **need to** talk with your teacher.
あなたは先生と話をしなければなりません。

Do you **need to** get up early tomorrow morning?
君は明日の朝、早起きしないといけないの？

A: Do you know what I mean?　僕が言っていることがわかるかい？
B: Yeah! You're saying you **need to** take a day off.
うん！　君は1日休みを取らなければならないってことだろう。

need *someone* to ~　(人)に〜してもらう必要がある

need *someone* to＋動詞は「(人)に何かをしてもらう必要がある」。I need you to＋動詞「あなたに〜してもらう必要がある」と、Do you need me to＋動詞?「私は〜する必要がありますか」を覚えておきましょう。

I **need you to** leave right now.
僕は君に今すぐ立ち去ってもらいたいんだ。

I **need you to** get this done by tomorrow.
私は君にこれを明日までに終えてもらう必要があるんだ。

You really don't **need me to** live with you.
僕が一緒に住まなくて本当にいいんだな。

Do you **need me to** go on a vacation with you?
君と一緒に休暇に出掛けようか？

A: Do you **need me to** stay longer?　もう少しいた方がいい？
B: No, we're all finished. You can go.　いや、できあがったよ。行っていいよ。

don't need to ~　〜する必要がない

don't need to＋動詞「〜する必要がない」は、don't have to「〜しなくてもいい」と同じ意味の表現。I don't need you to＋動詞「あなたに〜してもらわなくてもいい」はよく使われる表現なので覚えておきましょう。

You **don't need to** make an excuse.
言い訳しなくていいよ。

I **don't need to** know the details.
僕は詳細を知る必要がないんだ。

I told you that you **don't need to** be here.
君はここにいなくてもいいよって言ったじゃないか。

I **don't need you to** help me. I can do it myself.
手伝ってくれなくていいよ。自分でできるよ。

A: I can help you finish your homework.　宿題を終わらせるのを手伝えるわよ。
B: You **don't need to** stay here with me.　ここに一緒にいる必要はないよ。

All I need is ~ 私が必要なのは～だけです

All I need is ～は「私が必要なのは～だけだ」、つまり「他には何もいらない」という意味を強調する表現。isの後には名詞や（to）＋動詞を続けます。needとisの間にto＋動詞を置くと「私が～すべきことは…だけだ」という意味になります。

例文

All I need is a new computer.
僕が欲しいのは新しいコンピューターだけだ。

All I need is five minutes.
5分あれば十分だよ。

All I need to do is have some more fun.
僕がすべきことはもっと楽しむことだけだ。

All I need to know is who you fell in love with.
僕が知りたいのは君が誰に惚れたかということだけだよ。

A: All I need is a beautiful girlfriend. 僕が欲しいのはきれいば彼女だけなんだよ。
B: I don't think that you can find one. そういう人を見つけられるとは思わないな。

(There's) no need to ~ / for ~ ～する必要はない

There's no need to+動詞で「～することはない」、There's no need for+名詞で「～の必要はない」。There'sを省略することもある。

There's no need to lie to me.
僕に対して嘘をつくことはないよ。

There's no need to be embarrassed.
恥ずかしがることはないよ。

No need to talk about it.
そのことを話す必要はないよ。

There's no need for excessive worry.
過度な心配は不要です。

A: You need to clean up this place! ここをきれいにしないといけないよ。
B: I will. There's no need to get angry. やるよ。怒ることないじゃないか。

mean

meanには動詞、形容詞、名詞がありますが、「～を意味する」「～するつもりである」「～の重要性を持つ」などの意味を持つ動詞のmean、「けちな」「意地の悪い」などの意味を持つ形容詞のmeanがよく使われます。コミュニケーションを円滑にするためによく使われるのが動詞のmeanで、自分の意図を説明するときのI mean ～「つまり～」、相手の話を確認するときのYou mean ～？「～ということ？」、What do you mean ～？「～とはどういう意味？」、誤解を防ぐときのI don't mean ～「私は～というつもりではない」などの表現があります。

1. 意味する、意図する

Do you mean he might like me?　つまり彼は私のことが好きかもしれないってこと？

I didn't mean to say that.　そんなことを言うつもりじゃなかったんだ。

I didn't mean to hurt you.　君を傷つけるつもりじゃなかったんだ。

2. 重要性を帯びる

It means a lot to me.　それは僕にとって大切なんだ。

This party meant everything to her.　このパーティーは彼女のすべてだった。

3. (形容詞) 浅ましい、卑劣な (gross、nasty)

You're so mean.　君はとても意地悪だね。

That's a mean thing to say!　そんなこと言うなんてひどいよ！

I mean ~ つまり〜だ

I mean 〜「〜を言おうとする」「〜のつもりで言う」は相手が自分の話を理解していないとき、誤解しているときなどに、発言の意図や趣旨を伝えるときの表現。I mean (that) 主語＋動詞は「私は〜と言っている」「〜というつもりだ」「つまり〜だ」。I meanの後に繰り返し伝えたい文言だけを続けることもできます。

例文

I mean I'm well off but not into money.
つまり僕は裕福だけど、お金が大好きというわけではないんだ。

I mean he's been missing for several days.
数日前から行方不明だということです。

I mean I've been losing weight these days.
つまりこのごろ体重が落ちているんだ。

I mean today, not tomorrow.
今日のことだよ、明日ではなく。

A: I don't understand what you're saying. 君の言っていることがわからないよ。
B: I mean I want you to help me. つまり君に手伝ってほしいってことだよ。

(Do) You mean ~? つまり〜ということですか？

(Do) You mean 〜？「〜ということですか？」は相手の話をよく理解できなかったり、相手の意図を確認したりするときに使う表現。

例文

You mean you stole it?
つまり君がそれを盗んだということ？

Do you mean you won't be coming over for dinner?
つまりあなたは夕食に立ち寄らないつもりなのですか？

Do you mean he might like me?
つまり彼が私を好きかもしれないってこと？

You mean he got fired?
つまり彼は解雇されたってこと？

A: You mean she acts cruel and spoiled? つまり彼女の振る舞いはひどくて、わがままだったってこと？
B: Not exactly, but she's not a very kind person.
そういうわけじゃないんだ、でも彼女はあまり親切な人じゃないね。

What do you mean ~? ～とはどういう意味ですか？　～とはどういうことですか？

What do you mean ～？で「～とはどういう意味ですか？」。相手の発言を確認したり、その真意を明らかにしたいときに使います。What do you mean?「どういうこと？」は頻出表現。What do you meanの後に相手の発言や自分が理解できなった語句を続けます。

例文

What do you mean you quit?! You can't quit!
君が辞めたってどういうこと？　辞めちゃだめだよ。

What do you mean you're not so sure?
あまり自信がないってどういうこと？

What do you mean you don't remember me?
あなたが私を覚えていないってどういうこと？

What do you mean by that? Am I fat?
何が言いたいのですか？　僕が太っているってこと？

A: Be a man and take responsibility for your family.　一人前になって家族に責任を持てよ。
B: **What do you mean** specifically?　具体的にどういうこと？

It doesn't mean (that) ~ ～ということではない

It doesn't mean that ～は「～ということではない」。相手が自分の発言を誤解しないように、その真意を伝えるための表現。

It doesn't mean he has a problem.
彼に問題があるということではないのよ。

It doesn't mean that I don't love you.
君を愛していないということではないんだ。

That still doesn't mean you didn't kill him.
それでも君が彼を殺していないことにはならない。

A: The weather today really sucks.　今日の天気は最悪だね。
B: **It doesn't mean** that the weather will be bad tomorrow.
明日の天気が悪くなるということではないよ。

mean to ~　～するつもりである

mean to+動詞は「～するつもりである」という意味。動詞にはsay「～と言う」やtell「～と話す、伝える」などがよく使われます。過去形にしてmeant to+動詞「～するつもりだった」もよく使われます。

例文

You **meant to** tell me you're going to leave me?
君は僕のもとから去ると言うつもりかい？

I **meant to** say that we were shocked by the news.
我々がそのニュースに衝撃を受けたと言うつもりです。

I **meant to** leave that stuff at your apartment.
それを君のアパートに置いてくるつもりだったんだ。

You **mean to** tell me you can't find a room?
君は部屋を見つけられないと僕に言うつもりかい？

A: You didn't pay back the money you owe me.　君は僕に借りたお金を返さなかったね。

B: I **meant to** give it to you this morning.　今朝、君に渡すつもりだったんだ。

I didn't mean to ~　～するつもりではなかった

I didn't mean to＋動詞は、I mean to＋動詞「～するつもりだ」の過去の否定文で「～するつもりではなかった」を意味する。相手の誤解を解くためによく使われる表現。I didn't mean that.は「そんなつもりではなかった」。

I'm sorry! **I didn't mean to** do that!
ごめんよ！　そんなことをするつもりじゃなかったんだ！

Don't be upset. **I didn't mean that.**
怒るなよ。そんなつもりじゃなかったんだ。

I didn't mean to do that. Let me clean it up.
そんなことをするつもりじゃなかったんです。掃除させてください。

I didn't mean to say that.
そんなことを言うつもりじゃなかった。

A: You should have been here an hour ago.　君は1時間前にここにいるはずだったんだぞ。

B: **I didn't mean to** be late.　遅れるつもりじゃなかったんだ。

mean it [that]　本気で言う

mean it [that]「それを言おうとする、そのつもりで言う」は、つまり「本気で言っている」という意味。mean businessと言うと「本気で取り組む」「真剣である」。

例文

I **mean it**. I didn't know about that.
冗談じゃないよ。そのことは知らなかったんだ。

Don't get me wrong. I don't **mean it**.
誤解しないでよ。そういう意味じゃないんだ。

I **mean it**. You don't try to call me again.
僕は本気だよ。二度と僕に電話しないでくれ。

Please, don't laugh anymore. I **mean business**.
頼むからもう笑わないでよ。僕は真剣なんだ。

You **mean it**? That would be so much fun!
本気で言ってるの？　それはとても楽しいだろうね。

A: Are you serious?　本気なのかい？
B: Sure. I **mean it**.　もちろん。僕は本気だよ。

mean a lot to ~　（人）にとって大切である、大事である

動詞meanには「～が重要性を持つ」という意味があり、それにa lot、everything、something、anythingをつけた表現。mean a lotは「～が大切だ」、mean everythingは「～がすべてだ」、mean somethingは「～は何らかの意味がある」、not mean anythingは「～は何も意味がない」。何に対して意味があるのかを具体的に述べるときにはto ～を使います。

It **means a lot to** me that you came to my place.
君が僕のところに来てくれたことが大事なんだ。

I don't know what to say. That **means a lot to** me.
何て言えばいいかわからない。とてもありがたいよ。

It doesn't **mean anything to** me. I don't care.
僕には関係ないことだよ。どうでもいいさ。

A: Happy birthday, sweetheart. I love you.　あなた、誕生日おめでとう。愛しているわ。
B: It **meant a lot to** spend the day with you.　君と誕生日を一緒に過ごすことが大事なんだ。

~ what *someone* mean （人）が意味すること、言いたいこと

what *someone* meanで「（人の）言いたいこと、意味すること」。what I meanで「私の言いたいこと」、what you meanで「あなたの言いたいこと」。よくknowやseeの目的語になり、「（人）の言うことがわかる」という意味で使われます。

例文 I know **what you mean**. You don't have to explain.
言いたいことはわかるよ。君が説明する必要はない。

That's not **what I mean**.
それは私の意味することではありません。

I'm not sure [I don't know] **what you mean**.
君の言いたいことがよくわからないんだ。

I need to focus on this. You know **what I mean**?
僕はこれに集中しなければならない。どういうことかわかる？

A: Do you think he's cruel? 君は彼が冷酷だと思うの？
B: That's not **what I meant**. I think he's selfish.
それは僕が言いたかったことじゃないよ。僕は彼がわがままだと思っているんだ。

be meant to ~ 〜する運命だ

be meant to＋動詞はmean to＋動詞「〜するつもりだ」が、be meant＋for＋名詞はmean for＋名詞「〜向けだ」が受動態になったもので、「〜するように決められている」「〜するためのものである」「〜することになっている」という意味。It was meant to be.で「そうなる運命だった」、They were meant to be.「彼らはそうなる運命だった」は男女関係などでよく使われる表現。

I feel like I **was meant to** be a gambler.
僕はギャンブラーになる運命だったと感じている。

You know my music **is meant to** inspire.
僕の音楽が元気づけるものであることは知ってるよね。

I **was meant to** spend the rest of my life with you.
僕は残りの人生を君と一緒に過ごす運命だったんだ。

I think that **was meant for** you.
それは君のためを思ってのことだと思うよ。

A: What is all of this money for? このお金は全部何のために使われるの？
B: It **is meant to** buy some furniture. 家具を買うことになっているんだ。

stand

standの主な意味は「立つ」「立っている」ですが、can't stand *someone* [*something*]「(人・物を)我慢できない」という表現がよく使われます。そのほかに、stand in the way「(通り道に立つ=)邪魔する」、stand by「(脇に立つ=)傍観する、待機する、支持する」、stand out「(外に立つ=)目立つ」など、さまざまな表現をつくります。

1. 立つ、立ち上がる

Please stand up and follow me. 立ち上がって私についてきてください。

She stood up and turned around to face me. 彼女は立ち上がって私のほうを見た。

I need to get back to the office. 僕はオフィスに戻らなければならないんだ。

2. 我慢する、耐える(can [can't] stand)

I just can't stand your friends. 僕は君の友達にまったく我慢ならないんだ。

stand ＋形容詞　(形容詞の状態で) 立っている

使用頻度は低いものの、stand＋形容詞はkeep＋形容詞と同様に「～ (の状態・立場) である」、あるいは「～の状態で立っている」という意味の表現。stand stillで「じっとしている」「止まっている」。

例文

I saw my wife **standing** close to a cute guy.
僕は妻がかっこいい男の近くに立っているのを見た。

It's like time has **stood** still in this room.
この部屋の中は時が止まっているようだ。

They **stood** close to each other.
彼らはお互いのそばに立っていた。

She took a few steps around the desk, to **stand** closer.
彼女は机の周りを何歩か回った、より近寄って立つために。

A: The children are running around the classrooms.
子どもたちは教室を走り回っているよ。

B: Tell them to **stand** still or they'll be punished.
彼らにじっとしていろと言うんだ、そうでないと彼らは罰を受けることになるよ。

can't stand *something* [*someone*]　(もの、人) に我慢ができない

can stand *something* [*someone*] は「～に対応する」「～することに我慢できる」。否定文の形で使われることが多く、can't stand *something* [*someone*] で「～を我慢できない」「～に耐えられない」。

I **can't stand you two** fighting over her.
僕は君たち２人が彼女のことで言い争っているのが我慢できないんだ。

I **can't stand this [you]**.
私はこのこと [あなたのこと] が我慢ならないの。

Oh, God. I **can't stand it** any longer.
ああ、もう。僕はもうそれを我慢できないよ。

I **can't stand the boss**. She sucks!
僕は上司に我慢ならないんだ。彼女は本当にむかつくんだ。

A: I **can't stand Lindsey**.　私はリンゼイに我慢ならないの。

B: Yeah, she is always getting in trouble.　そうだね、彼女はいつもトラブルになっているよね。

stand in the [*one's*] way （人の）邪魔になる

stand in the [*one's*] wayは「通り道に立っている」、つまり「（人・物が）邪魔になる、妨げになる」という意味。standの代わりにbeやgetを使うこともあります。何の邪魔、妨げになるのかを具体的に述べるときにはof ～を続けます。

例文 Are you going to let that **stand in the way** of us?
君はそいつに我々の邪魔をさせるつもりかい？

I'm not going to **stand in the way** of that.
私はその妨げにはならないだろう。

You shouldn't let anything **stand in your way**.
君はどんなものにも邪魔をさせるべきじゃないよ。

I'm not going to **stand in your way** of doing it.
君がそれをするのを邪魔しないつもりだよ。

A: My girlfriend's parents really don't like me.
彼女の両親は僕のことを全然気に入っていないんだ。

B: Are they **standing in the way** of your marriage?
彼らは君の結婚の邪魔になっているのかい？

where *someone* stands (on ~) （人）の（～に関する）立場、（人）の立っている場所

where *someone* stands (on ～)「人が立っているところ」とは、つまり「人の（～についての）立場」という意味。where I standで「私の立場」、where you standで「あなたの立場」。

Please let me know **where you stand on** the law.
あなたの法的立場を私に教えてください。

I'd like to know **where you stand**.
あなたの立場を知りたいのですが。

I was wondering if you could tell me **where I should stand**?
どの立場を取るべきか君が教えてくれるかどうか考えていたんだ。

From **where he stood**, he looked around the downtown.
彼は立っていた場所から、中心街を見渡した。

Do you know **where I stand on** the stock market?
あなたは私の株式市場での立場を知っていますか？

A: Who will Jeff vote for in the election? ジェフは選挙で誰に投票するんだろう？

B: I don't know **where he stands on** politics. 彼の政治的立場がわからないよ。

stand a chance　可能性がある、有望である

standには「可能性・希望を持っている」という意味があります。stand a chanceで「見込みがある」「可能性がある」。stand a chance of ～は「～の可能性がある」。stand no chance of ～は「～の可能性がない」。

I don't **stand a chance** of passing the exam.
私には試験に合格する見込みがありません。

Do you think we even **stand a chance**?
あなたは私たちに本当に可能性があると思いますか？

She **stands no chance** of marrying Peter.
彼女は絶対にピーターと結婚しない。

A: Will Australia win a gold medal for skiing?　オーストラリアはスキーで金メダルを取るだろうか？
B: No, they don't **stand a chance** of winning.　いや、彼らに勝つ可能性はないよ。

stand by ～　～のそばにいる

stand by ～ は「脇に立っている」、つまり「待機する」「傍観する」「～を支持する」という意味。stand behind ～「～の後ろに立っている」にもstand by ～ と同じく「～を支持する」という意味があります。

She promised to **stand by** me.
彼女は私のそばにいると約束しました。

There is a beautiful blonde lady **standing by** the car outside.
車のそばに立っている美しい金髪の女性が外にいるよ。

I'll **stand by** you.
僕は君の味方だよ。

She's the only one who **stood by** me in all this.
彼女はこの間ずっと私を支えてくれたたったひとりの人です。

You're my friend and I will try to **stand by** you through this.
君は僕の友人だし、僕はこの間、君を支持してみようと思う。

A: I'm so nervous about this job interview.　面接がすごく緊張しています。
B: Don't worry, I'll **stand by** you.　心配しないで、私はあなたを支えます。

stand for ~　～を支持する、～を表している

stand for ～ は「～を表す、～を意味する、～を象徴する」という意味でよく使われる表現。What does FBI stand for? で「FBIというのは何を表しているのですか?」。stand forにはほかに「～を支持する、～のために戦う」という意味もあります。

What does BBL **stand for**?
BBLは何の略ですか?

What exactly does that **stand for**?
それは正確には何を表しているのですか?

That's what this ring **stands for**.
それはこの指輪が象徴しているものです。

You said that you **stood for** the poor.
君は貧しい人の味方だと言ったね。

A: The H on that car **stands for** Honda.　あの車に書いてあるHはホンダの略なんだ。

B: I've heard they are pretty good cars.　とてもいい車だと聞いたよ。

stand out　目立つ、外に立つ、突出する

stand outは文字どおり「外に立っている」、あるいは「突き出ている」という意味のほか、「目立つ」「際立っている」の意味でもよく使われる。

I want to be a person who always **stands out** in a crowd.
僕は群衆の中で常に目立つ人になりたいんだ。

She's **standing out** in the rain.
彼女は雨の中、外に立っている。

He **stands out** in a crowd because he's so tall.
彼は背が高いから、人混みでも目立つ。

I can tell. A real lady always **stands out** in a crowd.
わかるよ。本当の淑女というのは群衆の中でも目立つものなんだ。

A: Berry has gotten excellent grades this year.　ベリーは今年素晴らしい成績を取ったんだ。

B: He **stands out** from the rest of his classmates.　彼は他のクラスメートから突出しているよ。

stand *someone* [*something*] up （人）を待たせる、（人、もの）を立たせておく

stand up ～ は「立ち上がる」あるいは「（人や物を）立てる、立たせる」という意味。stand *someone* up は「～を外に立たせたままにする」ということから、「人に待ちぼうけを食わせる」「人との約束を破る」という意味になります。

例文

I can't believe he **stood me up** the other night.
先日の夜、彼が私を待たせたのが信じられないわ。

Your sister **stood me up** the other night.
君の妹は先日の夜、僕を待たせたんだ。

How could she just **stand me up** on a date?
どうして彼女はデートで僕を待たせるようなことをするんだ？

A: Someone knocked the trash can over 誰かがごみ箱をひっくり返したんだ。
B: **Stand it up** and start putting the trash back inside.
それを立たせて、中にごみを戻しておいてくれ。

stand up for ～ ～のために立ち向かう、～を擁護する

stand up for ～ は「～のために立ち上がる」という元々の意味から、「（人や権利などを）を守る、擁護する」「（人の）味方をする」と言うときに使います。

Many of us are afraid to **stand up for** what is right.
私たちの多くは正しいことのために立ち上がるのを恐れている。

Could you **stand up for** me, please?
私を守ってくださいませんか？

I'm just a guy who **stands up for** what he believes in.
僕は単に、彼が信じていることを支持する一人の人間だ。

Don't be afraid to **stand up for** what is right.
正しいことのために立ち上がるのを恐れるな。

It's time you **stood up for** yourself. Tell him you don't like that.
君自身のために立ち向かうときだよ。彼にそれが好きではないと伝えるんだ。

A: Some students like to study Aikido. 合気道を学びたい生徒もいるよ。
B: Well, it helps them **stand up for** themselves. まあ、それは彼ら自身の身を守るのに役立つね。

stand up to ~ ～に抵抗する

stand up to ～ は「～に向かって立ち上がる」という意味から、「～に立ち向かう」「～に耐える」の意味で使われる。stand up to+動詞「～するために立ち上がる」と間違えないようにすること。

Why don't you **stand up to** your boss?
上司に抵抗してみたらどう？

I went there to **stand up to** him.
私は彼に抵抗するためにそこまで行きました。

You **stood up to** the boss, nobody does that.
君は上司に抵抗したね、そんなこと誰もしないよ。

A: The teacher treated him very unfairly. 先生は彼をひどく不公平に扱ったんだ。

B: Did he **stand up to** the teacher? 彼は先生に抵抗したかい？

stand on *one's* own (two) feet 自立する

stand on ～は「～の上に立つ」。stand on the roofといえば「屋根の上に立つ」、stand on the tableで「テーブルの上に立つ」。stand on *one's* own feetは「自分の足の上に立つ」、つまり「自立する」「独立する」という意味です。

I can **stand on my own two feet** now.
僕は今、自立できているよ。

I am trying my hardest to **stand on my own two feet**.
私は自立するために一生懸命頑張っている。

You have to **stand on your own feet** someday.
いつか自立しなくてはならない。

A: It's time for you to **stand on your own two feet**. そろそろ君は自立するころだよ。

B: But I still need my parents to help me. でも、僕はまだ親の助けが必要なんだよ。

fall

fallの基本的な意味は「落ちる」。fall off a cliff「崖から落ちる」、fall onto the bed「ベッドに倒れ込む」、fall down the stairs「階段からころげ落ちる」など、体から落ちる、倒れることを意味します。fall+形容詞で「～の状態になる」という意味もあり、fall shortで「不足する」、fall asleep「寝入る」、fall in loveは「恋をする」。

1. 落ちる、減少する、(床に) 倒れる

Did you hurt yourself when you fell? 君は転んだとき、けがをしたかい？
She slipped and fell in the shower this morning.
彼女は今朝、シャワーを浴びているときに滑って転んだ。

2. (～の状態に) なる (fall+形容詞)

Why did you fall asleep in church? なぜ教会で寝ていたのですか？
I'm falling in love with you. 僕は君に恋をした。

fall asleep 眠りに落ちる、寝入る

fall asleep「寝入る」という表現ではfallがbecome「〜になる」という意味で使われています。形容詞asleepは「眠って」という意味。fall asleep -ingは「〜しながら寝入る」。

例文

You **fell asleep** with your head in the toilet.
君はトイレに頭を突っ込んだまま眠り込んだんだね。

Don't **fall asleep** at the wheel.
運転中に眠り込むなよ。

She has **fallen asleep** waiting for you to call.
彼女は君から電話がくるのを待っていて眠り込んでしまった。

A: Have you seen where Tammy is? タミーをどこかで見たかい？
B: She **fell asleep** a few hours ago. 彼女は1時間前に眠ったよ。

fall in love 恋に落ちる

fall asleepと同様に、fallがbecome「〜になる」という意味で使われています。誰に恋をしたのかを具体的に言うときは、withを使ってfall in love with *someone*とします。

I **fell in love** with the most beautiful girl in the world.
僕は世界で一番美しい女の子に恋をしたんだ。

She is definitely going to **fall in love** with you again!
彼女は間違いなく、また君を好きになるでしょう。

I've got to stop **falling in love** with strange women.
僕は変な女に惚れてしまうのをやめなければならない。

I **fell in love** with my divorce lawyer.
私は自分の離婚を担当する弁護士と恋に落ちてしまったの。

A: They **fell in love** when they were working together.
彼らは一緒に働いていたときに恋に落ちたんだ。
B: How romantic. Did they get married? なんてロマンチックなの。彼らは結婚したの？

fall short of ~ 〜に達しない、〜に及ばない

fall short「不足する」のfallもfall asleepやfall in loveと同じく、become「〜になる」という意味。fall short ofで「(目標や基準など)に達しない、(金や物などが)不足する」という意味。be [run] short ofも「〜が不足する」。

例文 He was **falling** far **short of** her high expectations.
彼は彼女の高い期待にまったく及んでいなかった。

Our supply of medicine **fell short**.
我々の薬の供給は不十分だ。

We help people who **fall short of** cash.
私たちはお金が足りない人を助けます。

At least they **fell short of** hitting me.
少なくとも、彼らは僕を殴るまでには至らなかった。

A: Did you make enough money to take a trip? 旅行をするのに十分なお金は稼げたかい？
B: No, I **fell short of** the amount that I needed. いや、必要な額に届かなかったんだ。

fall apart ばらばらになる、崩れる

副詞apartの意味は「離れて、ばらばらに」。fall apartには「(建物などが)壊れる、崩壊する」「(物が)ばらばらになる」「(人が)取り乱す」などの意味があります。「崩壊する、悪いほうに進む」という意味もあり、よく進行形で使われます。

His marriage **fell apart** after a short while.
彼の結婚生活はしばらく後に破綻した。

My entire body is **falling apart**.
全身がぼろぼろになりつつあるんだ。

My life is **falling apart**.
僕の生活は破綻しかけている。

Everything **fell apart**. We had a big fight and then I got slapped.
すべてが崩壊した。私たちは大喧嘩をし、私は平手打ちを食らった。

A: Are you telling me your car is broken again? また車が壊れたというの？
B: Yeah, it's been **falling apart** recently. そうなんだ、最近ぼろぼろなんだよ。

fall down　落ちる、倒れる

fall downは「下に落ちる」「(地面や床に)倒れる」。fall down a cliffと言えば「崖から落ちる」、fall down the stairsで「階段からころげ落ちる」。「(仕事などで)失敗する」という意味もあります。

I **fell down** the stairs. I'm fine.
僕は階段から落ちたんだ。大丈夫だよ。

My father **fell down** the stairs the other day.
父が先日、階段から落ちた。

I **fell down** the stairs and broke my tooth.
階段から転げ落ちて、歯が折れた。

The building **fell down**. Three people were crushed to death.
建物が倒壊した。3人が下敷きになって死んだ。

A: There is a lot of ice on the sidewalks today.　今日の歩道はひどく凍っているね。

B: Be careful that you don't **fall down**.　転ばないように気をつけてね。

fall for ~　~にだまされる、~が好きになる

fall forは聞き慣れないがよく使われる表現で、「(嘘や計略に)だまされる」「(人など)に夢中になる、好きになる」という意味があります。fall for *someone*で「(人に)夢中になる」。

Why does a girl **fall for** a bad boy?
なぜ女の子は悪い男に引っかかるの？

Don't **fall for** it. He'll only steal your money.
だまされるな。彼は君のお金を盗むだけだよ。

You **fall for** it every time!
君はいつもそれに引っかかるね！

She's a patient. I can't **fall for** our patients.
彼女は患者だ。患者を好きになってはいけないんだ。

A: Bonita is the smartest girl in our class.　ボニータは僕らのクラスで一番賢い女の子だよ。

B: I always **fall for** girls who are intelligent.　僕はいつも知性的な女の子を好きになるんだ。

fall into ~ 〜に陥る、〜に落ちる、〜にはまる

fall intoはベッドやソファに倒れ込んだり、体を投げ出す様子を表すときに使います。ほかに「(わななど) に落ちる、はまる」「〜を始める」という意味もあります。

例文

Don't let this **fall into** the wrong hands.
これを悪人の手に渡してはいけない。

I just **fell into** bed with my clothes on.
私は服を着たままベッドに倒れこんだ。

She has **fallen into** a black hole of debt.
彼女は借金のブラックホールに落ちてしまった。

Do you want to **fall into** the trap?
君は罠にはまりたいのか？

A: How did Patty hurt her leg? パティはどうやって足をけがしたの？
B: She **fell into** a ditch while she was walking. 彼女は歩いているときに、溝に落ちたんだ。

fall off ~ 〜から落ちる

fall offは「離れて落ちる」の意味合いで人などが自転車や屋根などから落ちるほか、服のボタンなどがとれるときにも使います。「(数や量が) 減少する、(質が) 低下する、(健康などが) 衰える」という意味もあります。

例文

I **fell off** my bike to avoid hitting a person.
人にぶつかるのを避けようとして自転車から落ちた。

Nothing big, I **fell off** my bike.
大したことないよ、自転車から落ちたんだ。

You had an accident. You **fell off** our ladder.
災難だったね。梯子から落ちたなんて。

She has definitely **fallen off** the wagon.
彼女は間違いなく禁酒を破ってしまったね。

A: Be careful you don't **fall off** the cliff. 崖から落ちないように気をつけろよ。
B: This mountain is very difficult to climb. この山に登るのはかなり難しいな。

fall on ~　～に落ちる、～に倒れこむ、～に降りかかる、～に当たる

fall onには、人や物が文字どおり「～の上に倒れる、落ちる」のほか、「(責任などが) 人に降りかかる」「(物や場所に) 殺到する」「(辛いことを) 経験する」「(記念日などに) 当たる」など、さまざまな意味があります。

例文

I can't believe you laughed when I **fell on** the ice.
私が氷の上で転んだときに笑うなんて信じられないわ。

I **fell on** the floor this morning.
僕は今朝、床に倒れた。

My birthday will **fall on** a Sunday this year.
今年の僕の誕生日は日曜日に当たるよ。

Why does that responsibility always **fall on** us?
なぜその責任がいつも私たちに降りかかってくるの？

A: A pile of books **fell on** me when I was working.
仕事をしているとき、本の山が僕に倒れかかってきたんだ。

B: Oh dear. Did you get hurt by them?　あらまあ。けがをしたの？

fall out　落ちる

fall outは「外に落ちる」「離れて落ちる」という意味。「～から落ちる」「(歯や髪の毛などが) 抜ける」のほか、fall out with ～で「～と喧嘩する」のように使われます。「～な結果が出る」の意味合いもあります。

What is the card that **fell out** of your jacket?
あなたのジャケットから落ちてきたこのカードは何？

I **fell out** of your bed this morning.
今朝、あなたのベッドから落ちたわ。

My hair started **falling out**.
髪の毛が抜け始めたんだ。

Everything **fell out** as I expected.
すべてが思ったとおりになった。

A: So Maggie and Jason have been fighting?
じゃあマギーとジェイソンは喧嘩したの？

B: Yeah, they **fell out** over their credit card bills.
うん、彼らはクレジットカードの請求のことで口論したんだ。

stop

動詞stopは行動や動作を止めること。stop *something* [*someone*]で「(人・物を) 止める」、stop -ingで「～するのをやめる」。ただし、stop to+動詞は「～するために立ち止まる」という意味になるので注意。stop to fightは「戦うことをやめる」ではなく、「戦うために立ち止まる」。

1. 止める、停止する、辞める

Please stop just before that traffic light.　信号の直前で止まってください。

Stop right where you are.　ちょうどあなたがいるところで止まりなさい。

2. ～を止める、中断する、やめさせる

Would you stop that?　それをやめていただけますか？

Stop doing that.　そんなことはするな。

Stop the bus.　バスを止めろ。

3. (名詞) 停止、中止、停車 (場)

What's the next stop?　次はどこに止まりますか？

Where's the bus stop?　バス停はどこですか？

stop *something* [*someone*]　（もの、人）を止める、やめる

stop *something* は「〜を止める」「〜をやめる」。stop *someone* は「（人を）止める」「〜をやめさせる、中断させる」。

Please **stop the fighting**!
けんかはやめてください！

We couldn't **stop the bleeding**.
僕らは出血を止めることができなかった。

Stop it, I'm serious!
それをやめろ、本気で言っているんだ！

The one trait that'll **stop you achieving** your goals.
あなたの目標達成を阻むたった１つの特徴です。

A: I heard this house has a ghost.　この家に幽霊がいるって聞いたよ。
B: **Stop it**! You're scaring me.　やめろよ！　怖いじゃないか。

stop for *something*　（もの）のために止まる、立ち寄る

stop for *something* は「〜のためにやめる」。「（for 以下の事柄のために）止まる、立ち寄る」という意味です。

Do you want to **stop for ice cream**?
アイスクリームを食べに立ち寄りたい？

You can go to the toilet when we **stop for gas**.
ガソリンを入れるために止まっているとき、トイレに行けるよ。

We **stopped for a cocktail** after work.
仕事の後、カクテルを飲みに立ち寄りました。

A: Where do you want to **stop for breakfast**?　どこに寄って朝食を取ろうか？
B: Let's go to a pancake restaurant.　パンケーキの店に行こう。

stop to ~ 〜するために立ち止まる

stop to+動詞「〜するために立ち止まる」。この場合、to+動詞はstop and+動詞と言い換えることができる。不定詞の副詞的用法で「〜するために」という意味。stop to thinkは「立ち止まってよく考える」「じっくりとよく考える」の頻出表現。

He **stopped to** stare at her going into the bar.
彼は彼女がバーに入っていくのを立ち止まってしっかり見た。

I just **stopped to** see if I could help.
助けられるかどうか確認するために止まっただけだよ。

Okay, then why don't you **stop** and go **to** bed?
わかった、じゃあ作業をやめて寝たらどう？

Don't **stop to** think. Just ... tell me.
考えこまないで。ただ私に教えてよ。

A: Look at the beautiful scenery.　あの美しい景色を見てよ。
B: We'll **stop to** take some pictures of it.　足を止めて写真を撮ろう。

stop -ing 〜するのをやめる

stopの目的語に動詞の -ing形をとってstop -ingと言うと、「〜するのをやめる」という意味になります。stop *something*「〜をやめる、止める」の目的語*something*が、動詞の -ing形になったと考えればいいでしょう。

Would you please **stop telling** me lies?
嘘をつくのをやめていただけますか？

I always **stop eating** before I feel full.
僕はいつもおなかがいっぱいになる前に食べるのをやめる。

I won't stop to smoke. I **stopped smoking**.
僕はたばこを吸うために立ち止まるんじゃない。吸うのをやめたんだ。

I've had it. **Stop acting** like my mother.
もううんざりだよ。母親のように振舞うのはやめてくれないか。

Will you **stop doing** that?
そんなことをするのはやめてくれませんか？

A: You have to **stop smoking**.　君はたばこを吸うのをやめるべきだよ。
B: I know, but it's very difficult.　わかってるよ、でもとても難しいんだ。

(Please) Stop -ing! ～するのをやめなさい（やめてください）！

stop -ing「～するのをやめる」という表現は命令文でよく使われます。Don't stop -ingと言えば、「～するのをやめないでください」、つまり「～し続けなさい」の意味です。

Stop saying that! Will you say something else?
そんなこと言うのはやめろよ！　何か他のことを言ってくれない？

Stop being lazy. You need to study harder.
だらだらするのはよしなさい。もっと一生懸命勉強しないといけないわ。

Stop looking at me like that.
私をそんなふうに見ないでよ。

Stop talking to me like you're my boyfriend!
彼氏かのように話しかけるのはやめてよ！

Don't stop believing in yourself, even when things get tough.
困難な時でも、自分を信じることをやめないで。

A: **Stop jumping** on the bed you two!　2人ともベッドの上で飛び跳ねるのはよしなさい！

B: But it's so much fun, Dad.　でも楽しいんだよ、パパ。

stop *someone* [*something*] from -ing （人、もの）が～するのを妨げる

stop -ingを使って「（人・物などが）～するのを止める、やめさせる」と言いたいときは、stop *someone* [*something*] from -ingのように表現します。

There's nothing to **stop me from divorcing** him.
彼との離婚を妨げるものは何もないわ。

I couldn't **stop you from doing** this.
僕は君がこれをするのを止められなかったんだ。

Why did she **stop me from dating** Adam?
なぜ私がアダムとデートするのを邪魔したの？

I came running to **stop her from leaving**.
彼女がいなくなるのを止めようと走ってきたんだ。

A: There are too many items on that table.　あのテーブルの上にはものが多すぎるよ。

B: We need to **stop it from falling** over.　倒れないようにしないとね。

stop *oneself* from -ing　～するのをやめる、～することから自分を抑える

「(自分が) ～するのを自制する、我慢する」と言う場合の表現。stop *oneself*は「こらえる、我慢する、辛抱する」。

例文 He tried to **stop himself from doing** the dishes, but couldn't.
彼は皿を洗うのをやめようとしたが、やめられなかった。

Why did you **stop yourself**?
なぜ自分を抑えたの？

I can't **stop myself from loving** you.
自分でも抑えきれないくらい君を愛しているんだ。

She **stopped herself from laughing**.
彼女は笑いをこらえた。

会話例

A: I'm getting too fat these days.　このごろ太りすぎてるんだ。

B: You have to **stop yourself from eating** too much.　食べ過ぎをやめるべきだね。

can't stop -ing　～するのをやめられない、～が止まらない

can'tは「～することができない」、stopは「～を止める、やめる」なので、can't stop -ingは「～するのを止められない、やめられない」の意味になります。その行動・動作をせざるを得ないという強い意味を持ちます。

例文 Ever since you left, I **can't stop thinking** about you.
君が去ってからというもの、君のことを考えるのをやめられないんだ。

I **can't stop crying**.
泣くのを止められないんだ。

I'm sure you **can't stop loving** me.
あなたが私を愛さないわけにはいかないのはわかっているわ。

I **couldn't stop laughing** at your story.
君の話に笑いが止まらなくなった。

会話例

A: Why are you always so sad?　なぜ君はいつもそんなに悲しそうなの？

B: I **can't stop thinking** about my ex-boyfriend.　元彼のことを考えないわけにはいかないのよ。

stop at ~ ～に止まる、～に立ち寄る

atは「～で」という場所を示す前置詞。stop at ～ で「～に止まる」という意味のほか、「～に立ち寄る」という意味があります。

例文

I got lost and had to **stop at** a store for directions.
道に迷って、道を尋ねるために店に寄らざるを得なかったんだ。

Does this train **stop at** Shinjuku?
この電車は新宿で停車しますか？

How about we **stop at** the store and get something to eat?
店に立ち寄って、何か食べ物を買うのはどうですか？

Why don't you **stop at** a bar for a couple of drinks?
バーに立ち寄って何杯か飲むのはどうですか？

A: Can we **stop at** someplace to eat? どこか食べるところに寄らない？
B: Sure. You must be getting hungry. いいよ。君はおなかが減ってるはずだ。

stop by [in] ~ ～に立ち寄る

stop at ～ と同じく「～に立ち寄る (make a short visit)」の意味。stop byの後に立ち寄る場所を続けます。stop in ～ にも「ちょっと立ち寄る」の意味があり、立ち寄る場所を具体的に示すときはinの後にatやonを使います。

I have to **stop by** the cleaners on my way home.
帰宅途中でクリーニング屋に寄らなければならないんだ。

Stop by any time after Friday.
金曜日以降はいつでも立ち寄ってくれよ。

We just wanted to **stop by** and say good night.
ちょっと寄っておやすみを言いたかっただけだよ。

I just **stopped by** to see how you're doing.
あなたの調子を確認するために立ち寄っただけよ。

I'll **stop by** the drugstore.
薬局に寄るつもりだよ。

A: Some friends will **stop by** this afternoon. 今日の午後、友達が何人か立ち寄るよ。
B: What time will they be coming? 何時に来るの？

stop off　途中で立ち寄る、下車する

stop offは「離れて止まる」、つまり「（旅などの途中で）～に立ち寄る、途中下車する、泊まる」という意味があります。stop off for ～ は「～のために立ち寄る」で、stop off for a restと言えば「休憩のために立ち寄る」。stop off at ～は「～に立ち寄る」。

例文

She **stopped off** at the bookstore on her way home.
彼女は家に帰る途中で本屋に寄った。

I **stopped off** at the Korean deli to get some crackers.
韓国風のデリに立ち寄ってクラッカーを買った。

I **stopped off** and picked up some dessert for you ladies.
途中で降りて女性陣にデザートを買ったんだ。

Let's **stop off** for a drink.
飲みに寄っていこう。

A: I need to **stop off** at the post office.　郵便局に寄らなければならないんだ。
B: Me too. I have some letters to mail.　僕もだよ。送りたい手紙があるんだ。

stop over　立ち寄る

stop offと同じく、「（旅の途中で）立ち寄る、泊まる」という意味。飛行機を乗り換えるときなどに、「～で降りる、ストップオーバーする」の意味でも使われます。名詞stopoverは「（特に飛行機での）旅行中の短い滞在、途中下車」。

I **stopped over** in Los Angeles on our way to Chicago.
シカゴに行く途中でロサンゼルスに立ち寄ったわ。

Why don't you just **stop over** for coffee sometime?
そのうちコーヒーを飲みに寄るのはどう？

Why don't you **stop over** some night for a home-cooked meal?
夜いつか、家庭料理を食べに寄ったらどう？

We had to **stop over** one night in Los Angeles.
ストップオーバーでロサンゼルスに1泊しなければならなかった。

A: The plane is going to **stop over** in Ireland.　飛行機はアイルランドにちょっと停まる予定だよ。
B: Oh, that sounds like an interesting place.　ああ、面白そうな場所だね。

stay/move

stayの元の意味は「どこかに移動せずに、今いる場所にとどまる、とどまっている」。stay homeは「家にいる」、stay hereは「ここにいる」という意味。stay away from、stay out ofはともに「～から離れている、～にかかわらない」。stay+形容詞で「～のままでいる、～の状態を保つ」という意味です。
他方、moveはそれとは反対に、「人や物の物理的な位置・場所を変える、移動する」ことを表します。「引っ越す」「転職する」「行動する」「展開する」などの意味もあります。

1. 留まる、住む、そのままいる
Can you tell me where you're going to stay? どこに滞在するつもりか教えてもらえますか？
How long are you planning to stay in the US? どのくらいアメリカに滞在するつもりですか？

2. ～の状態にある（stay+形容詞）
Please stay calm. 落ち着いてください。

3. （名詞）留り、滞在（期間）
Enjoy your stay. 楽しんでお過ごしください。

4. move　動く、行く
Don't move. 動くな。
(It's) Time to move. 移動する時間だ。
Let's move it. さあ急ごう。
Let's move out. さあ行きましょう。

stay away from ~ ～から離れている

stay away from *someone* [*something*]で「(人・物) から離れている」「(人・物)にかかわらない」という意味。

例文 I'm strongly suggesting that you **stay away from** her.
彼女から離れることを強くお勧めします。

She is so mean. I think you should **stay away from** her.
彼女は本当に意地悪だよ。君は彼女とはかかわらない方がいいよ。

Stay away from the traffic accident.
交通事故から離れてください。

A: What do you think of Brandon? ブランドンのことをどう思う？
B: **Stay away from** him. He's no good. 彼にはかかわらないで。いい奴じゃないんだ。

stay back 離れている、後ろに下がっている

stay backは「後ろにとどまる」、つまり「(近寄らずに) 下がっている」という意味。何に近寄らないのかを具体的に述べるときには、from *something*を続けます。

I need you to **stay back** right now!
今すぐ君に離れてもらいたいんだ！

You have to **stay back**. I have a bad flu.
君は離れていないといけないよ。僕は悪質なインフルエンザにかかったんだ。

Just **stay back**!
ちょっと後ろに下がってろ！

Stay back! I'm married.
離れてよ！　私は結婚しているのよ。

A: **Stay back** from the side of the mountain. 山の斜面から離れなよ。
B: It looks very dangerous over there. 向こうはとても危険そうだね。

stay in ~　～に居座り続ける

stay in ～「～の中にとどまる」とは、つまり「～に居残る」「（外出せずに）家にいる」ということ。stay outは「（～の）中に入らずに外にいる」「（～から）外に出ている」「外出したままである」。

Do you really want to **stay in** your house?
君は本当にずっと家にいたいのかい？

It's best you **stay in** there.
君がそこにいるのが一番だよ。

I can **stay out** as late as I want.
僕は好きなだけ遅くまで外出していられるよ。

Let's **stay outside** for a while.
しばらく外にいましょう。

A: Look at that rain. I'm going to **stay in** today.　あの雨を見てよ。今日は家にいることにしよう。

B: Me too. I don't want to get wet.　私も。濡れたくないもの。

stay out of ~　～に関わらない、～に口出ししない、～に巻き込まれないようにする

stay out ofは「～から外にとどまる」、つまり「～と関わらないでいる」ということ。「（～の）中に入らずにいる」「介入しない」「口出ししない」の意味もあります。

You're not his girlfriend. **Stay out of** it!
あなたは彼の彼女じゃないのよ。口をはさまないで！

If you **stay out of** the way and stay quiet, you stay alive.
余計なことをせず黙っていたら、生きていられるわよ。

Well, good luck to everyone. **Stay out of** trouble.
そうだな、みんなの幸運を祈る。トラブルに巻き込まれないように。

I asked you to **stay out of** this.
これには関わらないよう君に頼んだよね。

A: Why is my ex-girlfriend calling you?　なぜ僕の元カノが君に電話しているんだい？

B: Please you **stay out of** this.　君は関わらないでくれよ。

stay over　泊まる

stay over「向こう側にとどまる」は、自分の家ではない場所に泊まることを意味しています。飛行機を乗り換えるとき、しばらくとどまることもstay overと言います。

例文

We'll **stay over** till he shows up.
僕らは彼が現れるまで泊まるつもりだよ。

I will **stay over** till your mother comes back.
君のお母さんが返ってくるまで泊まるつもりだよ。

Do you need me to **stay over** for a couple of days?
私に何日か泊まってもらいたいの？

I've got to get up really early, so you can't **stay over**.
本当に早く起きなきゃいけないのよ、だからあなたは泊まらないで。

会話例

A: Where are your kids tonight?　君の子どもたちは今夜どこにいるの？
B: They are **staying over** with their cousins.　いとこの家にお泊りよ。

stay up　寝ずに起きている

stay upは「(活動などが)高まった状態でいる」という意味から、「(寝ないで)起きている」という表現。stay up late「遅くまで起きている」、stay up all night「徹夜する」。

例文

I have to **stay up** and do a little work tonight.
今夜、寝ずにちょっとした作業をしなければならないの。

We **stayed up** all night talking.
私たちは夜通し話をした。

We just **stayed up** all night chatting on the internet.
僕らは一晩中インターネットでチャットしていた。

If you don't mind, I could **stay up** late.
君がいいのなら、僕は遅くまで起きていられるよ。

会話例

A: I feel like I want to go to sleep.　眠たくなってきたな。
B: You have to try to **stay up** and study.　君は寝ないで勉強しなければならないんだよ。

stay with ~　～の家に滞在する、～に付き添う

stay with *someone*は「～と一緒にとどまる」、つまり「～の家に滞在する」「～と一緒にいる」という意味。stay withの次に*something*が続いて、「(練習・計画など) をあきらめずに続ける」という意味で使われることもあります。

例文

She's coming to **stay with** me for a couple of days.
彼女は数日間私の家に泊まりにやってくるだろう。

If you want, you can **stay with** me tonight.
君が望むのなら、今夜私と一緒にいてもいいよ。

When we get to Chicago, can I **stay with** you?
私たちがシカゴに着いたら、君の家に泊まっていいかな？

Can you hear me? **Stay with** me.
聞こえる？　僕と一緒にいてよ。

A: I'd like you to **stay with** me tonight.　今夜、僕の家に泊まってもらいたいんだ。

B: I can stay a little longer but I have to go home at twelve.　もう少しはいられるけど、12時には家に帰らないといけないの。

move in [out]　引っ越してくる、出ていく

moveの基本的な意味は「動く」「動かす、移動させる」。move inは「引っ越して来る、入居する」、move outは「引っ越していく、立ち退く」。

That's really sweet. But I can't **move in** with you.
素敵ね。でも、あなたと一緒に住むことはできないの。

I want you to **move in** with me.
僕と一緒に暮らしてもらいたいんだ。

You can't **move in** with me.
あなたは私とは一緒に暮らせないわ。

I heard that he **moved out** to Hollywood.
彼がハリウッドに引っ越したと聞いたよ。

A: How about I **move in** with you?　僕が君と一緒に暮らすのはどう？

B: Well, that would be great.　そうね、それもいいわね。

move on (to)　先に進む、立ち去る、(新しい話題などに) 移る

move onのonは「(ある動作を) 続けて、ずっと、どんどん」という意味の副詞。move onは「どんどん動く」ということから、「(次の仕事や段階に) 移る」「(別の場所に) 移動する」「次の話題に移る」「〜から進歩する」「立ち去る」などさまざまな意味に使われます。

例文

So let's move on to our next subject.
じゃあ次の議題に進みましょう。

I failed at this job, so I'm going to move on.
この仕事で失敗してしまったから立ち去るつもりだよ。

You'll move on when you're ready to.
あなたは準備ができたら立ち去るつもりなのね。

We have to move on to Plan B.
我々はプランBに移らなければならない。

A: Have we finished this part of the project?　僕らはプロジェクトのこの部分を終えたっけ？

B: Yes, let's move on to the next part.　はい。次のパートに進みましょう。

be moved by ~　〜に感動する

moveが心を動かす場合の表現。受け身の形でよく使われます。形容詞のmoving (感動的な＝touching) も一緒に覚えておきましょう。

He was moved by his wife's charming story.
彼は妻の素敵な話に感動した。

She was so moved by Jack's story.
彼女はジャックの話にとても感動した。

Audience was deeply moved by his performance.
観客は彼の演奏に深い感銘を受けた。

I was moved by the President's speech.
大統領のスピーチに感動した。

I can't remember ever reading anything so moving.
こんなに感動的な本を読んだのは初めてです。

A: We were moved by the people that helped us.　我々を助けてくれた人たちに感動したんだ。

B: I think that they were very kind.　彼らはとても親切だったよね。

get a move on (~)　急ぐ、始める

通常命令文で使われる表現で、Get a move on! と言えば「ぐずぐずするな」「急げ」。Let's get a move on. は「早くしましょう」「急ぎましょう」。

Get a move on!
急げ！

I'd better get a move on it.
僕はそれを急いだほうがいいね。

If you don't get a move on, we're not going to make it.
急がないと間に合わないよ。

A: Let's get a move on it. I want to leave.　急ごう。僕は出発したいんだ。
B: OK, I'll be ready in ten minutes.　わかった、10分後には準備できると思う。

More Expressions

- **stay for dinner**　夕食の時間までゆっくりする
  I don't think I can stay for dinner.
  僕は夕食を食べていけるとは思わないよ。
- **stay between ~**　～の間だけの話だ
  I have an idea. But it stays between us. Agreed?
  僕には考えがあるんだ。でも、それはここだけの話だよ。わかった？
- **stay clear of ~**　～に近寄らない
  Stay clear of people who ask for money.
  お金を要求する人たちに近寄るなよ。
- **stay tuned**（TVやラジオ）　チャンネル（局）を変えずにいる
  Don't go away. Stay tuned.
  チャンネルはそのままで。
- **stay put**　その場にとどまる
  All right, you two stay put right there.
  わかった、君たち二人はちょうどその場所にいなさい。

believe

believeは「～を信じる」。目的語に*someone* [*something*]をとって、「～を信じる、本当だと思う」の意味でよく使われます。believe in ～は「～の存在を信じる」「(人)を信頼する、信用する」「(物事)の正しさ[価値]を信じる」という意味。believe in luckは「運を信じる」。I believe (that)主語＋動詞は「私は～だと思う、考える」という意味ですが、I think (that)主語＋動詞に比べて、自分がthat以下のことを信じている、本当だと思う度合いが強いと言えます。

1. 信じる

I don't [can't] believe my eyes. 自分の目が信じられないよ。
I believe in you. 私はあなたを信頼しています。
You don't believe in anything. 君は何も信じないんだね。

2. ～と思う (believe主語＋動詞)

I believe she is the best in her class. 僕は彼女がクラスで一番だと信じているよ。
I believe he isn't guilty. 彼は有罪ではないと信じています。

believe it　それを信じる

believe itは頻出表現で、「それを信じる」という意味。itのほかにもthisやthatが使われ、前出の内容を代名詞で受けています。

Believe it or not, it sounds exciting.
信じられないような話だけど、それは楽しそうだよ。

You'd better **believe it**!
本当だよ！

Do you expect me to **believe that**?
僕がそれを信じると期待しているのかい？

I don't **believe this**! You talked to her about that?
信じられないよ！　君はそれを彼女に話したのかい？

A: The stock market just dropped by 200 points.　株価がたった今200ポイント下落したんだ。

B: Are you sure? I don't **believe it**.　本当に？　それは信じられないよ。

believe *someone*　(人)を信じる

believeの後に人を続けて「〜を信じる」。Believe you!「君を信じる！」、Believe me!「私を信じて！」、I don't believe you!「私はあなたを信じない！」、You don't believe me?「私を信じないの？」などはよく使われる表現。

Of course. I don't **believe you**.
もちろん。僕は君を信じていないんだ。

So **believe me**, I know exactly how you feel.
だから私を信じてよ、あなたがどう思っているかちゃんとわかっているの。

I didn't **believe him** because he's always lying to me.
彼はいつも嘘ばかりついているから、僕は信じなかった。

Nobody's going to **believe her**.
誰も彼女を信じないだろうね。

Whatever you say, I **believe you**!
君が何と言おうと、僕は君を信じるよ！

A: **Believe me**, I saw a real ghost.　僕を信じろよ、本物の幽霊を見たんだ。

B: I think you are mistaken about that.　君はそれを間違って思い込んでいるんだと思う。

I believe that [what] ~ 私は～だと信じている

I believe (that) 主語＋動詞は「私は～だと信じる」。that以下の節で信じる内容を伝える。that節の代わりにwhat節を使うこともあります。You are not going to believe what ～「君は～のことを信じないだろう」は何か驚くようなことを相手に伝えるときに使う表現。

例文

I still **believe that** you and Linda are going to get back together.
君とリンダがよりを戻すと僕は今も信じているよ。

You'll never **believe what** he told me.
彼が私に言ったことを君は絶対に信じないだろう。

They are being careful because they **believe you** are lying.
彼らは君が嘘をついていると思っているから、注意深くなっている。

I don't **believe what** I'm hearing.
耳にしていることを僕は信じないよ。

A: What kind of job would you recommend? どんな仕事がおすすめですか？

B: I **believe that** you should become a dentist. 君は歯科医になるべきだと信じているよ。

I can't believe (that) ~ ～が信じられない

I can't believe (that) 主語＋動詞「～だとは信じられない」は、that以下のことに驚いたときに使う表現。that節の代わりにwhat節やhow節が来ることもあります。

I **can't believe** it was 34 years ago that I married him.
彼と結婚したのが34年前とは信じられません。

I **can't believe** my team lost the baseball game.
僕のチームが野球の試合に負けなんて信じられないよ。

I **can't believe** this is happening again.
こんなことがまた起こるとは思えません。

You **can't believe** how sorry I am.
私がどれだけ残念に思っているかわからないでしょう。

A: I **can't believe** that we're breaking up. 僕らが別れるなんて信じられないよ。

B: I guess all good things must come to an end. どんないいことにも終わりがあるんだと思うよ。

Can you believe ~? ～だと信じられますか？

I can't believe (that) 主語＋動詞と同様に、驚くようなこと、信じられないことを相手に伝えるときに使います。

Can you believe she spent 10,000 dollars while shopping?
彼女が買い物中に１万ドル使ったなんて信じられますか？

Can you believe he didn't know it?
彼がそのことを知らなかったなんて信じられる？

Can you believe she had a date with the teacher?
彼女が先生とデートしていたなんて信じられる？

Can you believe I found it in your house?
あなたの家で私がそれを見つけたなんて信じられますか？

A: **Can you believe** she got pregnant? 彼女が妊娠したなんて信じられますか？

B: You can't be serious. She's not married yet. 本気で言ってるんじゃないよね？ 彼女はまだ結婚していないんだぞ。

It is hard [difficult] to believe that ~ ～は信じがたい

I can't believe that 主語＋動詞と同じように、驚くようなこと、信じられないことを知ったときに使う表現で、that節で驚いた内容を述べます。(It's) Hard to believe! と言えば、「信じられない！」。

It's just hard to believe that's what killed him.
それが彼を殺した理由だとはちょっと信じがたい。

It's hard to believe they didn't come to work.
彼らが仕事に来なかったのは信じがたい。

Why do you find **it so hard to believe**?
なぜそんなに信じがたいと思っているの？

You may find **this very hard to believe**, but it's true.
君にはとても信じられないかもしれない、でもそれは真実なんだ。

A: **It's hard to believe** Natalie left. ナタリーがいなくなったなんて信じられない。

B: I wish that she was still here. 彼女が今でもここにいてくれたらね。

believe in　～(人、もの、～すること)を信頼する、～の存在を信じる

believe *someone* [*something*]が「～を信じる」なのに対して、こちらは「～の存在を信じる」「(人)を信頼する、信用する」「(物事)の正しさ[価値]を信じる」という意味なので、しっかりと違いを覚えましょう。believe in Godは「神の存在を信じる」、believe in walking every dayは「毎日歩くことが体によいと信じる」。

Do you **believe in** past lives?
あなたは前世を信じていますか？

I'm still not sure I **believe in** God.
僕は神を信じているかどうかわからないんだ。

Do you **believe in** heaven?
あなたは天国があると信じていますか？

I don't **believe in** luck [destiny, miracles].
私は運［運命、奇跡］を当てにしていません。

I need you to **believe in** me.
僕を信じてもらう必要があるんだ。

I **believe in** being nice.
親切であることの正当性を信じています。

A: Do you **believe in** UFOs?　君はUFOの存在を信じる？
B: It's possible that they exist.　存在し得るよ。

More Expressions

not believe a word of ~　一言も信じない
No one is ever going to believe a word of that.
誰もその言葉を信じようとはしないだろう。

believe so　そう信じている
I believe so.
私はそう信じています。

I don't believe so.
そうとは信じられないよ。

be believed to be ~　～だと思われている
It is believed that English is hard to learn.
英語は学ぶのが難しいと思われている。

believe ~ as ...　～を…と信じる、思う
Do you believe this as the truth?
これが真実だと思えますか？

set

setの基本的な意味は「〜を設置・固定する」。set up「(コンピューターなどを) 立ち上げる」という表現を知っている人は多いでしょう。set rulesのように「(規則や制度・基準など) を定める」という意味のほか、set a dateのように「(時間・数量などを) 設定する」、set the alarm clockのように「(時計や機械などを) 設定する、調整する」という意味でも使われます。

1. 置く

She set some flowers on the desk.　彼女は机の上に花を置いた。
The waiter set our meal in front of us.　ウェイターは私たちの目の前に料理を置いた。

2. (模範、例などを) 立てる、見せる

Right now, BMW has set the standard for quality cars.
現時点で、BMWは高品質の車の基準となっている。

3. (日時などを) 決める、合わせる、設置する

We haven't set a date yet.　僕らはまだ日にちを決めてないんだ。
Would you help me set up the computer?　コンピューターを設定するのを手伝ってくださいませんか？

set a date　日取りを決める

set a dateは結婚式など行事の「日取りを決める」こと。時計や機械を設定したり、調整したりするという意味でも使われ、set the clockは「時計を合わせる」、set the alarmは「目覚ましをかける」。

I'm getting married. We'll **set a date** soon.
僕はもうすぐ結婚するんだ。すぐに日取りを決めるよ。

Have you **set a date**? Are you really getting married?
日取りは決めましたか？　本当に結婚するつもりなのですか？

They **set the date** for May 11.
彼らは5月11日に決めた。

I **set the alarm** for a quarter to six.
5時45分にアラームをかけた。

A: So, you are planning to get married?　じゃあ、結婚する予定なのね？
B: Yes, but my fiancée and I haven't **set a date**.
うん、でもフィアンセとはまだ日取りを決めていないんだ。

set a goal　目標を定める

setは規則や制度、基準などを定めたり、確立したりする意味でも使われます。set a goal「目標を決める」、set a record「記録を樹立する」、set the rules「規則をつくる」、set the standard「基準を設定する」。set an example「手本となる」という表現もあります。

Before **setting a goal**, you have to define the need at first.
目標を設定する前に、まずニーズを定義する必要があります。

When you **set a goal** and reach that goal, it gives you the taste of victory.
目標を設定し、それを達成したとき、勝利を味わうことができるのです。

I will **set the standard** as a teacher.
私が教師としての基準を設定しましょう。

A: How can I make a million dollars?　僕はどうやったら100万ドル稼ぐことができるだろう？
B: You need to **set a goal** to help you do it.　それを達成するには目標を設定しなければならないよ。

set ~ free　～を解放する、～を自由にする

set *someone* [*something*] freeは「(人や物)を拘束していた状態から放す」ということです。

The truth shall **set** you **free**.
真実があなたを自由にするでしょう。

How about **setting** your parrot **free**?
君のオウムを放してやったらどうだい？

And you let me go, **set** me **free**.
僕を解放して、自由にさせてよ。

She escaped herself or someone **set** her **free**.
彼女が自分で逃げたか、誰かが彼女を逃がしたんだ。

A: Didn't you have a bird in this cage?　かごの中で鳥を飼ってなかった？
B: I did, but I decided to **set** him **free**.　飼ってたよ、でも自由にしてやることにしたんだ。

be all set　準備万端である

be set (for ～)は「～のために配置された」、すなわち「～する準備ができている」という意味。そこから、be all set で「準備万端である」「すっかり支度ができている」となります。be readyとほぼ同じ意味。

Everything'**s all set** for the wedding except a bride.
新婦を除いて結婚式の準備はすべて整っている。

Are you **all set** for traveling?
旅行の準備は整っているの？

Are you **all set** to go? We might be late.
行く支度はできているの？　遅刻するかもしれないわ。

We'**re all set** to leave. Let's go on a cruise.
みな出発する準備はできているよ。クルーズ旅行に出かけよう。

A: I think we're just about ready for the meeting.　会議の準備はほとんどできていると思うよ。
B: **Is** everything **all set** up?　すべて準備万端なの？

be set to ~　～することになっている

動詞setには「～を配置・設定する」の意味があります。受動態としてbe set to+動詞とすると、「～する準備ができている」「～しそうだ」「～することになっている」の意味を持ちます。

例文

My father **is set to** give testimony in the trial.
父は裁判で証言をすることになっています。

She'**s set to** receive it when she turns twenty-five.
彼女が25歳になったらそれを受け取ることになっています。

I'm sorry, but my phone **was set to** vibrate.
ごめんなさい、携帯電話がマナーモードになっていました。

When **are** you **set to** interview Bob?
ボブにはいつインタビューすることになっているの？

A: Is everyone ready to get started?　みんな始める準備はできてる？
B: I think they **are set to** get to work.　働き始めることになっていると思うよ。

set (*someone*) to work　（人）に仕事を始めさせる

set to workは「～の仕事に取りかかる、着手する」という意味。set *someone* to workのようにsetの目的語に人が来ると、「人に仕事をさせる」という意味になります。

I **set the kids to work** on their textbooks.
私は子どもたちに教科書で勉強するようにしました。

Let's **set them to work** painting the house.
彼らに家のペンキ塗りを始めさせましょう。

I'll **set you to work** organizing the files.
君にファイル整理をやってもらうよ。

Rescue workers **set to work** immediately after the mine collapsed.
鉱山が崩れ落ちた直後にレスキュー隊員が働き始めた。

How about we **set to work** right now?
今すぐ仕事を始めてはどうでしょう？

A: Did you meet the new maid?　新しいお手伝いさんに会ったかい？
B: Yeah, I **set her to work** cleaning the bathroom.　うん、風呂掃除から始てもらったよ。

set against ~ 〜と対立する、〜と敵対する

againstは「〜に対抗して、対立して」という意味を持つ前置詞。set *someone* against 〜で「人と〜を敵対させる」「人に〜に反対させる」。

例文
The company tried to **set** workers **against** other workers.
その会社は従業員を他の従業員と対立させようとした。

I'm dead **set against** it.
僕はそれに断固反対だよ。

The tennis match will **set** Andre **against** Pete.
そのテニスの試合はアンドレとピートの対戦になるね。

Their jealousy **set** Tim **against** Tom.
彼らの嫉妬がティムをトムと敵対させた。

The football game **set** our school **against** its rival.
そのサッカーの試合は僕らの学校対ライバル校だった。

A: The tournament will **set** us **against** another team.
トーナメントは僕らと別のチームの対戦になるだろう。
B: I'm sure we are going to be the winners. 僕らが勝つのは確かだね。

set aside 取っておく、蓄えておく

set asideは「脇に置く」で、「（金・時間などを）〜に備えて取っておく、蓄えておく」。put aside「（金や食べ物などを）とっておく」「（時間を）空けておく」とほぼ同じ意味。

The money we **set aside** is not enough.
僕たちが蓄えたお金は不十分だね。

He had money **set aside** for this.
彼はこのためにお金を貯めていた。

I **set aside** this weekend to celebrate my wife's birthday.
妻の誕生日を祝うためにこの週末を空けておいたんだ。

I have a lot of time. I **set aside** my whole weekend.
僕にはたくさんの時間がある。週末を全部空けておいた。

A: Can you **set aside** your work for now? 今は仕事をやめてくれないか？
B: No, this has to be completed today. 無理よ、今日中に終わらせなくちゃいけないんだから。

set off 出発する、～を作動させる

offは「出発して」「立ち去って」を意味する副詞。set offには「出発する」のほか、「～を爆発させる」「～を作動させる」「～を引き起こす」などの意味があります。

They set off to get the baby back.
彼らは赤ん坊を取り戻すために出かけた。

We set off to visit the country.
私たちはその国を訪れるために出発しました。

He set off the fire alarms at school for fun.
彼は面白半分に学校の火災報知機を作動させた。

We're going to have to set it off manually.
我々はそれを手動で動かさなければならないだろう。

A: Where has your son gone? 君の息子はどこに行ってるの？
B: He set off to travel around Europe. ヨーロッパのあちこちを旅しに出かけた。

set on ～ ～を決心する、～のつもりである

「～を決意する」「～がほしい」「～したい」という意味。set eyes on ～で「～を見る、～に目をとめる」。have *one's* heart set on ～は「～を心に決める」「～に望みをかける」「～に熱中する」「～したいと思う」。

例文

She's got her heart set on having a townhouse.
彼女は都会でタウンハウスを持とうと決めている。

You're still set on that?
君はまだそれをする気なのかい？

If you're set on divorce, I can help you with that.
もし離婚するつもりなら、あなたのお力になれますよ。

I never really had my heart set on being a novelist.
小説家になろうと決めたことは一度もない。

A: Why doesn't she become a doctor? なぜ彼女は医者にならないの？
B: She is set on becoming a lawyer instead. その代わりに弁護士になる気でいるのよ。

set out to ~ 〜しようと決心する、〜しようとする

outは「外へ」という意味の副詞。そのため、set outもset offと同様に「〜に出発する」という意味のほか、「〜し始める」「〜に取りかかる」という意味があります。

例文 She **set out to** break some records of her own.
彼女は自身の記録をいくつか打ち破ろうとした。

That evening, she **set out to** break her pattern.
その晩、彼女は自分のパターンを崩そうと決心した。

They **set out to** find out who loved her.
彼らは、誰が彼女を愛しているのか見つけだそうとした。

A: What do you plan to do here? 君たちはここで何をするつもり？
B: We've **set out to** find the missing gold coins.
なくなった金貨を探そうとしているんです。

set up ~ 〜をきちんと準備する、〜をだます、〜をはめる、〜を設立する

set up 〜 は「(コンピューターなど) をセットアップする」という意味で日本語にもなっています。「会社を設立する」「(会議など) を準備する、セッティングする」「〜を設置する、組み立てる」などさまざまな意味があります。「(人)を陥れる、はめる (make someone be blamed wrongly)」の意味でもよく使われます。

Is everything all **set up**?
準備万端ですか？

I'd like to **set up** an appointment for Thursday.
木曜日に面会の約束を取りたいのですが。

She claimed that someone in the room **set up**.
その部屋にいた誰かが自分をはめたと彼女は言い張った。

You **set** me **up**! I will pay you back!
俺をはめたな！　仕返ししてやるからな！

A: Can I help you, sir? どういうご用件ですか？
B: I'd like to **set up** an appointment for next week. 来週に面会の約束を取りたいのですが。

set *someone* up (with *someone*) （人）を（人）と引き合わせる

set *someone* up with ～は「人を～と（恋愛関係になるように）紹介する、取り持つ」という意味。setの代わりにfixを使ったfix *someone* up with ～だと「人を～と取り持つ」の意味になります。

例文 I'm not asking you to **set me up**.
お膳立てするようあなたに頼んでいないわ。

How come you **set me up with a stranger**?
なぜ私を知らない人と引き合わせようとしたの？

You **set me up with the woman** that I've dumped twice.
君は僕が２回も捨てた女性と僕を引き合わせたんだ。

Is it okay with you if I **set him up** on a date?
彼にデートさせてもあなたは大丈夫ですか？

How could you **set me up with this creep**?
どうしてこんな嫌な奴と私を引き合わせることができたわけ？

A: Phil is the nicest guy I've ever met. フィルは僕が出会った中で一番いいやつだよ。

B: Let's **set him up with your sister**. 彼をあなたの妹と引き合わせましょうよ。

More Expressions

set back 後退させる、お金がたくさんかかる
The bad weather set back our construction project by two weeks.
悪天候のため、建設プロジェクトが2週間遅れた。

set down 下に置く、寝かせておく
Thanks, you can just set it down there.
ありがとう、それをそこに置いといていいよ。

set in 始まる
The shock set in 12 hours later.
その衝撃は12時間後に始まった。

set ~ on fire ～に火をつける
She is the woman who set my heart on fire.
彼女は私の心に火をつけた女性です。

set *one's* mind to ~ ～に専念する、注意を向ける
I'm sure you could accomplish anything you set your mind to.
君が専念するどんなことだって、君はやり遂げることができると僕は確信しているよ。

mind

動詞mindは「～を嫌だと思っている、気にする」という意味でよく使われます。Do you mind ～?は「～でもいいですか?」、I don't mind ～は「～でもかまわない」。名詞mindもよく使われ、change *one's* mindは「～の考えを変える、気が変わる」、keep in mindは「～だと心にとめておく、覚えている」。

1. (否定、疑問文)…気に障る、腹が立つ

Do you mind if I use your cell phone? あなたの携帯電話を使ってもいいですか?

Do you mind if I sit here for a second? 少しの間ここに座ってもいいですか?

2. 構わない (not mind)

I don't mind doing what we're going to do. 僕らがやるつもりのことをやるのは構わないよ。

I don't mind if you smoke in the room. 君が部屋でたばこを吸っても気にしないよ。

3. (名詞) 心、精神、考え

I'm sorry I lost my mind yesterday. 昨日、正気を失ってしまってすみません。

I'll keep that in mind. それを心に留めておきます。

Do [Would] you mind -ing? 〜してもいいですか？

相手から許可を求めるときの表現。「〜するのを気にしますか？」、つまり「〜してもいいですか？」という意味。wouldを使うと「〜してもよろしいですか？」と丁寧な言い方になります。

例文

Do you mind giving me a hand?
私に手を貸してくれませんか？

Would you mind watching my bag for a moment?
ちょっとの間僕のかばんの中を見ていてもらっていいですか？

Do you mind picking me up tomorrow?
明日、私を迎えに来てもらってもいいですか？

Do you mind me asking why you didn't go to work?
なぜ仕事に行かなかったのか聞いてもいいですか？

A: Do you mind picking me up tomorrow? 明日迎えに来てもらってもいいかな？

B: Sure, what time? もちろん、何時に？

Do [Would] you mind if ~? 〜でもいいですか？

Do [Would] you mind 〜ing?「〜してもいいですか？」の -ingの代わりにif節が来るもの。「もし〜だったら気になりますか？」すなわち「〜でもいいですか？」の意味です。

例文

Do you mind if I turn on the music, Mom?
お母さん、音楽を流してもいい？

Would you mind if I smoke here?
ここでたばこを吸ってもいいですか？

Do you mind if I take a look around here?
ここを見て回ってもいいですか？

Do you mind if we ask you some questions about her?
私たちは彼女に関する質問をしてもいいですか？

A: Do you mind if I sit here? ここに座ってもいいですか？

B: No, go right ahead. いいですよ、どうぞ。

I don't mind ~ 私は～を気にしない

I don't mind ～は「私は～を気にしない」、つまり「～をかまわない」ということ。後ろに名詞、-ing、if 主語＋動詞が続きます。

I'd like do speak to Mr. Cha. **I don't mind** waiting.
チャーさんと話したいのですが。待つのは構いません。

That's all right. **I don't mind** waiting.
それは大丈夫です。待つのは構いませんよ。

I don't mind her hanging around with you.
僕は彼女が君と付き合っていても気にしないよ。

I don't mind if you ask. Go ahead.
聞いても構いませんよ。どうぞおっしゃってください。

A: I'd like to smoke a cigarette right now.　今すぐたばこが吸いたいんだ。
B: **I don't mind** if you smoke here.　ここで吸っても構いませんよ。

Never mind ~ ～を気にするな

「大丈夫だから気にしないで」と伝えるときに使います。Never mind!「気にしないで！」はよく聞かれる表現。I don't mindと同じように、後ろには名詞、-ing、if節が続きます。

Never mind who's going to handle this.
誰がこれを処理するかなんて気にするなよ。

Never mind that.
そんなこと気にするなよ。

Well, **never mind** me. It doesn't matter to me.
ええと、私のことは気にしないで。大したことじゃないから。

Never mind that we don't have it.
それ（を持っていないこと）は気にしないで。

Never mind what I want. What do you want?
僕が欲しいもののことは気にするなよ。君は何が欲しいの？

A: How can I make it up to you?　どうしたら埋め合わせができるかな？
B: **Never mind**... just pay for the damages.　気にするなよ。損害額だけ払ってくれよ。

I wouldn't mind ~　～でも構わない、～が欲しいのですが

「～でも気にしない」から転じて、「～したいのですが」「～が欲しいのですが」の意味にもなります。I would like+名詞 [to+動詞] と同じ意味だと覚えておこう。

例文 I **wouldn't mind** seeing more of that guy.
その人とまた会っても構いませんよ。

I **wouldn't mind** a cup of coffee.
コーヒーを１杯いただきたいのですが。

I **wouldn't mind** sharing a few things with her.
彼女といくつかのものを共有しても構わないよ。

A: Do you have anything planned for tonight?　今夜何か予定はあるの？
B: I **wouldn't mind** going to a nightclub.　ナイトクラブに行っても構わないよ。

mind *one's* own business　他人のことに口出ししない、自分のことに集中する

「～自身のことだけを気にする」ということ。Mind your own business!「おせっかいはやめて！」「君には関係ない！」「大きなお世話だ！」という頻出表現で知られています。似た表現に、Mind your manners.「行儀よくしなさい」「マナーに気をつけなさい」、mind *one's* P's and Q's「言動に気を付ける」があります。

Look, just **mind your own business**, okay?
ねえ、自分のことに集中してちょうだい、わかった？

I'm just **minding my own business**.
ただ自分のことに集中するよ。

I'll thank you to **mind your own business**.
君が自分のことに集中してくれたらありがたい。

Why can't you **mind your own business**? What is your problem?
なぜ自分のことに集中できないの？　何が問題なの？

A: I think I'm going to ask them what they're talking about.
何の話をしているのか彼らに聞こうと思うんだ。
B: Why don't you **mind your own business**?　自分のことに集中したらどう？

if you don’t mind 差し支えなければ、もしよければ

相手に何かを依頼したり、許可を求めたりするときによく使われます。don’tの代わりにwouldn’tを使って、if you wouldn’t mindと言うこともあります。

If you don’t mind, I prefer going to a bar.
もしよければ、バーのほうに行きたいです。

If you don’t mind, I’m kind of tired now.
差し支えなければ、私は今とても疲れているのです。

If you don’t mind, I’d like to ask you both a few questions.
差し支えなければ、お２人にいくつか質問をしたいのですが。

If you don’t mind me asking, why were you so interested in this?
伺ってよろしいなら、なぜこれにそんなに興味があったのですか？

A: **If you don’t mind**, I’m going to leave early. もしよければ、早く出発したいんだ。

B: Okay, I think I’ll leave early too. わかった、僕も早く出るよ。

change *one’s* mind 気が変わる、考えを変えさせる

mindを動詞ではなく、名詞として使っています。「考えを変える」「気が変わる」という意味でよく使われます。

If you **change your mind**, here’s my card.
気が変わったら、私に連絡してください。

What made you **change your mind**?
どうして気が変わったの？

There’s nothing you can do to **change my mind**.
僕の考えを変えるのに君にできることはないよ。

You can still **change your mind**.
君はまだ考えを変えられるよ。

Well, call me if you **change your mind**.
さて、気が変わったら私に電話してください。

A: Did you want a vanilla ice cream cone? コーンに入ったバニラアイスが欲しかったの？

B: I **changed my mind**. I want chocolate instead. 気が変わった。代わりにチョコレートが欲しい。

take *one's* mind off ~ 〜を忘れる

「人の心を〜から離す」、つまり「(嫌なこと、つらいこと)を忘れる」「〜から注意をそらす」という意味。主語と異なる人についてであれば「(嫌なこと、つらいこと)を人から忘れさせる」「人の気をそらす」となる。takeの代わりにkeep、getも使われます。

例文
I'm just shopping, trying to take my mind off things.
僕はただショッピングで気持ちを紛らわせようとしているだけなんだ。

I bought myself a little gift to take my mind off my problems.
問題を忘れるためにちょっとしたプレゼントを自分に買った。

Maybe it'll take your mind off Betty.
たぶんあなたはベティのことを忘れるかもしれませんね。

Just try to really keep Tom's mind off of it.
トムにそのことを本当に忘れさせるんだ。

A: Ray drinks too much alcohol these days. レイはここのところお酒を飲みすぎている。

B: It takes his mind off the troubles at his home. 彼はそれで家でのトラブルを忘れられるんだよ。

put *something* [*someone*] out of *one's* mind (もの、人)を忘れる

「〜を人の心の外に置く」、つまり「(人・事)のことを忘れようとする、考えないようにする」という意味。have 〜 on *one's* mindはその逆の表現で、「〜を気にしている、気にかけている」。

Whatever it is, put it right out of your mind.
何であれ、そのことはすっかり忘れるんだ。

I just put that jerk out of my mind!
あのばかのことは忘れたよ！

I just can't get past it. I can't put her out of my mind.
僕には乗り越えられないよ。彼女のことが忘れられない。

So just put it out of your mind.
じゃあ、そのことは忘れろよ。

A: My boss treats me very poorly. 上司がとてもひどい扱いをしたのよ。

B: Put it out of your mind. You can get another job.
そんなの忘れちまえよ。他の仕事を得ればいいさ。

lose *one's* mind　正気を失う、頭がおかしくなる

「人の気を失う」、つまり「気がおかしくなる」という意味。go [be] out of *one's* mindと言うと、「（人に）忘れられる」という意味。

I'm **losing my mind**. I can't believe I'm doing this.
僕は頭がおかしくなっているんだ。自分がこんなことをしているなんて信じられない。

I'm **losing my mind**.
私は正気を失っているんです。

You've got to **be out of your mind**!
君は頭がおかしくなったに違いないな！

What are you doing? **Are you out of your mind**?
何をしているんだ？　気でも狂ったのか？

A: There's too much homework. I'm **losing my mind**!
宿題が多すぎるよ。頭がおかしくなりそうだ！

B: Calm down. Let's take a look at it.　落ち着けよ。ちょっと見てみよう。

have half a mind to ～　～しようかと思っている

「心が半分ある」、つまり「～しようかと思っている」という意味。have a good mind to ～は「（大いに）～したい気持ちがある」「～してもいいと思っている」。

I **have half a mind to** call her and tell her that.
彼女に電話してそのことを伝えようかと思っている。

I **have half a mind to** throw this martini right in your face!
お前の顔にこのマティーニを投げつけたいぐらいだ！

I **have half a mind to** get out of here right now.
今すぐここを出て行こうかと思うくらいよ。

I've got **half a mind to** contract the company.
その会社と契約したいくらいだ。

A: Barry just started a fight with Cara.　バリーはキャラと喧嘩を始めたところだよ。

B: I **have half a mind to** tell him to leave.　彼には立ち去るように言おうと思っている。

find/lose

keepやleaveと同じように、findも目的語や形容詞を従える動詞。find ～＋形容詞[-ing,過去分詞]で「…が～の状態であるのを見つける、気づく」「…が～であるとわかる、思う」という意味。find ～は「(人や物)を見つける」だが、find out ～は「(情報を)得る、(事実を)知る」なので、混同しないようにしましょう。find *oneself*＋形容詞[-ing, 過去分詞]は「～の状態であると気づく」、find *oneself* -ingは「～していることに気づく」。

loseは「(物や人、金など)を失う、なくす」「(方向など)を見失う、(道)に迷う」「(試合・競争)に負ける、敗れる」などの意味を持つ動詞で、さまざまな動詞表現を作ります。

1. 探す、求める、見つける

I lost my passport. I can't find my passport. パスポートをなくしちゃったよ。パスポートが見つからないんだ。

I'm trying to find the National Art Gallery. 私はナショナル・アート・ギャラリーを探しています。

How did you find such a beautiful girlfriend? あんなにきれいな彼女をどうやって見つけたんだい？

2. …が～ということを知る・見つける(find～形容詞[過去分詞, -ing])

I find you very attractive. 君は魅力的だと思っているよ。

I find it hard to believe. 信じがたいよ。

find *someone* [*something*] + 形容詞 [過去分詞, **-ing**]

（人、もの）が～であるのがわかる

find A Bの形で、「AがBだとわかる」を表します。Aに人や物、Bに形容詞や過去分詞、-ingが来て、「AがBの状態であるのを見つける、気づく」「AがBであるとわかる、思う」という意味。

Why **do you find it so funny**?
なぜそんなに面白がっているの？

The jury **found her innocent**.
陪審員は彼女が無実だという判断した。

I **find it difficult** to get the job done by tomorrow.
明日までにその仕事を終わらせるのは難しいと思っている。

How did it go? **Did you find it interesting**?
どうだった？　面白かったかい？

A: What happened at Daniel's trial?　ダニエルの裁判はどうなったんだ？
B: They **found him guilty** of murder.　殺人罪とされたんだ。

find *oneself*　自分が～だとわかる、気づいたら～している

find *oneself*＋形容詞は「～の状態であると気づく」、find *oneself* -ingは「～していることに気づく」。後ろに場所を表す名詞や副詞が来ると「私は～にいる」、名詞が来ると「自分のために～を見つける」。

I **found myself** wanting to do something good.
自分が何か良いことをしたいと思っていることに気づいた。

You had better **find yourself** another prom date.
別のプロムデート（卒業記念ダンスパーティー）のパートナーを探したほうがいいよ。

One day, you will **find yourself** with gray hair.
ある日、気づいたら白髪になっているだろう。

A: I haven't met any guys that I like.　自分が気に入る人に出会ったことがないのよ。
B: You're going to **find yourself** alone.　ある日気づいたら１人になっているだろうね。

find a way　方法を見つける

find a way「道を見つける」とは、「方法を見つける」ということ。find *one's* way には文字どおり「道を見つける」のほかに、「苦労して進む、たどりつく」「着く、届けられる」などの意味があります。

例文 We've got to **find a way** to make this work.
私たちはこれを成功させる方法を見つけなければならない。

She'll get through this. She'll **find a way** to survive.
彼女はこれを乗り切るだろう。何とかやっていく方法を見つけるだろうね。

You need to **find a better way** to communicate with your wife.
奥さんとのうまいコミュニケーションのとり方を見つけないとね。

I'm here to help you **find your way** again.
君がまた前に進むための手助けをしにここに来たんだ。

I can **find my way** out of there.
そこから抜け出す方法を知っています。

A: Tuition for the school has increased again.　学校の授業料がまた上がったんだ。

B: It's hard to **find a way** to pay for it.　払う方法を見つけるのは難しいね。

find out ~　～を見つけ出す、～がわかる

find ～は「(人や物)を見つける」ですが、find out ～とすることで「(情報を)得る、(事実を)知る」の意味を持つ。outの後には名詞、that節、if節などが続きます。

He **found out** that Jimmy is not his son.
彼はジミーが自分の息子でないことを知ってしまった。

If you find the document, you'll **find out** the truth.
その書類を見つけたら、本当のことがわかるよ。

We need to **find out** what is going on there.
そこで何が起こっているか調べる必要があるね。

I **found out** that she didn't love me anymore.
彼女がもう僕を愛していないことがわかった。

A: I just **found out** that I got transferred.　自分が転勤になったことがたった今わかったんだ。

B: I'm sorry to hear that.　それは残念だったね。

find fault with ~ ～を非難する、～にあら探しをする

よく使われる表現で、find fault with *someone*で「(人・こと) を非難する、けちをつける」「(人・こと) にしつこく文句を言う」。criticize「～を非難する、批判する、～のあら捜しをする」と言い換えられます。

例文 Please stop **finding fault with** people around you.
周りの人たちのあら探しをするのをやめてください。

It doesn't do any good to sit back and **find fault with** your coworkers.
傍観して同僚を非難するのは無益だよ。

I can't **find fault with** the kitchen.
そのキッチンの問題を見つけることはできないよ。

Why do you always pick on me? Is **finding fault with** me is your new job?
なぜ君はいつも僕を非難するんだ？　僕のあら探しが君の新しい仕事なのかい？

A: So, you have a difficult relationship with your dad?
では、父親との関係がこじれているのですか？

B: He always **finds fault with** the things I do. 彼はいつも私のすることを非難するのです。

lose weight 体重が減る、やせる

運動やダイエットをしたり、体調不良だったりと、原因は問わないが体重を落とすことを言います。「体重を増やす」「増量する」はgain weight、put on weight。

You look fantastic. Have you **lost weight**?
とても素敵だねよ！　やせたの？

If I eat less, I'll **lose weight**.
食べる量を減らしたら、体重が減るだろう。

You look like you've **lost weight** lately.
君は最近やせたように見えるね。

She's been weak ever since and she's **lost weight**.
彼女はそのあとずっと弱っていて、体重が落ちた。

A: We both ate a lot of food over the holidays. 休暇中ずっと２人でたくさん食べたわね。

B: We'll need to diet so we can **lose weight**. ダイエットして体重を落とさないとダメだろうね。

lose track of ~ 〜を見失う、〜の消息がわからなくなる

lose track ofは「〜の痕跡を失う」、つまり「〜を見失う」「〜の現状がわからなくなる」という意味。lose sight ofも同様に「〜を見失う、〜の消息がわからなくなる」「〜を見落とす、忘れる」の意味で使われる。

例文 I guess I lost track of everybody after high school.
高校卒業後、みんなの消息がわからなくなってしまったよ。

I lost track of you, but I always heard about you.
君の消息はわからなかったけど、いつも君のことは耳にしていたよ。

Yeah. I guess I lost track of time.
うん。たぶん僕は時間を忘れていたんだ。

I've lost track of most of my old friends.
昔の友人の多くと連絡が途絶えた。

A: Where are all of your elementary school friends?
小学校時代の友人はみんなどこにいるの？

B: I've lost track of most of them over the years.
年が経って、ほとんどの消息がわからなくなったんだ。

lose *one's* temper 激怒する、カッとなる

temperには「落ち着き、自制」という意味があります。lose *one's* temperは「落ち着きを失う」、つまり「かんしゃくを起こす」「カッとなる」という意味。lose *one's* temper with *someone*なら「〜に腹が立つ、カッとなる」。

I lost my temper and threw away the wedding ring.
私は激怒して、結婚指輪を投げ捨てた。

I am sorry I lost my temper, but I was upset.
カッとなってごめんなさい、でも気が動転していたんです。

I lost my temper with the boss.
僕は上司にカッとなったた。

I lost my temper and I was disrespectful to mom.
頭に血が上り、母にひどい態度を取ってしまった。

A: The two taxis had an accident this morning. 今朝、2台のタクシーが事故を起こしていた。

B: I'll bet the drivers lost their tempers. 運転手たちはカッとなっていたに違いない。

be lost　道に迷っている

be lost on *someone* で「人に理解されない、わかってもらえない」、be lost in *something* で「〜に夢中になっている、没頭している」。

例文

I think I'm lost.
僕は道に迷ってしまったようだ。

Your joke is completely lost on us.
君の冗談は僕らにはまったく通じないよ。

She was lost in thought, unaware of her surroundings.
彼女は考えにふけっており、周囲のことに気づいていなかった。

A: Can you help me? I'm lost.　助けてくれませんか？　道に迷ったんです。
B: Sure. Where do you want to go?　もちろんだよ。どこに行きたいの？

have [get] nothing to lose　失うものは何もない

have nothing to loseは「失うものを持っていない」、つまり「(失敗しても) 失うものは何もない」を意味し、「とにかくやってみよう」と相手を促すときによく使われます。

You have nothing to lose, I have everything to lose.
君には失うものが何もない、僕には失うものしかないんだ。

I've got nothing to lose except you.
君以外に失うものは何もない。

We have absolutely nothing to lose. Trust me.
僕らには失うものなどまったく何もない。信用してほしい。

Come on, do it. You got nothing to lose.
頑張ってやれよ。ダメもとでやってみろよ。

A: Are you going to join the Marines?　君はマリーンズに入るつもりなのかい？
B: Why not? I have nothing to lose.　いいじゃないか。ダメもとだよ。

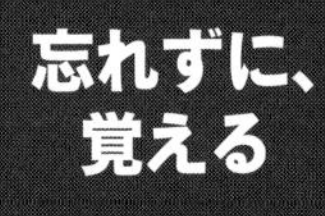

forget/remember

forgetは「忘れる、忘れている」、rememberは「覚える、覚えている」。ここでは、forgetとrememberを使う表現を同時に学びます。特に大事なのは、過去「～したことを忘れる／覚える」と未来「～することを忘れる／覚えている」の使い分けです。forget to+動詞は「～することを忘れる」、forget -ingは「～したことを忘れる」、remember to+動詞は「～することを覚えている」、remember -ingは「～したことを覚えている」。この使い分けを忘れないようにしましょう。

1. forget：忘れる、覚えない、～を忘れて置いて来る

How could I forget? I forgot to buy her a present.
どうして忘れちゃったんだろう？　彼女のプレゼントを買うのを忘れてしまったよ。
Don't forget to get me a present.　プレゼントを買うのを忘れないようにね。
You forgot?　忘れたの？

2. remember：覚える

I can't remember which sister.　どの姉か思い出せないよ。
I know, I remember that!　知ってるよ、覚えているよ！

Don't forget to ~ 〜するのを忘れないで

Don't forget to+動詞は命令文で「〜するのを忘れないで」という意味。相手に何かすることを依頼するときに使う表現です。

例文 Hey, kids, **don't forget to** lock the door.
子どもたち、ドアに鍵をかけるのを忘れるんじゃないぞ。

See you later. **Don't forget to** e-mail me.
またあとでね。私にメールするのを忘れないでね。

Please **don't forget to** make a backup of those files.
そのファイルのバックアップを取るのを忘れないでください。

A: Take care. And **don't forget to** e-mail me. 気をつけてね。あと、私にメールするのを忘れないでね。

B: I'll do that when I get home! 家に着いたらそうするよ！

Forget (about) it. そのことは忘れて、さっきのことは忘れて、気にしないで。

相手の謝罪や依頼に対する表現で、「気にしないで」「何でもない」「忘れて」「もうやめて」など、文脈によっていろいろな意味で使われます。相手に何かを頼まれて、「無理だ」という意味で使うこともあります。

Let's just **forget it**.
そのことはただ忘れることにしよう。

Forget it. You don't understand.
もういいよ。君はわかってない。

Oh, **forget it**. It's not that important.
さっきのことは忘れて。そんなに大事なことじゃないんだ。

Forget about it. I'm not going to tell you now.
気にしないで。今、君に伝えるつもりじゃないんだ。

A: I didn't buy any candy for you. 君に一つもキャンディーを買わなかったんだ。

B: **Forget about it**. I'll buy some later. 気にしないで。私が後で買うわ。

I'll never forget ~ 私は～を決して忘れないだろう

「忘れずに心に留めておく」という強い気持ちを表す表現。I'll never forget *something* [*someone*]で「私は（物・人）を決して忘れない」。

例文 You should remember this. I'll never forget you.
このことは覚えておいて。僕は決して君を忘れない。

I will never forget this.
私はこれを決して忘れないでしょう。

You will never forget me. I'm sure about that.
君は僕のことを絶対に忘れないだろう。それは確かだよ。

I promise I will never forget you.
あなたのことは絶対に忘れないと約束します。

会話例

A: Didn't Elise look great tonight? 今夜のエリスはとても素敵だったよね？

B: I'll never forget the dress she was wearing. 彼女が着ていたドレスを絶対忘れないよ。

I almost forgot ~ 私は～を忘れるところだった

何かを忘れそうになって、ふと思い出したときの表現。I totally (completely) forgot ～は「完全に～を忘れてしまった」。

例文 Oh, I almost forgot. Your file is here.
ああ、忘れるところだった。君のファイルはここにある。

I almost forgot about her present.
彼女のプレゼントを忘れるところだった。

We totally forgot about lunch!
昼食のことを完全に忘れていたね！

会話例

A: I almost forgot to lock the apartment door. アパートの鍵を締め忘れるところだった。

B: You've got to be careful about robbers. 泥棒には気をつけないと。

remember -ing　～したことを覚えている

過去に何かしたことを「覚えている」と言うときに使います。未来にしなければならないことを覚えているのは、remember to+動詞「～することを覚えている」。過去と未来の使い分けに気をつけましょう。

例文 I'm sorry, but I don't **remember dating** you.
ごめんよ、君とデートしたことを覚えていないんだ。

I **remember reading** about this palace.
この宮殿について読んだことを覚えているよ。

Do you **remember talking** to me yesterday?
昨日私に話しかけたことを覚えてる？

Do you **remember having** a conversation with this young man?
君はこの若者と話したことを覚えてるかい？

A: I can't **remember going** home last night.　昨夜、家に帰ったのを覚えていないんだ。

B: You were half asleep when you left the office.　オフィスを出たとき君は半分寝てたからね。

remember *someone* [*something*] -ing

（人、もの）が～したのを覚えている

自分以外の「（人やもの）が～したことを覚えている」という意味。過去の行動を覚えているという意味では、remember -ing「～したことを覚えている」と同じです。

I **remember you begging** me to marry you.
あなたが私に結婚を迫ってきたのを覚えているわ。

I don't **remember you doing** the laundry.
君が洗濯をしたことは覚えていない。

I **remember people telling** me about it.
私は人々がそれについて私に話してくれたことを覚えています。

You **remember me telling** you that joke, right?
私がそのジョークを言ったのを覚えている、そうよね？

A: I really love to go swimming.　泳ぎに行くのが本当に大好きなんだ。

B: I **remember you swimming** at the beach.　君がビーチで泳いでいたのを覚えているよ。

remember to ~ 忘れずに～する

to 不定詞はこれから起こることを指すので、remember to ～は「忘れずに～する」という意味になります。動名詞の -ingを従えるremember -ingは「(過去に)～したことを覚えている」の意味。

例文
Remember to wash your hands when you get home.
家に帰ったら忘れずに手洗いしなさい。

Did you remember to buy the toothpaste?
歯磨き粉を買うの忘れなかった？

Remember to e-mail me.
忘れずにメールしてください。

Just remember to wake us up before you go.
君が行く前に必ず僕らを起こしてね。

A: I have an important meeting later. Any advice?
後で大事な会議があるんだ。何かアドバイスはある？
B: Remember to speak clearly and confidently. はっきりと自信を持って話すことを忘れずに。

remember that ~ ～であることを覚えている

会話では、You have to remember ～「あなたは～ということを覚えていなければいけない」、I want you to remember ～「あなたには～ということを覚えていてほしい」という表現がよく使われます。

I want you to remember that I really loved you!
僕が本当に君を愛していたことを覚えておいてほしい！

Do you remember that you said you were going to get me a present?
私へのプレゼントを買いに行くと言ったのを覚えてる？

She told me to always remember that the best was yet to come.
最良の時はこれからだということを常に覚えておくよう、彼女は私に言った。

You have to remember she's a different person when she drinks.
彼女がお酒を飲むと別人になることを覚えておかないと。

A: I'm going to take a nap for a while. 僕はしばらく昼寝をするつもりだ。
B: Remember that we're going to a movie tonight. 今夜、映画に行くことを覚えておいてね。

remember what ~ 何が[どのように]～か覚えている

rememberの後にthat節ではなく、wh節が来て「何が～か（どのように～か）を覚えている」の意味になることもよくあります。remember what [why, how]主語＋動詞の表現をいくつか見てみましょう。

I actually don't **remember what** I said.
実際、自分が何と言ったか覚えていないんだ。

You **remember what** that is?
それが何か覚えていますか？

Do you **remember why** you dumped the guy?
なぜあなたがあの人を見捨てたのか覚えていますか？

Just **remember how** much we all like you.
君のことをみんながどれだけ好きか覚えておいてください。

Do you **remember how** your father used to be?
お父さんがどんな人だったか覚えていますか？

I can't even **remember what** she looks like.
彼女がどんな見た目なのかさえ思い出せない。

I can't even **remember why** we were fighting!
なぜ僕らが言い争っていたのかすら思い出せない。

Remember how you hate people talking behind your back?
自分が人の陰口をどれほど嫌っているか覚えてるわよね？

A: Do you **remember what** happened during our vacation?
休暇中に何があったか覚えているかい？

B: Oh yeah, it rained for five days straight. ああ、覚えているよ、5日連続で雨が降ったね。

remember when ~ いつ～か覚えている

rememberの後ろにwh節が続く形。ここでは、remember whenに加え、remember+日時を表す名詞「～の（日・時）を覚えている」、remember where「どこで～かを覚えている」を使った表現を見てみましょう。

I'm trying to **remember when** I saw you last.
最後に君を見たのがいつか思い出そうとしているんだ。

Remember when we went to Central Park?
私たちがいつセントラルパークに行ったか覚えてる？

I **remember the day** I got my first pay check.
自分が初めて給料をもらった日のことを覚えている。

Do you **remember where** the car was parked?
どこに車を止めたか覚えてる？

A: **Remember when** we went to the beach? ビーチに行ったときのこと覚えてる？
B: I loved walking along the shore when we were there. そこで海岸沿いに歩くのが大好きだったよ。

remember the last time (when) ~ 最後に～したときのことを覚えている

remember+時間を表す名詞+when 主語+動詞の表現で、時間を表す名詞がthe last timeだと「最後に」、the first timeは「初めて」となります。

I can't **remember the last time** I stayed up all night.
自分が最後に徹夜したのがいつか覚えてないよ。

I can't **remember the last time** I had so much fun.
最後にとても楽しんだときのことが思い出せない。

I **remember the first time** I asked a girl out.
最初に女の子をデートに誘ったときのことを覚えているよ。

I **remember the first time** I met you.
初めてあなたに会ったときのことを覚えているわ。

A: Let's go to a Mexican restaurant tonight. 今夜、メキシコ料理店に行こうよ。
B: I don't **remember the last time when** we ate Mexican food. 最後にメキシコ料理を食べたのがいつか思い出せないよ。

pay

動詞payの基本的な意味は「金を払う」。pay (money) for ～で「～の代金を支払う」。pay *someone* moneyは「人にお金を払う」。さらに、「～に報いる、利益を与える」「割に合う」「利益を生む」などの意味もあります。名詞payは「給料、賃金」という意味で、pay raiseは「昇給、賃上げ」。

1. **(物、税金など) 払う**

I can't afford to pay my rent this month.　今月、家賃を払う余裕がない。
We'd like to pay separately.　別々に払いたいのですが。
How would you like to pay?　どのように支払われますか？
We have to pay first.　僕らは初めに支払わなくてはならない。

2. **(良い結果や利益を) もたらす、収支が合う**

Working with you doesn't pay.　君と働いても引き合わないよ。
You have to keep jogging. It will pay you off in the future.
ジョギングを続けなければダメだよ。それが将来、効果を生むんだ。

3. **(名詞) 支払い、支給、給料**

Today's payday.　今日は給料日だ。
You can spread your payment out over six months.　支払いを６カ月間延ばすことができます。

pay for ~　～の代金を支払う

pay for＋名詞で「～の代金を支払う」という意味。派生して、「～に対して（罰や報いなど）を受ける」という意味も持ちます。

例文 How much did you **pay for** your house?
君の家はいくらかかったんだい？

Let's go eat something. I'll **pay for** dinner.
何か食べに行こう。僕が夕食をおごるよ。

Don't worry. He will **pay for** my lawyer.
心配しないで。彼が僕の弁護士に支払うから。

We would like to **pay for** your airline ticket.
あなたの航空券の代金をお支払いしたいのですが。

A: Can I **pay for** the parking when I leave?　出るときに駐車料金を払ってもいいですか？

B: I'm sorry, but you have to pay now.　すみませんが、今お支払いください。

pay for that　それの代金を払う

pay for it [that, this] は「それ／これの代金を支払う」。日常会話でよく使われる表現で、会話ですでに出たことを代名詞it [that, this] で指します。

You'll **pay for that**!
ツケを払うことになるぞ！

I'm going to **pay for this** with a check.
これは小切手で払うつもりです。

How much did you **pay for that**?
それにいくら払ったんだ？

How would you like to **pay for this**?
お支払いはどのようになさいますか？

A: Wow, I ate so much food today.　わあ、今日は食べ過ぎたよ。

B: You'll **pay for that**. Your stomach is going to hurt.
そのツケを払うことになるよ。きっとおなかが痛くなるね。

pay money for [to] ~ 　～に金を払う

pay money for ～で「～に金を払う」、pay money to＋動詞は「～するのに金を払う」。moneyのところに具体的な金額を入れて、実際にいくら払ったかを表します。

例文

I **paid $500 for** this dress.
このドレスに500ドル払いました。

Why should I **pay good money to** go to your party?
君のパーティーに行くためになぜ僕が高いお金を払わないといけないの？

He **paid a lot of money for** it.
彼はそれに多額のお金を払ったんだ。

He **paid good money to** find out how to do that.
彼はそのやり方を調べるのに高い金を払った。

A: She **paid $200 for** her new phone. 彼女は新しい電話に200ドル払ったんだ。

B: That sounds like a pretty good deal. とてもいい買い物のように思えるね。

pay *someone* (money) ~ 　（人）にお金を払う

お金を支払う相手を含めて言うには、pay *someone* (money) for ～「人に～への代金を払う」、pay *someone* (money) to＋動詞「人に～することへの代金を払う」という表現を使います。具体的な金額を示すにはmoneyを数値に替えます。

Her father **pays you** for baby-sitting?
彼女の父親は君にベビーシッターの代金を支払っているの？

You couldn't **pay me to** do it.
君が僕にお金を払っても、僕はそれをやらないよ。

He **paid me 20 dollars** to post malicious comments.
悪意のある意見を投稿してもらうため、彼は私に20ドル払った。

She **paid me 50 dollars** not to tell.
彼女は口封じのために私に50ドル払った。

A: You will have to **pay me $30,000.** 君は僕に3万ドル払わないといけないだろう。

B: No way. You must be joking. あり得ないよ。冗談だろ。

pay in cash 現金で払う

pay in cashは「現金で払う」。pay by cashとも言います。「小切手で払う」はpay by check、pay with a check、「カードで払う」はpay by credit card、pay with a credit card。

例文

Her hotel bill is always paid in cash.
彼女はホテルの代金をいつも現金で払います。

Will you be paying by credit card or with cash?
クレジットカードで支払いますか、それとも現金で？

I'll pay by check.
小切手で支払います。

I'm just going to pay for this with a check.
この代金は小切手でお支払いします。

Can I pay in Japanese Yen?
日本円で払ってもいいですか？

A: How would you like to pay for it? You can use your credit card.
お支払いはどうされますか？　クレジットカードもご利用可能です。

B: I'd like to pay in cash. How much is it? 現金で払います。おいくらですか？

pay the bill 勘定を払う

具体的な金額ではなく、bill「請求書、勘定」、tax「税金」、fine「罰金」なども、payの目的語になります。pay a [the] priceは「代償を払う」。

I'm broke. I don't have money to pay the bill.
僕は無一文だ。勘定を払うだけのお金を持っていない。

Just my luck. I have to pay a fine for speeding.
ついてないな。スピード違反の罰金を払わなくちゃ。

You commit a crime, you pay the price.
君は罪を犯したんだ。その代償を払うんだな。

A: I forgot to pay the electric bill this month. 今月、電気代を払うのを忘れていたよ。

B: Pay the bill as soon as you can. できるだけ早く払いなさいよ。

get paid　稼ぐ、給料をもらう

動詞get「～になる」にpayの過去分詞が続いた形。「支払われる状態になる」、つまり「稼ぐ、給料をもらう」という意味。何に対してお金をもらうのかを具体的に述べるには、get paid for+名詞「～で稼ぐ、給料をもらう」、あるいはget paid to+動詞「～することで稼ぐ、給料をもらう」とします。

I **get paid** $10 an hour for this.
僕はこれで時給10ドルをもらっているんだ。

We're not leaving until we **get paid**!
お金が払われるまで僕らは出ていかないつもりだ！

We work. We **get paid**.
私たちは働く。私たちは給料をもらう。

Some guys **get paid** a great deal of money for it.
それで多額のお金を稼いでいる人もいる。

A: If you ask me, we aren't **getting paid** enough.
僕に言わせれば、我々は十分な給与をもらっていない。

B: That's true, but we don't have a choice.　そのとおりだ、でもどうしようもないんだ。

pay attention　注意を払う

よく知られている表現で、「注意を払う」という意味。会話では、自分に注意を向けてほしいときによく使います。pay no attentionは「注意を払わない」。

I don't **pay attention** to gossip.
僕はうわさ話に注意を払っていない。

Pay attention to the road while driving to ensure safety.
安全のため、運転中は道路に注意してください。

She ignored me. She didn't **pay any attention** to me.
彼女は僕を無視したんだ。僕にいっさい注意を払わなかった。

A: I need you to **pay attention**. Do you hear me?
注意して聞いてもらいたいんだ。僕の話を聞いてる？

B: Yes! Calm down. I hear you.　聞いてるよ！　落ち着け。君の話は聞いている。

pay *someone* back 返金する

人に「返金する」「借りたお金を返す」「払い戻す」という意味。「復讐する、こらしめる」という意味もあります。

例文 I'm going to pay you back every cent.
1セントも残さずお金を返すつもりです。

I promise I'll pay you back.
君にお金を返すと約束するよ。

You can pay me back whenever you like.
いつでも君の好きなときに返金してくれればいいよ。

I'll pay you back all the money you invested.
君が投資した金は全額返金します。

You don't have to pay me back.
僕にお金は返さなくていいよ。

A: Do you promise to pay me back? お金を返すと約束してくれる？
B: You have my word. 約束するよ。

pay off (~) ～を完済する，～を清算する

「借金を全部払う、完済する」「(計画などが) うまくいく」という意味のほかに、pay backと同じく「報いる、こらしめる」という意味があり、口語でよく使われます。

例文 I'll sell some jewelry to pay off the credit card.
クレジットカードの残金を精算するため宝石類を売るつもりです。

Don't worry about me paying off your debt.
僕が君の借金を返すことは心配しなくていい。

I've paid off all my debt.
借金を完済したのよ。

Sending that e-mail has finally paid off.
あのメールを送ったのは最終的に効果があった。

A: What are you going to do with your tax return? 税金の払い戻しで何をするつもりですか？
B: I'm going to pay off my credit cards. クレジットカードの残金を払うのに当てるよ。

try

動詞tryは「努力する、試みる」という意味。try hard「懸命にやる」、try next time「次回やってみる」、try again「もう一度やってみる」などの表現があります。try to+動詞で「〜しようとする」。料理を表す名詞が目的語になると「〜を食べてみる」、try onは「(服などを) 試着する」。名詞「試み」「努力」には、give (it) a try「試しにやってみる」などの使い方があります。

1. 試みる、努力する

If you try, you can do it. 挑戦してみたら、君はできるよ。
I'm trying really hard. 僕は一生懸命頑張っている。
Just take it easy and try to relax. 気楽にくつろいでください。

2. (食べ物) 味わう、試着する (〜 on)

May I try it on? それを試着してもいいですか？
I'd like to try the steak. ステーキを食べてみたいのだが。

3. (名詞) 試み

Let's give it a try. やってみよう。
Give it a try! やってみろ！

try it　やってみる、試してみる

前に述べられたことを代名詞のit、that、thisなどで指して言う表現。Have you tried this before?は「君は以前、これをやってみた？」、Should we try it?は「私たちはそれをやってみるべきだろうか？」。

例文

You have to **try it** while it's still warm.
それがまだ温かいうちに試してみるべきだよ。

Why don't you **try it**?
やってみたらどう？

We've already **tried it** twice.
僕らはもう２回も試してみたんだ。

Andy, you must [have got to] **try this**.
アンディ、君はこれをやってみるべきだよ。

A: What do you think about bungee jumping?　バンジージャンプについてどう思う？
B: It looks fun. I'd like to **try it**.　楽しそうだね。やってみたいな。

try (it) again　もう一度やってみる

tryの後に副詞を続けることで、いろいろな表現ができます。try againは「もう一度やってみる」、try hardは「懸命にやる」、try next timeは「次回やってみる」。

Take a deep breath and **try again**.
深呼吸して、もう一度やってみよう。

Don't give up. Let's **try it again**.
諦めるな。もう一回やってみよう。

You want to **try it again**?
もう一回やってみたいのかい？

Well, **try harder**. I'm sure you can do it.
さあ、もっと頑張るんだ。君ならできるよ。

You've got to **try harder next time**.
次はもっと頑張らなくちゃいけないよ。

A: I don't know what I'm going to do.　どうすればいいかわからないんだ。
B: Don't worry. You can **try again**!　心配しないで。君ならもう一回やれるよ！

try to ~　～しようと努める、～しようとする

try to+動詞の形で使います。try not to ～は「～しないように努力する」。try -ingとすると「試しに～する」の意味になるので違いに気をつけましょう。

例文

I **tried to** help her.
僕は彼女を助けようとしたんだ。

I don't get it. What are you **trying to** say?
わからないよ。何が言いたいんだい？

I **tried eating** Korean food. It was delicious.
韓国料理を試しに食べたんだ。おいしかったよ。

A: If I had his phone number, I would call him.　彼の電話番号を知っていたら、電話をかけるのに。

B: Why don't you **try to** get his number?　彼の番号を聞いてみたら？

I'll try to ~　私は～しようとしてみる

try to+動詞を使った表現の中でもよく使われるもので、「私は～しようとする」を意味します。I'm trying to+動詞は「私は～しようとしている」で、今の自分の状況を述べています。

I'm trying to make a good impression.
いい印象を与えられるように努力しているんだ。

I'll try to make her feel better.
彼女の気分をよくしようとしてみるよ。

I'll try to get back as soon as I can.
できるだけ早く戻ってくるようにするよ。

I'll try to catch you later.
後で追いつくようにするよ。

A: I lost my hat at your house yesterday.　昨日あなたの家で帽子をなくしちゃったの。

B: Oh really? **I'll try to** find it for you.　え、本当に？　探してみるよ。

Are you trying to ~? あなたは～しようとしているのですか？

相手の意図や状況をたずねるときに使います。Are you trying to say [tell me] (that) ～？「あなたは～と言おうとしているのですか？」は知っておくと便利な表現です。

例文 Are you trying to get me in trouble?
僕をトラブルに巻き込もうとしているの？

Are you trying to threaten me?
僕を脅そうとしているのかい？

What are you doing? Are you trying to hurt me?
何をしているの？　私を傷つけようとしているの？

Are you trying to say that this is wrong?
これが間違っていると言おうとしているのか？

A: Are you trying to cook some food? 何か料理を作ろうとしている？
B: Yeah, I want to make some spaghetti. うん、スパゲッティが作りたいんだ。

What I'm trying to say is (that) ~ 私が言おうとしているのは～だ

自分が言いたいことが相手に伝わるように、繰り返し述べるときに使われる表現。類似表現に、All I'm saying is (that) ～「私が言っているのは～ということだけだ」があります。

例文 What I'm trying to say is he's changed.
僕が言おうとしているのは、彼は変わったということだ。

What I'm trying to say is that she's not rich.
僕が言おうとしているのは、彼女はお金持ちではないということだ。

What I'm trying to say is I want you to leave.
私が言おうとしているのは、あなたに出て行ってほしいということよ。

What I'm trying to say is that I didn't mean to hurt you.
私は、あなたを傷つけるつもりなんてなかったと言おうとしているのよ。

A: I don't understand what you mean. あなたの言ってることがわからないわ。
B: What I'm trying to say is I feel lonely. 僕が言おうとしているのは、僕は寂しいということだよ。

Don't try to ~　～しようとしないで

相手に注意したり、相手を牽制したりするときに使う表現。Try not to+動詞は「～しないようにして」。

例文　**Don't try to** make me feel better.
僕の気分をよくしようとしないでくれよ。

Don't try to tell me you don't have it.
それを持っていないことを僕に言おうとしないでくれ。

Don't try to apologize right now.
今、謝ろうとしないで。

It's too late. **Please try not to** think about it.
遅すぎるよ。そのことは考えないようにしてちょうだい。

A: Teresa and I are going on a first date.　テレサと僕は初めてのデートに行く予定なんだ。

B: **Don't try to** kiss her when the date finishes.　デートの終わりにキスしようとするなよ。

try for ~　～を得ようとする

try for+名詞で「～を得ようとする」。try to+動詞、try -ingの以外の表現として覚えておきましょう。また be tired で「裁判を受ける、審理される」の意味があります。

So, do you think you will **try for** another adoption?
じゃあ、あなたはまた養子縁組をしようと思っているの？

Do you want to **try for** it again?
もう一度試してみたいですか？

You'll be **tried for** the crime you committed.
君は自分の犯した罪のために裁かれるだろう。

A: My uncle is **trying for** a job at the company.　僕の叔父はその会社で仕事を得ようとしているんだ。

B: Great. I've heard it's a good place to work.　いいね。働きやすい所だと聞いたよ。

let me try ~ 私に～させてください

「私に～させてください（させてみてください）」という意味で、「私が～してみるので、少し待ってほしい」という文脈で多く使われます。Let me try.「私にやらせてください」、Let me try＋名詞「私に～を試させてください」、Let me try to＋動詞「私に～させてください」。

例文

Let me try her cell phone.
試しに彼女の携帯電話に電話をかけさせてください。

Let me try that again.
私にもう一度挑戦させてください。

Does it not taste good? **Let me try** it.
あまりおいしくないの？　僕に試させてよ。

Let me try to explain it to you in detail.
そのことを詳しく説明させてください。

A: This math homework is really confusing. この数学の宿題は本当にわかりにくいよ。
B: **Let me try** to explain it to you. 僕に説明させてよ。

try *one's* best 全力を尽くす、最善を尽くす

「ベストを尽くす」ということ。tryの後に名詞をとる頻出表現としては、ほかにtry *one's* luck「運だめしをする」、try *one's* patience「人をいらいらさせる（忍耐力を試す）」などがあります。

He **tried his best** to figure out a way to avoid joining the military.
彼は徴兵を避ける方法を考え出すため最善を尽くした。

I'm **trying my best**. You can trust me.
私はベストを尽くしているのよ。信用していいわよ。

I will **try my luck**.
運試しをしてみるよ。

You're **trying my patience**.
君は僕の忍耐力の限界を試しているね。

A: My son is not very good at sports. 私の息子はあまり運動が得意じゃない。
B: Tell him to **try his best** when he is on a team.
チームに参加しているときは最善を尽くすように言ってください。

try on ~ 〜を試着する

try on 〜 は「(服などを) 試着する」。副詞onには「上に」という意味が転じて「身につけて」という意味があります。

例文

Just try something on. How about this sweater?
ちょっと何か試着してみて。このセーターなんかどう？

Would you like to try it on?
ご試着なさいますか？

Is it okay to try on anything I want?
着たいものは何でも試着していいですか？

A: May I try on a pair of shoes? 靴を1足、試しに履いてみてもいいですか？
B: Sure. What size do you need? もちろんです。どのサイズをお探しですか？

try out ~ 〜を試す

「〜を試験的に使ってみる、試してみる」という意味。try out for 〜で「(チームや劇団など) の一員になるためのテストやオーディションを受ける」という意味になります。

I'd like to try out new recipes this time.
今回は新しいレシピを試してみたいのです。

She is trying out different cookie recipes.
彼女は違うクッキーのレシピを試している。

You're trying out for the cheerleading squad?
チアリーディングの入団テストを受けようといるのですか？

She tried out for the movie.
彼女は映画のオーディションを受けた。

A: I'd like to try out one of your cameras. 君のカメラの1つを試してみたいんだけど。
B: Sure, I'll let you borrow whichever one you want. いいよ。好きなものを何でも貸してあげるよ。

wait

動詞waitの基本的な意味は「待つ」。wait a minute「少し待つ」、wait until 〜「〜まで待つ」、wait for an hour「1時間待つ」などのように、時間を表す表現と一緒に多く使われます。wait for 〜は必ず覚えておきたい表現で、「〜を待つ」。can't wait to+動詞は「〜するのが待ちきれない」で、何かをすることが楽しみでたまらない気持ちを表します。wait on 〜とすると、レストランなどで「〜に給仕する」「〜に仕える、応対する」のほか、「(情報などを) 待つ、待機する」という意味になります。

1. 待つ

Sorry I have kept you waiting so long. 長い時間待たせてすみません。
I'll wait outside. 外で待つよ。
I guess we have to wait until he comes back. 彼が戻ってくるまで待たないといけないと思う。

2. 奉仕する、仕える (wait on)、待つ

The staff at the restaurant were busy waiting on customers. レストランのスタッフはずっと接客に忙しそうだった。
How does he wait on tables dressed like that. 彼はあんな服装でどうやって給仕するのか？
I'm waiting on my girlfriend to call me up. 僕は彼女からの電話を待っている。

wait until [till] ~ 〜まで待つ

until [till] の後にはtomorrow「明日」、next week「来週」など日時を表す名詞が続きます。主語＋動詞が来ると「〜するまで待つ」という意味になります。

例文

We can't **wait until** Tuesday. We're having a party tonight.
火曜日まで待てないよ。今夜パーティーをすることにしよう。

We'll just **wait until** Allan gets home.
私たちはアランが家に着くまで待ちます。

Let's just **wait until** I'm on leave.
私が休暇に入るまで待ちましょう。

A: I guess we have to **wait until** he comes back.
彼が戻ってくるまで待たなくてはならないと思う。

B: When do you think he'll get back? いつ戻ってくると思う？

wait a long time 長いこと待つ

「wait＋時間を表す副詞（句）」で、どれだけの期間待つのかを表すことができます。

We've been **waiting a long time** for this.
私たちはこれを長い間待ち続けています。

I can **wait a bit longer**.
もう少し待てるよ。

Just don't **wait too long**. Okay?
そんなに長い間待たないで。わかった？

Why did you **wait two hours** out there?
なぜ君は外で2時間も待ったんだい？

I've been **waiting four hours** for you to show up.
僕は君が現れるのを4時間ずっと待っているんだ。

A: I **waited too long** to drink my coffee. コーヒーを飲むのに長い時間待ちすぎたよ。

B: Is it cold? Maybe we should order another one.
冷めてるの？ 僕らはもう1杯注文するべきだろうね。

wait outside 外で待つ

wait outside「外で待つ」のように、待つ場所を副詞で表現することができます。wait insideは「中で待つ」、wait hereは「ここで待つ」、wait thereは「そこで待つ」。wait out here [there]も「ここ[そこ]で待つ」ですが、話しているその場所が「外」である場合に使います。

例文 Would you **wait outside**, please?
外で待っていてくれませんか？

Okay, **wait there**, I'll be over in a second.
わかったわ、そこで待っていて。もう少しで着くから。

Wait out here. I'll be right back.
ここで待っていてくれよ。すぐ戻ってくるから。

A: I'm going into the house to talk to Helen. ヘレンと話すために家に入るつもりだ。

B: Okay, I'll **wait outside** until you're finished. わかった、君が終わるまで外で待ってるよ。

Wait a minute. ちょっと待って。

相手を待たせるときはもちろん、相手の話を中断するとき、自分に何かいいアイデアが思い浮かんだときなどに使える便利な表現。minuteの代わりにsecond、momentも使えます。

例文 **Wait a minute**, who told you that?
ちょっと待って、誰がそう言ったの？

Wait a minute. What are you talking about?
ちょっと待って。なんのことを話しているの？

Wait a minute. I forgot something in the car.
ちょっと待って。車に忘れ物をしたんだ。

Wait a second, that's not what I meant.
ちょっと待って、それは私の言いたいことではないわ。

A: I need to buy a new pair of shoes for school. 学校用に新しい靴を買わなくちゃ。

B: **Wait a minute**? Didn't you buy shoes last month?
ちょっと待って？　先月、買わなかった？

can't wait to ~　～するのを待ちきれない

can't wait to＋動詞は「～するのが待ちきれない」、can't wait for＋名詞は「～が待ちきれない」。何かをしたくてたまらないときによく使われる表現。類似表現として、I'm dying to＋動詞「～したくてたまらない」、I'm dying for＋名詞「～がほしくてたまらない」があります。

I **can't wait to** see that movie.
その映画を観るのが待ちきれないよ。

I **can't wait to** marry you. I am so into you.
君と結婚するのが待ちきれないよ。本当に君に夢中なんだ。

I **can't wait to** get to New York.
ニューヨークに着くのが待ちきれないよ。

I **can't wait for** the school holiday.
学校の休みが待ちきれないよ。

A: I heard you're going to the concert tomorrow.　明日コンサートに行くって聞いたけど。

B: I **can wait to** see may favorite singer perform live on stage!
好きな歌手がステージで生演奏するのを見るのが楽しみでたまらないんだ！

can [can't] wait　後回しにできる（できない）

can wait「待つことができる」、can't wait「待ちきれない」は、人ではなく物事が主語になることもあります。something can waitは「（物・事）は後回しにできる」。something can't waitは「（物・事）は後回しにできない」という意味です。

The rest **can wait**.
それ以外のことは後回しにできます。

Can't that **wait**? Why don't you double check?
それは後回しにできないの？　もう一度確かめたらどう？

Can't this **wait** until morning?
これは朝まで待てない？

A: Shall we keep working on the project?　このままプロジェクトに取り組むの？

B: This **can wait**. Let's go get some dinner.　後回しにできるよ。夕食を取りに行こう。

wait *one's* turn　(人)の順番を待つ

名詞turnには「回転」や「方向転換」のほかに、「番」「順番」の意味があります。

She has no choice but to **wait her turn**.
彼女は自分の順番を待たざるを得なかった。

I'm just getting a cookie, so **wait your turn**.
クッキーを取りに行ってくるから、自分の番を待っていてね。

Well, you'll have to **wait your turn**.
ええと、自分の番を待たないといけないだろうね。

That's okay, we'll **wait our turn**.
それは大丈夫です、私たちは順番を待ちます。

A: Come on, hurry up. I need to use the bathroom.
さあ急げよ。浴室を使わなくちゃならないんだ。

B: **Wait your turn**. You'll be able to use it soon.　順番を待てよ。すぐに使えるさ。

keep *someone* waiting　(人)を待たせる、待たせておく

待ち合わせの時間や約束の期日に遅れて「人を待たせる」という意味。Sorry to have kept you waiting.は「あなたを待たせてしまってごめんなさい」は、待ち合わせに遅れてきた人がよく言う決まり文句。

I can't stand it. You always **keep me waiting**.
我慢できないよ。君はいつも僕を待たせるんだ。

I'm so sorry to **keep you waiting**.
待たせてしまって本当にごめんね。

Sorry I **kept you waiting** so long.
長い時間待たせてしまってすみません。

Come on now, don't **keep me waiting**.
さあ、僕を待たせるな。

A: How was Henry and June's date last night?
昨夜、ヘンリーとジューンのデートはどうだったんだい？

B: June **kept him waiting** for over an hour.　ジューンは1時間以上も彼を待たせたんだ。

wait for ~ 〜を待つ

「〜を待つ」を表す非常によく使われる表現。wait for *someone* to+動詞は「人が〜するのを待つ」。

I've been **waiting for** this a long time.
長い間これをずっと待っていたの。

I'm **waiting for** my husband. He's bringing the car.
夫を待っているの。彼は車を取りに行ってるわ。

I can't **wait for** you to meet him.
君が彼と会うのが僕は待ちきれないよ。

We're all still **waiting for** someone to come.
僕らはみな、誰かが来るのをまだ待っている。

A: Could you **wait for** me in my office? オフィスで待っていてくれませんか？
B: Sure. I'll go and make myself comfortable. もちろん。行ってくつろいでいますよ。

More Expressions

■ **wait and see** 様子を見る
Let's wait and see how things go.
物事がどう進むか様子を見ていよう。

■ **wait on** 待つ、仕える、給仕する
We were waiting on you to check the desk.
私たちはあなたが机を確認するのを待っていました。

■ **wait up** 寝ずに待つ
Don't wait up.
先に寝てていいよ。

■ **wait out** 過ぎ去るまでじっと待つ
We set up the tents and waited out the storm.
私たちはテントを張って、嵐が過ぎ去るのをじっと待った。

hope / wish

動詞hopeは「〜であることを願う、望む」。hope to+動詞で「〜することを望む」、hope that 〜は「〜であることを願う、望む」。動詞wishも「願う」ですが、hopeよりも使い方が少し複雑です。wish to +動詞は「(できれば)〜したいと思う」で、want toやwould like toよりも丁寧な表現。wish *someone something*は「人に〜などを祈る」という意味で、I wish you good luck.「幸運を祈ります」、I wish you a Merry Christmas.「よいクリスマスをお迎えください」といった限定的な使い方が見られます。I wish that 〜「〜であればよいのだが」もよく使われる表現ですが、現在の事実に反することや実現できないことへの願望を表し、that以下に仮定法を使います。

1. hope：〜することを願う(hope to 〜)、〜ならいいな(hope 主語+動詞)

I hope you aren't angry. 君が怒ってないといいけど。
I hope you'll come again. あなたがまた来てくれるといいのですが。
I hope you'll enjoy the party. あなたがパーティーを楽しんでくれるといいのですが。

2. wish：願う、欲しい、〜したらいいと思う

I wish we were together. 僕らが一緒に入れたらいいのに。
I wish you good luck. 君の幸運を祈るよ。

hope to ~　～したいと望む

hopeは基本的に「望む、希望する」という意味の動詞。hope to＋動詞で「～することを望む、希望する」。I hope to see you again (sometime).「また、（いつか）会おうね」は別れ際の挨拶としてよく使われる表現。

What do you **hope to** gain by suing him?
彼を訴えることで何をしたいと望んでいるのですか？

I **hope to** open my own restaurant.
僕は自分のレストランを開業したいんだ。

You are the kind of woman I **hope to** marry.
あなたは私が結婚したいと思うタイプの女性です。

You **hope to** do that? Sleep on it.
それをやりたいのかい？　一晩よく考えてみなよ。

A: Thank you for inviting me. I really enjoyed it.
招待してくれてありがとうございます。本当に楽しかったです。

B: Glad to hear that. I **hope to** see you again.
それを聞いてうれしいです。またお目にかかりたいですね。

hope (that) ~　～だと望む

I hopeの後に主語＋動詞を続ければ、「私は～であることを願う、望む」という意味になります。代表的な表現として、プレゼントを渡すときの決まり文句I hope you like it.「あなたの気に入るといいのですが」などがあります。

I **hope that** she gets better soon.
すぐに彼女がよくなることを望んでいます。

I **hope** it's not real.
それが現実じゃなかったらいいのにな。

I **hope** you two are very happy, I really do.
君たち２人が幸せであることを望んでいる、本当に。

I **hope** I can come back again.
また戻ってこれたらいいのにな。

A: I **hope that** we can meet up after school.　放課後にみなで会えたらいいなあ。

B: Yeah, it would be fun to get together then.　そうだね、集まれたら楽しいだろうね。

I'm hoping ~　～したいと思っている

I'm hoping ～とすると、I hope ～よりも願う気持ちが強くなります。I'm hoping to+動詞で「私は（必ず）～したいと思っている」、I'm hoping (that) 主語+動詞で「（必ず）～してほしいと思っている」。

例文

I'm hoping you'll come to my party.
あなたがパーティーに来ることを願っています。

You're going home? I was hoping to get to know you better.
家に帰るの？　もっと君のことを知りたかったのに。

I'm hoping you'll come.
あなたが来ることを望んでいます。

I'm hoping that Bob will not show up.
ボブが現れないことを願っているよ。

A: I'm hoping that I will become very wealthy.　僕は大金持ちになりたいと願っている。

B: You better be prepared to work hard.　一生懸命働くことを覚悟したほうがいいよ。

hope so　そうだといいね

副詞soは、すでに述べた内容を受けて「そのように、そう」という意味を表します。I hope so.「そうだといいね」は頻出表現。「そうではないといいね」はI hope not.で、会話では間違えてしまいがちなので注意しましょう。

例文

I hope so, but I don't know. People are smarter than you think.
そうだといいですね、でもわかりません。人はあなたが思うより賢いものです。

I hope so, but I can't forget my ex-husband.
そうだといいわね、でも私は前の夫が忘れられないのよ。

Well, you better hope so.
なるほど、君はそう望んだほうがいいよ。

I hope not, but I think so. Who knows?
そうじゃないといいんだけど、僕はそう思うよ。誰にわかるっていうんだ？

A: I bet you will find a new boyfriend soon.　すぐに新しい彼氏が見つかるに違いないよ。

B: I hope so, but I can't forget my ex.　そうだといいんだけど、元カレが忘れられないのよ。

wish to ~　～したいと思います

「(できれば) ～したいと思う」という意味で、hope to+動詞「～することを望む、期待する」よりもフォーマルなニュアンスを持つ。want to ～ やwould like to ～ よりも丁寧な表現。

例文

I no longer **wish to** speak with him.
私はもはや彼と話したいとは思いません。

We **wish to** apologize for the late arrival of this train.
この電車の到着が遅れましたことをお詫びいたします。

I **wish to** speak to him alone. Can you arrange that?
私は彼と2人で話したいと願っています。手はずを整えてもらえますか？

Do you **wish to** say anything, John?
何か言いたいのですか、ジョン？

A: Many people helped the Thompsons after their house burned.
トンプソンの家が燃えたあと、多くの人が一家を助けた。

B: They **wish to** thank everyone who helped them.
彼らは助けてくれた人全員に感謝したいと願っている。

wish *someone something*　(人)に(もの)を祈る、願う

wish toほど堅いニュアンスはなく、Wish me luck.「幸運を祈ってください」などの表現で日常的によく使われます。

I have no special guy to **wish me happy birthday**.
誕生日を祝ってくれる人が誰もいないの。

I **wish you a Merry Christmas**! Have a lot of fun!
クリスマスを楽しめますように！　存分に楽しんでね！

I have to go. **Wish me luck**!
行かなくちゃならないの。私の幸運を祈って！

I just stopped by to **wish you good luck**.
ただ君の幸運を祈るために立ち寄ったんだ。

A: Bobby's team is playing for the championship.
ボビーのチームは選手権を競っているんだ。

B: That's so exciting. **Wish them luck** for me.
わくわくするね。僕に代わって彼らの幸運を祈ってくれよ。

I wish (that) ~　～だったらいいのに

I wish (that) ～もよく使われる表現。I hope (that) ～は「～であることを願う、望む」という単純な意味でしたが、I wishは現在の事実に反することや実現できないことへの願望を表し、that以下には仮定法を使います。

例文
I wish I could be more helpful.
僕がもっと役に立てればいいのに。

I wish you were here. You would be a big help to me.
君がここにいてくれたらなあ。大きな助けになるだろうな。

I wish I had a lot of money.
お金持ちだったらいいのに。

I wish I could stay longer, but I have to go now.
もっと長くいられたらなあ、もう行かなくちゃいけないんだ。

A: What do you want to have for dinner?　夕食に何が食べたい？
B: I wish I could have a big juicy steak!　大きくてジューシーなステーキが食べられたらなあ。

I wish I had ~　～だったらよかったのに

I wish I had+過去分詞で「～していれば（だったら）よかったのに」。had以下が仮定法過去完了になっています。過去にあった事実とは異なることを願っているときの表現。

例文
I wish I had done things differently.
違ったやり方をすればよかったなあ。

I wish I had been married to you.
君と結婚しておけばなあ。

I wish I had told you before.
君に早く教えておけばよかったな。

That's a good point. Now I wish I hadn't told Julie.
それはいい指摘だね。今、僕はジュリーに話さなければよかったと思っている。

I wish he hadn't asked me out on a date.
彼は私をデートに誘わなければよかったのに。

A: I heard you were drunk and broke a window yesterday.
君が昨日、酔っぱらって窓を割ったと聞いたよ。
B: Yeah. I wish I hadn't done that.　そうなんだ。そんなことをしなければよかったのに。

I wish I could, but ~　できたらいいんだけど、でも～

何かを頼まれたときに丁寧に断る表現で、butの後に断る理由を述べます。同じように使える表現として、I'm sorry, but ～「ごめんなさい、でも～」、I' d love to, but ～、I'd like to, but ～「そうしたいんだけれど、でも～」があります。

I wish I could, but I don't want to.
できたらいいんだけど、したくないのよ。

I wish I could, but I can't. I have too much work to do.
できたらいいんだけど、無理なんだ。やるべき仕事が多すぎて。

I'd love to, but I have to go home early tonight.
喜んでそうしたいけど、今夜は早く家に帰らないと。

I'd like to, but I have to go right now.
そうしたいけど、今すぐ行かなくてならなくて。

A: Come on over to my house on Sunday afternoon.　日曜の午後、僕の家に寄りなよ。

B: **I wish I could, but** I have other plans.　そうしたいんだけど、他に予定があるのよ。

I wish *someone* would ~　（人）が～してくれたらいいのに

文脈にもよりますが、ニュアンスとして*someone*に対して不満に思う気持ちを示すことが多い表現です。

I wish you would take this seriously.
このことを真剣に受け止めてくれたらいいのに。

I wish you wouldn't talk like that.
君はそんな風に話さなかったらいいのになあ。

Honey, **I wish you would** get over her.
あなた、彼女のことを忘れてくれたらいいのに。

I wish he would just tell me the truth.
彼が本当のことを教えてくれたらいいのに。

A: Do you want me to check again?　僕がもう一度確認しようか？

B: Well yeah, **I wish you would**.　そうだね、そうしてくれたらいいね。

if you wish　あなたが望むなら

相手に何かを許可するとき、何かを提案されたときなどに、「あなたがそうしたいなら」という意味で使う表現。相手がしたいことを具体的に述べるときは、if you wish to+動詞「あなたが〜したいと思うなら」とします。また、as you wishは相手の要求に対して、「好きにして」「望みどおりに」と応じる表現です。

例文

You can use my cell phone, if you wish.
僕の携帯電話を使ってもいいよ、君が望むなら。

I can help you with your homework, if you wish.
お望みなら、君の宿題を手伝ってもいいよ。

You can go now, if you wish.
あなたが望むなら、もう行ってもいいですよ。

If you wish to be a writer, you should read a lot of books.
物書きになりたいなら、たくさんの本を読むべきだ。

A: Can I give you a call tomorrow?　明日、君に電話してもいい？

B: If you wish. Here is my home phone number.　あなたが望むなら。これがうちの電話番号よ。

Section 2

More Basic Verbs 27

さらに覚えておきたい 基本動詞 27

send
finish/end
use
hand
meet
hang
show
play
save/spend
teach/learn
drop/catch
cut/hit
charge/cost
worry/care
eat/drink/cook
pass/follow
plan/prepare
pick/choose/decide
buy/sell/deal/afford/belong
apologize/excuse/thank/appreciate
change/remain
lend/borrow/owe
fill/file/fit/fix
lie/lay
pull/draw
ruin/risk/hurt
expect

send

送る

send *someone something* [*something* to *someone*]

(人)に(もの)を送る

最も基本的なsendの用法。send *something*に基づいて、送るものと受け取る人を同時に表す時は、send *something* to *someone*、またはsend *someone something*の形になります。

例文 I didn't **send** him an invitation. 私は彼に招待状を送りませんでした。
I should probably **send** a thank-you letter to her.
僕はたぶん彼女にお礼状を送るべきだ。

send *someone* to *something* [場所]

(人)を(場所)に送る、入れる

送るものが物事ではなく、人(person)の場合。send *someone* to＋場所は「…に～を送る」、send *someone* intoは「～状態で送る」、つまり「～させる」という意味になります。

例文 I don't want to **send** him there. 僕は彼をそこまで送りたくないよ。
She was **sent** to the warehouse. 彼女は倉庫に送られた。

send an email [*one's* apologies]

メールを送る、欠席連絡を送る、謝罪の連絡を入れる

送るもの、つまりsendの目的語としてe-mail、コンピューターのファイル、メッセージなどが来ます。最もよく使われるのは、send an emailです。

例文 Did you get the e-mail I **sent** you the other day?
先日あなたに送ったメールは受け取りましたか？
Please **send** your mom my apologies, but I won't be attending.
君のお母さんにお詫びしておいてくれよ、だけど僕は参加するつもりはないんだ。

send *someone* [*something*] back

(人、もの)を送り返す

受け取ったものを送った人に返す(return *something* to where it came from)、来た人を来た場所に戻す(return *someone* to where he/she came from)ことを言います。

例文 Should we **send** them something **back**? 私たちは彼らに何か送り返すべきですか？
I have to **send** it **back**. 僕はそれを送り返さないといけないんだ。

send away
送り出す、解雇する、取り寄せる

awayは遠く離れることを言います。send awayは「〜を離れるようにする」、「遠くに追い出す」ことを意味します。 ただし、send away for *something*は、「郵便で〜を注文する」という意味になります。

例文 You really want to send our son away to the prison?
君は本当に息子を刑務所に送り出したいのかい？

I sent away for it. You want one of your own?
僕はそれを取り寄せたんだ。君の分もひとつほしいのかい？

send for ~
〜を呼びに行かせる

send for a personは、人を送って'a person'を来るようにする（来させる）という意味。send for *something*は、send for an ambulanceやsend for the latest catalogueのように「〜を呼んで来るようにする」、「送って欲しい」と言う時の表現。

例文 I sent for the office manager.　私はオフィスのマネージャーを呼びに行かせました。

send out
取りに行かせる、発送する

招待状など同じものを多くの人に発送する時、または、化学物質、放送などを送り出すことを意味します。一方、send outの次に人やチームが来ると、救助や修理のために人を送ることを言います。

例文 How about we send out a holiday card this year?
今年、ホリデーカードを送るのはどうですか？

You want a job? You send out a resume!　仕事がほしいの？　履歴書を送って！

send in
〜に招き入れる

人を招き入れる、郵便を利用して何かを送付したり、提出する時の表現。

例文 Send her in.　彼女を中に入れて。

Send in the man who was waiting in the lobby.
ロビーで待っていた男を招き入れるんだ。

send over
送り出す、送る

send overは、相手が私の方に、または私が相手の方に送るというニュアンスを表現する時に使います。send over *something*は「〜を送る」、send *someone* overは「〜に送る・派遣する」という意味。

例文 Can you send over some money?　お金をいくらか送ってくれませんか？

finish/end

終わる、終える

finish -ing
～し終える

「～を終える」という意味で、finishの次に名詞が来ます。しかし、「～するのを終える」という意味で、ある動作を終えることを言う時は、finishの次に-ingを使います。

例文 Did you **finish checking** in to your room? 部屋のチェックインは済みましたか？
Is it okay if I **finish** the orange juice? オレンジジュースを全部飲んでもいい？
How long does it take to **finish** it?
それを終わらせるのにどれくらいの時間がかかりますか？

be finished with ~
～が終わっている

be [have] finished with *something*は、「何かを終える」、または「～を使い切ってこれ以上は要らない」という意味。一方、be [have] finished with *someone*は、ムカついて「話を終わらせる」、または「取引を終える」という意味。

例文 I'**m finished with** the work. 仕事は終わっています。
I'**m** not **finished with** you. 君との関係は終わっていないよ。
I'**m** not **finished with** the report. 報告書がまだ終わっていないんだ。

finish off
終える、平らげる

finish offは、finishとほぼ同じ意味で、「何かを終わらせる、食べ物を食べ終える」という意味。ただ、finish *someone* offは「～の力を使い切らせて、へとへとにさせる」という意味としても使われます。

例文 Why don't you **finish off** this pie? このパイを全部食べてしまったらどう？
The guys **finished off** all of the beer in the fridge.
奴らは冷蔵庫のビールをすべて飲み干してしまった。

finish on time
時間通りに終わる

予定の時間に終える時は、finishの次にon timeという表現をつけます。

例文 I expect him to finish on time. 私は彼に時間通りに終わるよう期待しています。
If we don't finish this report on time, I'm going to lose my job.
僕らがこの報告書を時間通りに終えなかったら、僕は職を失うだろう。

finish up
仕上げる、完成する

finish upは、最後にある場所にたどり着く、ある状態に置かれることを意味します。また、finish upの次に食べ物の名詞が来ると、食べ物を全部食べ終えるという意味。

例文 Finish up and we'll go out to eat. 仕上げをして、外にご飯を食べに行こう。
Did you finish up the work you were doing?
君がやっていた仕事は仕上がったかい？

end up with [-ing]
結局〜で終わる

end upはfinish upと同じく、終わったことがどんな状態で終わったかを言う時に使える表現。end up -ingの形が最もよく使われます。

例文 I ended up getting married and having kids.
僕は結局、結婚して子どもを持つことになった。
You're not going to end up alone. 君は結局一人ぼっちにはならないだろう。

bring [put] an end to ~
〜を終わらせる

endが名詞として使われる場合。bring [put] an end to 〜は、end（終わり）を〜に持ってくる、置いておくという意味で、結局「〜を終える」、「止める」という意味になります。

例文 I will just put an end to it! もう終わりにしよう！
Why don't we put an end to this right now? これを今すぐ終わらせましょうか？

at the end of ~
〜の終わりに

頻出の熟語で、「〜の終わりに」という意味。特に、at the end of the dayは、「ついに」という意味もありますが、考えてみた後で「結局のところ」という意味もあるので、注意しましょう。

例文 I finally got home at the end of the day! 僕は一日を終える頃になんとか家についた。
She is sitting at the end of the table. 彼女はテーブルの端に座っている。

in the end
最後には、ついに

よく知られている基礎表現。「ある程度の時間が経った後で」というニュアンスで、「結局」、「ついに」という意味で使われます。

例文 It will work out in the end. それは最後にはうまくいくだろう。
In the end, I didn't leave for New York.
結局、私はニューヨークに出発しませんでした。

use

使う

use *something* for ~
（もの）を～のために使う

何かを使う時、その目的や用途を言い加える時に使う表現。use *something* forの次には名詞、または-ingを使います。

例文 I use coffee for an energy boost in the morning.
毎朝元気を出すためにコーヒーを飲む。

be used to＋動詞
～するために使われる

be used to＋動詞は「～するのに使われる」と覚えるとよいでしょう。ただ、get [be] used to＋名詞、およびused to＋動詞とは区別しなければなりません。

例文 A lawn mower is used to cut grass.　芝刈り機は芝を刈るのに使われる。

use *one's* head [brain]
頭を使う、考える

相手を非難したり、アドバイスする時に使います。何かをよく理解できるように、または間違いを避けるために「注意深く考えなさい」という非常にストレートな表現。

例文 Use your head! How come you fell for it twice?
頭を使え！なぜそれに２回もだまされたんだ？
I expect you to use your brain this time.
今回は君によく考えてもらいたいと思っています。

get [be] used to＋名詞
～に慣れる、慣れている

be used to＋動詞と紛らわしい表現。相違点は、toの次に動詞が来るか、名詞［または-ing］が来るかです。

例文 I'm getting used to driving at night.　私は夜間に運転することに慣れています。
You have to get used to it.　君はそれに慣れないといけないよ。
We are used to the noise in the city.　私たちは都会の騒音に慣れています。

used to ~
昔〜していた、よく〜したものだった

もう一つの紛らわしい表現。used to＋動詞は、ほぼ助動詞のように使われるもので、過去の動作や状態がそうだったということで、今はそうではないという意味になります。

例文 We **used to** work together. 僕らはかつて一緒に働いていた。
I **used to** be just like you. 私は昔、あなたみたいだったわ。

can [could] use ~
〜が必要である

could useの方がcanより「今必要である」というニュアンスが強いです。could [can] があることで、useの次に出てくることをまだ使えていないことがわかります。つまり、use以下を利用してほしいという意味で、would like to have 〜の意味になります。

例文 I **can use** a Coke. コーラが欲しいんだ。
I **could use** a little help here. 僕はここでちょっとした手助けを必要としていたんだ。

make (good or bad) use of ~
〜をうまく利用する、悪用する

useが名詞として使われた表現で、make use of *something*は「〜をうまく活用する」、「利用する」という意味になります。もちろん、うまく活用できる時も、活用できない時もあって、この場合はgood、badという形容詞をuseの前に付けます。

例文 They **made good use of** extra money. 彼らは余ったお金をうまく活用した。
The children **made good use of** the toys they got.
子どもたちは手に入れたおもちゃをうまく活用した。

put ~ to (good) use
〜を有益に使う

同じく利用するという表現ですが、目的語として主に知識（knowledge）や技術（skill）を使い、何か欲しいことを達成するという熟語。useの前にgoodをつけることもできます。

例文 I think it'd be better if we **put** it all **to good use**.
僕らはそれをすべて有効活用した方がいいと思うよ。

It's no use -ing
〜するのは無駄だ

相手にアドバイスする時に使う表現で、useの以下をしても何の役にも立たないから〜するなと説得する時に使います。そのままIt's no use!とも言います。

例文 **It's no use!** 無駄だよ！
Come on, **it's no use fighting**. よせよ、けんかするのは無駄だよ。

hand

手渡す、手助けをする

have (got) to hand it to *someone*
（人）に敬意を表する

口語体の表現で、誰かが成功したり、何かすごいことをした場合、感激してその相手を褒める時に使う表現。

例文 I've got to hand it to you! 君に敬意を表するよ！
I've got to hand it to you. You are a strong man. 見事だよ。君は強い男だ。

hand down
残す、伝える

子孫に貴重なものや知識、技術などを「引き継がせる」、または自分よりもっと小さい子どもに、自分にはもう要らない服やおもちゃなどを「譲る」ことを言います。

例文 Grandma handed down some of her jewelry to me.
おばあちゃんが私に宝石類をいくつか残してくれたのです。

hand in
提出する

何かをあげるという意味ですが、ただあげるのではなく学校やホテル、会社などに「提出する」という意味。term paper（期末レポート）を学校に提出したり、checkoutしながらホテルのキーを渡す時に使います。

例文 Did you hand in the report you were working on?
君が取り組んでいた報告書は提出したのかい？

hand out
配る、分配する

同じく何かをあげるという意味ですが、これは多くの人に「配る」という意味の表現です。give out、またはdistributeと同義語。アドバイスや情報（information）をあげる時も使えます。

例文 I stood in the doorway handing out pamphlets.
僕は出入り口に立ってパンフレットを配った。

hand over
手渡す、譲渡する

具体的に、車のキーや本などを手で相手に渡す、または、自分が背負っていた責任と権限を相手に渡すことを意味します。

例文 Hand over some money to pay the bill. 勘定を払うためにお金を渡してください。

give (*someone*) a hand
(人に)手を貸す、手伝う

handは名詞としては単純に「手」を意味しますが、「手が足りない」「人手が必要だ」と言うように「助け」(help)という意味でよく使われます。

例文 Can you give me a hand? 手伝ってくれない?
It's my turn to lend a hand. 僕が手を貸す番だ。

have *one's* hand full
手がいっぱいである

両手が空いていないということから「すごく忙しい」という意味。忙しい理由を言う時はwith somethingを続けます。

例文 I have my hands full! 僕は手がいっぱいなんだ!
She must have had her hands full. 彼女は手がいっぱいに違いないよ。

put *something* in the hands of ~
(もの)を~の手に委ねる

handsは手に握っているという意味で、put *something* in the hands of ~は「~の手に任せる」。get *one's* hand on *something*は「~を手中に確保する」、「得る」という意味になります。

例文 Don't put your fate in the hands of others.
君の運命を他人の手に委ねるんじゃないよ。

have [get] *someone* [*something*] on *one's* hands
(もの、人)を抱える

「~を手中に持っている」という意味で、単純に時間などを持っていると言う時も使いますが、主に難しいことや問題などを扱う時にも使われます。

例文 I've got a little time on my hands. 僕には少ししか時間がない。
You have a lot of time on your hands. 君には時間がたっぷりあるよ。

meet

会う

I'd like you to meet ~

あなたに～と会ってもらいたいのですが

人を紹介する時に使う典型的な表現。I want you to meet *someone* も使えます。親しい友達の間では名前だけ呼ぶ時もあります。

I'd like you to meet my boyfriend.
あなたに私の彼氏と会ってもらいたいの。

Everybody, there's someone **I'd like you to meet**.
みんな、君たちに会ってもらいたい人がいるんだ。

meet the need [satisfaction]

ニーズを満たす、満足させる

meetの目的語としてneed、satisfaction、demand、standardなどの名詞が来る場合、meetの意味は、その「必要や基準を満たす」という意味になります。meet the deadline, meet a goalなどの頻出表現があります。

例文

The hotel didn't **meet our satisfaction**.
ホテルは僕らにとって満足のいくものではなかった。

The loan **met Jim's needs** while he was a student.
その融資はジムの学生時代、彼のニーズを満たした。

You'll need to hurry to **meet the deadline**.
君は締め切りを守るために急がなくちゃならないだろうね。

make ends meet

収支を合わせる、家計をやりくりする

このendsは、収支表の最終行からきたもので、収入と支出を合わせるということで、「収支を合わせる」という意味になります。

We're barely making enough money to **make ends meet**.
やっと生活費を稼げるくらいの収入しかない。

We need to save money to **make ends meet**.
生活費を賄うためにお金を節約しなければならない。

meet with ~
～と会う

meet (人と会う) より、formalに「会う」という意味を含んでいます。また、meet withの次にsuccess、failure、oppositionが来ると、「～の状況を経験する」、「ぶつける」という意味になります。

例文 I'd like to meet with you this afternoon.
今日の午後、あなたにお会いしたいのですが。

I'm here to meet with someone from human resources.
私は人事部のどなたかに会うためにここに来ました。

have [attend] a meeting
会議がある、会議に出席する

meetingは「会議」の意味で、have a meetingは「会議をしている」、attend a meetingは「会議に参加する」、hold a meetingは「会議を開催する」などさまざまなイディオムがあります。

例文 Are you going to attend the meeting?
あなたは会議に出席する予定ですか？

Did you have a meeting with her yesterday?
昨日、彼女と打ち合わせがあったのですか？

He's in a meeting right now.
彼は今、会議中です。

call a meeting
会議を開く

meetingをしようと呼ぶという意味で、「会議を開く」、「会議を招集する」という意味で使われます。sales meeting、emergency meetingのように、どんな会議なのか具体的に言うこともできます。

Harris wants to call a meeting to discuss the new proposals.
ハリスは新しい提案を話し合うために会議を開きたがっている。

UN Security Council called an emergency session.
国連安全保障理事会は緊急集会を招集した。

hang

掛ける、吊るす

hang in there

頑張る、持ちこたえる

崖っぷちにしがみついていたり、リストラが近づいているなど、厳しい状況に置かれている人を励ます表現で、「諦めないで頑張って」という意味。

例文 I'll be right back. **Hang in there.** すぐ戻ってくるよ。頑張ってね。

You're going to be all right. Just **hang in there.**
君ならきっと大丈夫だよ。へこたれるなよ。

hang around

ぶらぶらする

ぶらつく、うろうろするという意味。特定の場所で、特定の人たちと、特に何もしないまま時間を過ごすこと、または待つことを言います。hang withは「～と付き合う」の意味です。

例文 He's just really great to **hang around** with. 彼と一緒にいるのはとても楽しいんだ。

We're just **hanging around** here. 私たちはこの辺りをぶらぶらしているだけです。

It's my last chance to **hang with** my girlfriend.
僕が彼女と一緒に過ごす最後のチャンスなんだ。

I'm going to let you **hang with** Cindy.
僕は君をシンディと付き合わせようと思っているんだ。

hang on

待つ、電話を切らないで待つ、～にしがみつく

onは「持続する」という意味があり、hang onはhold onとほぼ同様の表現です。hang on toは「～にしっかりつかまる」、hang on *something*は「～に頼る」、「～を持続する」という意味。

例文 We're going to take care of you. Just **hang on.**
僕らが君の面倒を見るよ。ちょっと待ってて。

Hang on, don't do this. 待て、こんなことするなよ。

Will you **hang on** a second? I've got another call.
ちょっと切らずに待ってもらえますか？ 別の電話がかかってきました。

hang out (with ~)
(～と) 一緒に過ごす、付き合う

hang aroundとほぼ同じ意味で、特にすることもなく友達と時間を過ごしたり遊んだりすること。よく集まって時間を過ごす場所はhangout (たまり場) と言います。

例文 Just **hang out with** me. 僕と付き合ってくれ。
Do you know of any cool places to **hang out**?
一緒に過ごすのにどこかいい場所を知っているかい？

hang over
差し迫る、未解決のままである、重荷である

残り物がぶら下がっている状態というニュアンス。主に脅迫や負債など良くないことが主語に来ます。不快や不安なことが頭から離れないまま、心配を呼び起こすという表現。hangoverは「二日酔い」。

例文 The problem is still **hanging over** my head. その問題はまだ私の頭から離れません。
I have a **hangover**. 二日酔いだよ。
She woke up with the worst **hangover** of her life.
彼女は人生最悪の二日酔いで目を覚ました。

hang together
協力する、首尾一貫している

主語によって意味が変わります。話や計画などがhang togetherすると、「つじつまが合う」ということ。人が主語に来てhang togetherすると、「お互いに役に立つ」という意味になります。

例文 The speech doesn't really **hang together**.
そのスピーチは全くつじつまが合っていなかった。
We must **hang together**. 私たちは協力しなければなりません。

hang up
電話を切る

昔の電話機は壁にかかっていて、電話を切る時どうしていたかを連想してみると理解できる表現。特に、hang up on *someone* は、一方的に「電話を切る」ことを意味します。

例文 Please **hang up** the phone. 電話を切ってください。
Don't **hang up**. Just listen. 電話を切らないで。ちょっと聞いてよ。

get the hang of ~
～のコツをつかむ

hangが名詞として使われた表現。haveまたはgetを使って、have [get] the hang of ～は「～をうまく扱う、扱い方がわかる」という頻出熟語になります。

例文 Don't worry. You'll **get the hang of** it. 心配しないで。きっとコツをつかめるよ。
Are you **getting the hang of** it? コツをつかめていますか？

show

教える、見せる

show *someone* the way
(人)に道／方法を教える

情報や方法などを教えてあげるという意味のshow。show *someone* the way to＋動詞は、「～のやり方を教えてあげる」、または「～する方法を…に教える」という意味になります。

例文 Let me **show you another way.**
別の方法を紹介するよ。

Please **show me the way.**
私に道を教えてください。

I'll **show the way.**
僕が道案内するよ。

show *someone* how ~
(人)に～のやり方を教える

前の表現と似ているもので、show *someone* how ～の形で「…に～する方法を教える」という意味。how to＋動詞、またはhow 主語＋動詞の形態を使います。

例文 Can you **show me how** to go there?
そこへの行き方を教えてくれませんか？

Please **show me how** to play the game.
そのゲームの遊び方を教えてください。

Show me how it works.
仕組みを私に教えてください。

(The study) shows that ~
(その研究は)～だと明らかにしている

「～であることを証明する(prove)」、「証明する」、「表す」という意味の表現。主に、物が主語になります。

例文 **The study shows that** students who eat breakfast perform better in school.
朝食を食べる学生は、学校での成績が良いことが研究で示されています。

It goes to **show** just **how** attractive you are.
それは君がどれほど魅力的かを示しています。

show an interest in ~
～に興味を示す

showの目的語として、主に関心（interest）、感情（emotion）、感謝（appreciation）など個人の関心や感情を表す時に使う表現。

例文 Sandy started to **show an interest in** painting after visiting the art museum.
サンディは美術館に行ったあと絵に興味を示すようになった。

show *someone* around
（人）を案内する、（人）に見せて回る

aroundの次に主に家、オフィス、市内の観光地、ショッピングモールなどが来て、相手が興味を持ちそうな場所を一緒に回りながら見せるという意味。

例文 I'm going to **show him around** town.
僕は彼に街を案内するよ。

Let me **show you around**.
僕に君を案内させてよ。

show off
見せびらかす

目的語なしにshow offと言うと、「見せびらかす」という意味で、否定的な意味で使われます。また、show off *something*、またはshow *something* offは、「何かを自慢する」。物が主語に来る場合は、「～を引き立てる」という意味になります。

例文 He wanted to **show off** his new girlfriend, Alma.
彼は新しい彼女のアルマを見せびらかしたいと思っていた。

show up
現れる、姿を見せる

約束や会議に人々が待っている場所に現れること、つまり、「到着する」、「来る」ことを言います。口語体ではupを除いてshowだけでも使えます。

例文 What time do you think you will **show up**?
何時ごろお見えになりますか？

She never **showed up** again.
彼女は二度と現れなかった。

play

遊ぶ、する

play＋スポーツ名

（運動）をする

playの次にスポーツ（basketball、baseball、hockey）やゲーム（computer games、cards）が来る場合は、冠詞は必要ありません。

例文 I sprained my ankle while **playing basketball**.
私はバスケットボールをしている時に、足首を捻挫しました。

play the＋楽器名

（楽器）を演奏する

playの次に楽器が来る場合は、楽器名の前に冠詞をつけます。また、playはCD、MP3 filesのように音楽を聴くために機械をかけるという意味としても使われます。

例文 She is good at **playing the violin**. 彼女はヴァイオリンを弾くのが得意です。
You used to like **playing the piano**. あなたは昔、ピアノを弾くのが好きだったわね。

play a part [role] in

～で役割を果たす

演劇や映画では、「～役を演じる」という意味になり、日常生活では「～に重要な役割を果たす」という意味になります。

例文 Fred's illness **played a part in** his decision to retire.
フレッドは病気で退職を決意した。

play it safe

安全第一で行く、安全策を取る

play it safe、play it coolとして頻出の表現。ここでのplayはbehaveの意味で、play it safeは「慎重を期す（avoid risks）」、play it coolは「落ち着いて行動する（take it easy）」という表現です。

例文 If life is short, it's dumb to **play it safe**. 人生が短いのなら、安全策を取るのは馬鹿だ。
You can **play it safe** if it works for you.
それが君にとってうまくいくのなら、安全策を取ってもいいよ。

play dumb

知らないふりをする

演劇や映画でのplayは、あるキャラクターの役を演じるという点でplayの次にdumb、dead、the foolのように名詞を続けて、「～のふりをする」(pretend)という使い方をする時もあります。

例文 Don't **play dumb**! 知らんぷりをするな！
Don't **play dumb** with me! とぼけるなよ！

play games

嘘をつく、ごまかそうとする

play gamesは、自分の目的を達成するために本音を隠すことを意味する表現で、否定的な表現。悪い意味のゲームをする、つまり「でたらめなことをする」という意味です。しかし、単数でplay the gameと言うと、正々堂々なゲーム、つまり、「フェアプレーする」という意味になります。

例文 Don't **play games** with me! 僕に嘘をつくなよ！
I don't **play games**. 嘘はついていないよ。

play hooky

ずる休みをする

学校に行きたくない子どもたちなどが、病欠ではなく、無断で何も言わずにサボることを意味します。play truantとも言います。truantは無断欠席者を、hookyは学校や会社をずる休みすることを言います。

例文 I don't feel like going to school so I'll **play hooky**.
学校に行きたい気分じゃないんだ、だから僕はずる休みするよ。

play hard to get

気のないふりをする

playは「演劇をする」という意味がありますが、このため「実際とは違う行動をする」という意味の表現を多く作ります。play hard to getもその一つで、主に男女間で気があるのに興味ないふりをすることを言います。

例文 Don't start **playing hard to get** again, John.
二度と気のないふりをしないで、ジョン。

play a trick on *someone*

(人)をだます、いっぱい食わせる

エイプリルフールにするようなこと。play a trick [tricks] on *someone*は、「…にいたずらする」という意味になります。また、「冗談を言う」という表現は、play a joke on *someone*と言います。

例文 I thought you were **playing a trick on me**.
君が僕をだましていると思っていたんだ。

save/spend

貯金する／費やす

save *one's* life
(人)の命を救う

文字通りに、死にかけている命を救う、困難な状況に置かれている人を助けるという意味の表現。「顔を立てる」時は、save (*one's*) faceと言います。

例文 Thank you so much, Kate. You saved my life.
本当にありがとう、ケイト。君は僕の命の恩人だ。
You want me to save your life? 私に助けてほしいの？
There was no way to save face after I made the mistake.
ミスをした後の面目は保てません。

save (about)＋お金
(～するのに十分な、～のために) お金を貯金する

銀行などにお金を貯金する(貯める)という表現。貯金する目標を言う時は、saveの次にto＋動詞、またはsave (up)の次にfor＋名詞の形態を使います。

例文 I'm saving for a notebook computer. 僕はノートパソコンのために貯金しているんだ。
She wants to save enough to buy a car.
彼女は車を買えるだけのお金を貯めたがっている。

save *someone something* (*something* for *someone*)
(人)に(もの、～のためのもの)を取っておく

同じく、後で使うために節約して、貯めることを言う表現。お金だけでなく、エネルギー、食べ物、時間などさまざまな名詞を続けることができます。

例文 Hey, save us some pizza. おい、僕らにピザを取っといてくれよ。
I'll save you a parking spot. 僕は君の駐車場を確保しておくよ。
I'll save you a seat. 君の席を取っておくよ。
Yeah, save it for the cab, okay?
そうだね、タクシー用に取っておきましょう、わかった？
That's okay. You can save it for later. それでいいよ。それを後に取っておけばいいさ。
I'm going to save you some time. あなたの時間を節約してあげますよ。
I will save you a lot of time and energy. 君の時間とエネルギーを節約してあげるよ。

save *someone* -ing
(人)が～しないようにする、～するのを軽減する

saveが「助ける」という意味から広がって、「手間や不便さを軽減する」という意味としても使われます。特に、save *someone* the trouble (bother) -ingの形でよく使われ、「～する手間を省く」という意味。

例文 Honey, let me **save you the trouble**. あなた、手間を省いてあげるよ。
I'm just trying to **save you from wasting** your time.
僕はただ君が時間を浪費するのを防ごうとしているだけなんだ。

spend money
散財する、お金を使う

spendの最も基本的な意味はconsumerの使命である「お金を使う」という意味。お金を目的語に受けて、お金の使い先はfor [on]＋名詞、または-ingの形になります。

例文 You shouldn't **spend** so much **money**. そんなに散財してはいけないよ。
How did you **spend** so much **money**?
どうやってそんなにたくさんお金を使ったんだい？
Stop **spending** my **money**! 僕のお金を使うのをやめろよ！
I can't believe you're going to **spend 250 dollars** on the lottery!
君が宝くじに250ドルも使うつもりだなんて信じられないよ！

spend＋時間名詞 -ing
(時間)を～して過ごす

spendの目的語がお金ではなく、lifeやtimeなどの時間を表す名詞が来る場合、歳月や時間を「～しながら過ごす」という意味になります。

例文 I will **spend the rest of my life** trying to make you feel better.
僕は残りの人生をかけて君を喜ばせるよ。
I want to **spend my life** with you. 僕は君と生涯を共にしたいんだ。
I want to **spend more time** with my family. 私はもっと家族と一緒に過ごしたいの。

spend the day [night] with [together]
一日(一晩)を～と(一緒に)過ごす

上の表現と同じですが、これはday、night、またはChristmas Day、New Year's Dayなど特定の名詞がspendの目的語として来る場合です。

例文 I want to **spend the night with** Becky. 僕はベッキーと一晩過ごしたいんだ。
Why don't you **spend Christmas with** me? クリスマスを僕と過ごしてくれない？
I would love to **spend New Year's with** you.
僕は元日をぜひ君と過ごしたいと思っているんだ。
I had to **spend all day** clearing out stuff.
僕は一日中、ものを片付けて過ごさなければならなかった。

teach/learn

教える／学ぶ

teach *someone something*

（人）に（もの）を教える

teachは一般的に「～に…を教える・知らせる」という意味で、さまざまな形で使われます。特に「学校で講義する」と言う時は、前置詞を使わずteach school [college] といいます。

例文 Let me **teach** you a new game.　君に新しいゲームを教えるよ。
Did your teacher **teach** you that in your class?
君の先生は授業でそれを教えたのかい？
It's my job to **teach** you about responsibility.
責任について君に教えるのが私の仕事だ。

teach *someone* how to ~

（人）に～のやり方を教える

「…に～のやり方を教える」という意味で、教える内容はto＋動詞、how to＋動詞、またはthat 主語＋動詞節の形が続きます。

例文 I'm just going to **teach him how to** make pizza.
彼にピザの作り方を教えてあげるだけです。
I'm trying to **teach her how to** drive.
彼女に運転の仕方を教えようとしているんだ。

That'll teach *someone* ~

それで（人）は懲りるだろう、

teachは人だけでなく、辛い経験などからも「教えてもらう」ことができます。主語になる名詞はexperienceやthat [it] の代名詞です。

例文 **That'll teach her** [**him**]!　それで彼女[彼] も懲りるだろう！
I got a speeding ticket. **That'll teach me** not to drive fast.
スピード違反の切符を切られたんだ。僕はスピードを出して運転することに懲りたよ。

I was taught that ~

私は～と教えられました

teachが受動態で使われる場合。be taught that 主語＋動詞の形で、主語がthat以下の事実に気づいたという意味になります。

例文 I was taught that it's important to be polite.
礼儀正しいことは大事なことだと教えられました。

teach *someone* a lesson
(人)に説教する

teach *someone* a lessonは「〜に教訓を与える」、「思い知らせる」という意味の熟語で、悪いことをした相手を懲らしめるということ。

例文 I'll teach him a lesson.
僕が彼に思い知らせるよ。

I'm going to go down there and teach that guy a lesson.
私はそこに降りていって、あの人に説教をするつもりです。

learn about ~
〜について学ぶ

teachする人がいれば、learnする人もいます。learnは、teachとは反対で、「学ぶ」、「わかる」、「悟る」という意味で使われます。

例文 You have a lot to learn about men.
あなたには男性について学ぶことがたくさんあるわ。

I'm here to learn about cooking.
私はここに料理を学びに来たのです。

learn how to do
〜のやり方を学ぶ

学んだ内容をto+動詞やhow to+動詞で表現して、「〜することを学ぶ」、「〜する方法を学ぶ」と言う時に使います。

例文 It'll take you three or four months to learn how to ride a bike.
あなたが自転車の乗り方を学ぶには、3か月か4か月かかるでしょう。

Learn how to hide your feeling!
感情を表に出さない方法を学びなさい!

learn a [*one's*] lesson
教訓を得る、懲りる

lessonがteachと一緒に使われた時と同じく、learn a lessonは「教訓を得る」という意味になります。

例文 Haven't you learned your lesson yet?
まだ懲りてないのかい?

I've learned my lesson.
僕は教訓を得たよ。

drop/catch

落とす／捕まえる

drop a line [note]

手紙を書いて送る、メモを残す

正式な手紙ではなく、簡単にメッセージやノートを書いて送ることを意味します。

例文 Drop me a line. 連絡してください。
I'll drop you a line. あなたに連絡しますよ。

drop by [in]

立ち寄る

drop byは約束の時間を決めずに立ち寄ることで、dropを使って、気軽に立ち寄る（make a short visit）ことを表します。

例文 Drop by for a drink (sometime). （いつか）1杯やりに立ち寄ってよ。
Drop in sometime. いつか立ち寄ってよ。

drop off

（乗物から）降ろす

drop offは、車で目的地へ向かう途中に、連れて行った人を降ろしたり、物をおろす、置いていくことを言います。

例文 I'll drop you off at your house tonight. 今夜、君の家で降ろしてあげるよ。
Why don't you just drop me off, and you can come back.
私を降ろしてくれない？ それから戻ってもいいわよ。

drop out

退学する、脱落する

学校や会社などの団体生活から離脱することを言います。特に、学校を最後まで履修せずに中退することを言う時に使います。

例文 The best thing for me to do is to drop out of college and get a job.
僕にできる最善のことは大学を退学して職を得ることだ。

catch a cold
風邪をひく

落とす(drop)とは正反対の動詞で、基本的な意味は何か物や人を捕まえることです。特に、catchの次に病名が来ると、病気になったという意味。

例文 I think I'm **catching a cold**. Achoo! 僕は風邪をひいたようだ。ハクション!

catch *someone* -ing
(人)が〜しているのを見つける

相手が知らない状態で、相手が何かをしているのを見るという意味。相手の立場では「ばれた」という意味になります。特に、catch *someone* in the actは、何か悪いことをしてばれてしまった時に使う表現です。

例文 You **caught me**. 見つかっちゃった。
You **caught me dating** with Tammy. What's the big deal?
タミーとデートしているところを見つかった。何がそんなに問題なの?
My parents **caught me sneaking** out of the house at night.
私の両親は、私が夜中に家を抜け出すところを見つけた。

be [get] caught in ~
〜に巻き込まれる

受動態のbe [get] caught inは、inの以下の状態に捕らえられる(get stuck)状態を表します。そのままget caughtと言うと、犯罪者が逮捕されることを意味します。

例文 I **got caught** in a shower on my way home.
家に帰っている途中に、僕はにわか雨に降られた。
We **were caught in** a traffic jam. 僕らは渋滞に巻き込まれた。

catch on
理解する、捕まえる、流行する

継続して(on)追いつくということは、人気を集めたり、流行ることを意味します。また、「〜をよく理解している」という意味もあります。

例文 Wow, you **catch on** quick. わあ、理解が早いね。
Excellent idea! You're **catching on**. 素晴らしい考えだよ! 君はわかってるね。

catch up with ~
〜に追いつく、付いて行く

ぴたりと(up)追いつくという意味で、前の人や車、または「留まっていることや足りないものに追いつく」という意味。文脈によって「後で話す」、「逮捕する」という意味もあるので、さまざまな使い方を覚えておく必要があります。

例文 I'll **catch up with** you in the gym. ジムで君に追いつくよ。
Catch up with you later! 後で追いつくよ!

cut/hit

切る／たたく

cut corners

近道する、節約する

角を曲がらずに近道を行くという意味で、時間、経費、努力など減らせる部分を減らして効率化させることを意味します。

例文 I had to cut corners to save money. 節約のため手を抜かなければならなかった。

cut a deal

取引をする、協定を結ぶ

取引を成功させる（make a business deal）という意味。具体的な契約内容を言う時は、cut a deal -ingを使います。

例文 I cut Sally a deal when she came to my shop.
サリーが僕の店に来た時、彼女と取引をした。

be cut out for ~

～に適している、向いている

人がある仕事に適しているか否かを言う時の表現。forの次に仕事や業務を続けます。ここで、cut outは切り取って何かを作り出すことを意味します。

例文 She's cut out for this job. 彼女はこの仕事に向いている。
You're not cut out to be a physician. 君は医者には向いてないよ。

cut back on

～の量を減らす

主に「支出する経費を減らす」という意味。「健康のために食べ物を減らす」という意味もあります。

例文 We're going to cut back on shopping too.
私たちは買い物の量も減らすつもりよ。

cut it out
やめる

「切り捨てる」という意味で、何かを辞めさせる、健康のために食べ物や習慣などを止めることです。Cut it out!は「止めろ！」という口語表現で、相手の言葉を中断させる時に使われます。

例文 Don't do that! **Cut it out!** そんなことするな！　止めろ！
This is useless. We're going to have to **cut it out**.
これは無益だよ。僕らはやめなければいけないだろう。

cut off
切り落とす、話を遮る、電話を切る

切り離す(off)という意味で、「切り取る」、「電気やガスの供給が中断される」、「友人関係を中断する」などさまざまな意味として使われます。

例文 I was **cut off**. 僕は電話を切られた。
I don't mean to **cut** you **off**. 君の話を遮るつもりじゃないんだ。

hit the road
出発する、出かける、出ていく

口語体の表現で旅立つ、出発するなど道に出ることを意味します。さらに、hit＋場所名詞で「〜に到着する」という意味もあります。

例文 I am going to **hit the road**. 僕は出かけるつもりだよ。
I'd better **hit the road**. もう行った方がいいようだ。

hit the ceiling
急騰する、激怒する

ceilingは「天井」という意味で、跳ね上がって天井に届くというのは、とても頭にきた時でしょう。ceilingの代わりにroofを使うこともできます。

例文 My wife **hit the ceiling** when she saw the bill.
請求書を見た妻は激怒した。

hit it off (with ~)
(〜と) 仲良くする、意気投合する

天が定めた縁のように会ってすぐ「仲良くなる」、「好きになる」という表現で、天が定めた縁の相手を言う時は、hit it off with *someone*と言います。

例文 They really **hit it off**. 彼らは本当に気が合う。

charge/cost

請求する／（費用）がかかる

charge *something*
～の口座に料金を請求する

chargeには、現金払いせずにクレジットカードで購入するという意味もあります。支払いの時「Cash or charge?」と聞かれた場合のchargeはクレジットカード決済を意味します。

例文 Would you like to pay by cash or **charge**?
現金で払いますか、またはクレジットカードで払いますか？
I'll **charge** it, please.　クレジットカードで払います。

be charged with～
～で起訴される

chargeは計算する時に限って使われる動詞ではありません。「非難する」、「告訴する」という意味もあります。

例文 I **was charged with** stealing a cell phone.　携帯電話を盗んだ罪で起訴された。
You'll **be charged with** murder.　あなたは殺害罪で起訴される。

be in charge of～
～を担当する、～の責任を負う

chargeは、動詞だけでなく「料金」、「責任」という名詞としてもよく使われます。「～を担当する」、「責任を負う」という意味のbe in charge of を覚えておきましょう。

例文 I'm not **in charge of** the lab.　私はこの研究室の責任者ではない。
The boss put me **in charge of** that.　上司が私にそれ（の管理）を任せた。

free of charge
無料で

free of chargeは、お金を払わずに品物やサービスを受けられるという意味です。with no chargeも同じ意味。

例文 Take whatever you want. **Free of charge**.
欲しいものは何でも選んでいいよ。無料だよ。

cost *someone* money
…に～の金がかかる

costは動詞でcost *someone*＋金の形で、物やサービスが主語に来て、それを買うのに「…に～の金がかかった」という表現。

例文 Your mistake **cost me** a lot of **money**. あなたのミスでとても金がかかった。
That's going to **cost you $5,000**. 5,000ドルはかかる。

cost a fortune
大金がかかる

具体的には、金額を言う代わりにcostの次に「財産」という意味のfortune、または大事な身体の一部であるan arm and a legをつけて、「大金がかかった」と比喩的に言うケースが見られます。

例文 It's so pretty. This must have **cost** him **a fortune**.
とても素敵ですね。高くついたでしょう。

cost *someone something*
…に～の犠牲を払わせる、失わせる

お金ではなく一般名詞が来る場合、お金で払うのと同じく、名詞を払うという意味で、結局「～を失う」という意味になります。主に、job、life、marriageなどの名詞が来ます。

例文 It will **cost you your job**. あなたは仕事を失うことになるかも知れない。
It might **cost you your life**. あなたは命を落とすことになるかも知れない。

cover the cost (of ~)
～の費用を賄う

costは、値・価値という意味で、cover the cost (of)と言うと、「～するのにかかる費用を払う」という表現になります。

例文 Who's going to **cover the cost** of repairs? 修理代は誰が賄うの？
I'll **pay the cost** of a new computer. 新しいパソコン代は私が払う。

worry/care

心配する／気にかける

be worried about [that] ~
～が心配である

他動詞のworryで、相手を心配させるという意味です。これを受動態にしたbe worried aboutは、主語が「～を心配する」という意味。

例文 You're so worried about me. 君はとても僕のことを心配しているね。
We're worried about getting sued. 私たちは訴えられることを心配している。
I'm so worried that I might fail the exam.
試験に落ちるかもしれないととても心配している。

Don't worry (about) ~
（～のことは）心配しないで

Don't worry ～は口語体で非常に多く使われる表現なので、改めて整理しておきます。

例文 Don't worry, you can count on me. 心配しないで、僕を当てにしていいよ。
Don't worry about a thing. 気にするなよ。
Don't worry. It's our treat. 気にしないで。僕らのおごりだよ。
Not to worry, she's fine. 心配無用さ、彼女は大丈夫だよ。

care about ~
～を気に掛ける、心配する

careは「大事だから・好きだから、関心を持って気になって心配する」という意味の動詞として、care about ～、care what ～などの形態で使われます。

例文 I can see how much you care about Becky.
君がどれほどベッキーのことを心配しているかわかるよ。
You still care about me. あなたはまだ私のことを気にかけているのね。

I don't care about ~
～について気にしない

care aboutを活用したさまざまな表現。I don't care about ～ / I don't care if [what] ～、疑問文のWould you care if ～？などを覚えておきましょう。

例文 I don't care about any of that! 僕はそのどれも気にしないよ。
She doesn't care about what others say about her appearance.
彼女は自分の外見について他人が言うことを気にしません。
I don't care about what he thinks of me.
彼が私のことをどう思うか、私は気にしません。
Do you care if I join you? 参加してもいいですか？

couldn't care less [if] ~
～（かどうか）は気にもならない、どうでもいい

直訳すると、これより少なく（less）気にする（care）ことはできない（couldn't）となり、言い換えれば、「ちっとも気にしない」という意味になります。気にしないことはaboutやwhat [if] の次に述べます。

例文 I couldn't care less. どうでもいいよ。
I couldn't care less if she comes or not. 彼女が来ようが来まいがどうでもいいよ。

Who cares about [what] ~?
誰が～気にするだろうか？

反語表現で、否定する単語は含まれていませんが、内容は否定的です。「誰も気にしない」という意味の表現。

例文 Who cares what they think? 誰が彼らの考えていることを気にするんだ？
Who cares! どうでもいいよ！

take care of ~
～の面倒を見る、世話をする

careが名詞として使われる場合。take care ofの次に人が出ると、「面倒を見る」。e-mailなどが出ると、それを「処理する」という意味で使われます。

例文 Let me take care of the bill. 僕に勘定を払わせてください。
I'll take care of your son while you're out.
あなたが外出している時、私があなたの息子さんの面倒を見ますよ。
Please take care of sending the email by this afternoon.
午後までにメールの返信をよろしく。

eat/drink/cook

食べる／飲む／料理する

eat lunch [dinner]
昼食[夕食] を食べる

eatの次にlunch、dinner、breakfastなど食事を表す名詞が目的語に来る場合は冠詞を使わないことに注意します。

例文 What do you want to **eat** for **lunch** today? 今日の昼ご飯は何が食べたい？

get *something* to eat
何か食べるものを取りに行く、手に入れる

something to eatは「食べ物」という表現で、foodと同義です。したがって、get [have] *something* to eatはget [have] foodという表現で「食べ物を食べる」という意味になります。

例文 Do you want to **get something to eat**? 何か食べるものを取りに行きましょうか？
Let's **have something to eat**. 何か食べに行こう。

got drunk
酔っぱらった

飲み過ぎて酔っ払った時に最もよく使われる表現がget drunkです。

例文 I **got drunk** easily. 僕は簡単に酔っぱらった。
He'**s drunk** as a skunk [lord]. 彼はべろべろに酔っている。

drink and drive
飲酒運転をする

飲み過ぎより悪いのは飲酒運転。自分だけでなく他人の命まで危険に晒すからです。通常drink and drive、またはDUI（= driving under the influence）という略語がよく使われます。

例文 Don't **drink and drive**. 飲酒運転をしてはいけません。
You'**re drunk** right now. 君は今酔っぱらっているよ。

get [want] *something* to drink
何か飲み物を取ってくる[がほしい]

something to drinkは「飲み物」という意味で、get [have] *something* to drinkは「飲み物を飲む」という意味になります。

例文 Would you like **something to drink**? 何か飲み物はいかがですか？
Can I **get** you **something to drink**? 何か飲み物を取っていただけますか？

have [get] a drink
一杯飲む

お酒や飲み物を飲むと言う時、a drinkの前に動詞のhave、get、takeを使います。もちろん、一杯以上飲む時はdrinksやsome drinksと言います。

例文 She's **having drinks** with her date. 彼女はデートで何杯か飲んでいる。
He's **taking a drink** of his soda. 彼はソーダを1杯飲んでいる。

go out for a drink
飲みに出かける

have a drinkはお酒や飲み物を飲むことを表す表現。一方、for a drinkは「飲みに」という目的を表して、出かける（go out）、会う（meet、join）、立ち寄る（drop by）などの表現と一緒に使われます。

例文 How about **going out for a drink** tonight? 今夜、飲みに行くのはどう？
Drop by **for a drink** (sometime). （いつか）1杯やりに立ち寄ってよ。

get [buy] *someone* a drink
（人）に1杯取ってくる（おごる）

お酒をおごる時は、getやbuyを使って、get [buy] *someone* a drinkと言います。

例文 Why don't you **buy her a drink**? 彼女に1杯ごちそうしたらどう？
I'll **buy you a drink** and explain. 君に1杯おごって、説明するよ。

cook *something* for *someone*
（人）に（もの）を作る

cookは食材に熱（heat）を加えて料理するという意味。

例文 Mom is **cooking fish for us**. お母さんは僕たちのために魚を調理している。

cook *someone* a meal [dinner, breakfast]
（人）に食事[夕食、朝食]を作る

料理の種類を具体的に言わないまま、「～に料理を作ってあげる」という意味で使われます。

例文 I'll **cook you dinner**. 僕が君に夕食を作るよ。
My wife loves to **cook for** our children.
僕の妻は子どもたちに料理を作るのが大好きなんだ。

pass/follow

通過する／ついて行く

pass the exam
試験に合格する

passは試験や法律などを目的語に受けて、「試験に合格する」、または「法律を通過させる」という意味で使われます。最もよく使われる表現はpass the exam。

例文 Do you think she'll **pass the exam**? 彼女は試験に合格すると思う？
You'll **pass the exam** if you study. 君は勉強したら、試験に合格するよ。

pass away
死ぬ、過ぎ去る

死ぬと言う時はdieを使いますが、丁寧に表現する時はdieの代わりにpass awayを使います。

例文 I'm very sorry to tell you your mother has **passed away**.
お気の毒ですが、あなたのお母さんはお亡くなりになりました。

pass by
そばを通る

「通り過ぎる」という元の意味を活かせる熟語で、pass by ～は「～の隣を通り過ぎる」ことで、byの次に人や物が来ます。ただ、pass *someone* byは、主語が*someone*に何の助けも与えずにそのまま通り過ぎることを言います。

 You just **passed by** me without saying hi?
君は挨拶もせずに、ただ僕のそばを通り過ぎたのかい？
Tom saw a woman **pass by** with a baby.
トムは赤ちゃんを連れた女性が通り過ぎるのを見た。

pass out
意識を失う

倒れて意識を失う（unconscious）ことを言います。特に、運転中（behind [at] the wheel）にこうなると危ない！です。

例文 He **passed out** behind the wheel. 彼は運転中に意識を失った。

pass through ~
～を通過する

「～を抜けて通り過ぎる」という表現で、「トンネルを通過する」はpass through a tunnel。また、旅行中に一か所を通り過ぎると言う時も使います。比喩的に「経験する」という意味で使われます。

例文 The last train passed through here an hour ago.
終電は１時間前にここを通過したよ。

pass up
逃す、辞退する

pass upの次にはchance、opportunity、offerなど機会に関連する単語が出ます。「そのような機会を活かせずに逃す」という意味で使われます。

例文 Don't pass up your chance. 君のチャンスを逃すなよ。

follow suit
後に続く、先例に倣う

他人がしたことを倣うという表現。特に、家族の中で尊敬する人が歩んだ道を歩むと言う時は、follow in *one's* footstepsと言います。

例文 I'll follow suit. 僕は後に続くよ。
She went back to eating and her guests followed suit.
彼女は食べに戻って、彼女の客が後に続いた。

follow the rules [example]
ルールに従う、例に倣う

follow suitと似ているもので、followの次にrules、example、leadなどの名詞が来て、「～に従う」という意味になります。

例文 We expect you to follow Jeff's example.
私たちは君がジェフの例に倣ってくれることを期待している。

follow up
続いて起こる

追いかけて情報を収集するなど、もっと知るために後に続くことを言います。後に続く対象はonの以下に、その方法はwith ～の以下に書きます。例えば、ある案件に関して、emailでフォローする時は、follow up on the case with an emailと言います。

例文 She needed to follow up after her proposal was accepted.
提案が採用された後のフォローが必要でした。
Did the doctor follow up after your operation?
手術後、医者は経過観察をしたのかい？

plan/prepare

計画する／準備する

as planned
予定通りに、計画通りに

as plannedは、「最初の計画通りに」という意味で、goの過去形を使ってwent as plannedと言うと、「計画通りになった」という意味になります。

例文 If all goes **as planned**, I will not be here anymore.
全てが計画通りに進んだら、僕はもうここにはいないだろう。

make a plan
計画を立てる

単語を見るだけで理解できる表現。make a plan [plans] for [to] ～は、「～する計画を立てる」、「～する準備をする」という意味。

例文 I've already **made other plans**. もうほかの予定を立ててしまったんだ。
I wish I could, but I've **made plans** to walk around.
できたらいいんだけど、散歩する計画を立ててしまったんだ。

have a plan
予定[計画、考え]がある

have [got] a plan for ～は「～に対する計画や日程がある」という意味。否定形はnot have a plan、強調する時はnot have any planと言います。

例文 Do you **have any plans**? 何か予定はありますか？
Do you **have any plans** for summer vacation? 何か夏休みの予定はありますか？
I've **got plans**. 計画があるんだ。
No, you were right. I don't **have a plan**.
いや、君は正しかったよ。僕には考えがないんだ。

be against [for] the plan
その計画に反対[賛成]である

何かに賛成する時はfor、反対する時はagainstを使います。これを利用して、計画に賛成する時はbe for the plan、反対する時はbe against the planを使います。

例文 I'**m against the plan**. 私はその計画に反対です。

... plan is to ~
…の計画では～することになっている

計画の具体的な内容を話す時に使う表現。Our [My] plan is to＋動詞の形を使います。

例文 Our plan is to leave in ten minutes.
僕らの計画では、10分後に出発することになっているんだ。
Her plan is to hook you up with her sister.
彼女の計画では、君を彼女の妹と引き合わせることになっているんだ。

prepare (*someone*) for ~
（人に）～を準備する

今後のことを計画して、日程を準備するという意味。prepare for *something*、またはprepare to＋動詞の形を使います。

例文 I've been preparing for that my entire life!
僕はこれまでの生涯ずっと、それを準備し続けてきたんだ！
I want you to prepare to go to the party.
君にパーティーに行く準備をしてもらいたいんだ。

prepare (*something*) for ~
～を（もの）のために準備する

*something*を使えるように準備しておくという意味。その用途はfor以下で表現できます。その時は人や物が来ます。

例文 I tried my best to prepare this meal for you.
私はあなたにこの料理を準備するのに最善を尽くしたのよ。

have (*something*) prepared
（もの）を用意してもらう、準備してもらう

使役動詞のhaveを使って、have *something* ＋過去分詞の形を活用した表現。このような表現を使う理由は、prepareの主体が主語ではなく、実際に第3者が準備をするからです。

例文 Did he have a speech prepared? 彼はスピーチを用意してもらったの？
How would you like your steak prepared?
ステーキの焼き加減はどうしましょうか？

be prepared to [for] ~
～する準備ができている

受動態のbe prepared to＋動詞/for＋名詞は、「～する準備ができている」という表現。

例文 I am prepared to let that go. それを手放す準備はできています。
It's fine. I'm prepared for this. 大丈夫だよ。覚悟はしてます。

pick/choose/decide

選ぶ／選ぶ／決める

pick on
いじめる、非難する、あら探しをする

pick onの次に人が来ると、主に「〜を非難しながら持続的に苦しめる、いじめる」(treat *someone* badly or unfairly) ことを言います。

例文 Why are you picking on me? なぜ君は僕のあら探しをしているんだい？
Stop picking on me. 僕を非難するのをやめろよ。

pick out
選び出す、見つけ出す

手で掴んで外に出すという意味から、さまざまな意味の表現を作り出します。その中でも、複数のものの中から選び出す（select)、「〜を見つけ出す」、「認知する」(recognize) という意味で最もよく使われます。

例文 Can you help me pick out an engagement ring?
僕が婚約指輪を選ぶのを手伝ってくれない？

pick up
手に入れる、買う

手に取って持ち上げる様子を想像しながら、このような様子がどのような意味を持つかを考えてみると、さまざまな意味が理解できます。

例文 I picked it up at a flea market for $5.
私はそれをフリーマーケットで5ドルで買ったのよ。
Who's going to pick it up? 誰がそれを手に取るだろうか？
I think things are picking up. 僕は状況は上向きになっていると思うよ。

choose between [from] ~
〜の中から選ぶ

複数のものの中から、または複数の人の中から、選択して選ぶという意味のchooseを使って、様々な文章を作ることができます。

例文 Jill was chosen as the president of our class. ジルはクラスの委員長に選ばれた。

have a choice
選択肢がある

chooseの名詞形であるchoiceは、様々な動詞と結び付いてイディオムを作ります。have a choiceは、「選択できる機会がある」、make a choiceは、「決定する」、「選択する」は頻出です。

例文 I don't think you **have a choice**. 僕は君に選択肢があるとは思えないよ。
You're right. He **made his choice**. 君の言う通りだ。彼は選択したんだ。

have no choice but to ~
〜せざるを得ない

同じくchoiceを利用した有名な表現。よく耳にするhave no choice but to＋動詞は、「〜をするしかない状況」をアピールする時に使います。

例文 I **had no choice but to** get divorced. 僕は離婚せざるを得なかったんだ。
I **had no choice but to** use force. 暴力に頼るしかなかったんだ。

be *someone*'s choice
（人）が決めることである

誰かが決める問題であることを表すための表現。choiceの前に誰が決めるかを表す所有格の*someone*'sを入れます。

例文 I mean it **was your choice**. つまりそれは君が決めたということだよ。

decide to do
〜すると決める、〜することにする

decideの次に必ずto＋動詞が続きます。「決めた」と言う時は、決めるまでずっと考えることを意味するので、decidedおよびhave decided to 〜の現在完了形で使われる場合が多くあります。

例文 I'**ve decided to** go to Chicago without you.
僕は君なしでシカゴに行くことにしたよ。

buy/sell/deal/afford/belong

買う／売る／取引する／～する余裕がある／属する

buy *something* on credit
クレジットで（もの）を買う

代金を後払いする時は、buy *something* on creditと表現します。信用（credit）で買うという意味で、クレジットカードを使った買い物もある種の掛け買いです。

例文 I'd like to **buy it on credit**. クレジットカードでお願いします。
No one **bought this on credit**. 誰もこれをクレジットで買わなかった。

sell *someone something* (*something* to *someone*)
（人）に（もの）を売る

buyに対してsellは、物やサービスを販売するという意味。ただし、物だけでなく、ある計画案などを相手が受け入れるように納得させる時も使われます。

例文 I'm going to **sell** him a coat. 僕は彼にコートを売るつもりだよ。
She **sells** candy **to** kids. 彼女は子どもたちに飴を売るんだ。
He's not going to **sell** his car for one thousand dollars.
彼は彼の車を1,000ドルでは売らないつもりだよ。

sell *something* on [over] the internet
（もの）をインターネット上で売る

通信技術の発達により、インターネットやスマートフォンで買い物できる今の時代の状況を反映した表現。

例文 It's a good idea to **sell** old clothes **over the Internet**.
古着をインターネット上で販売するのはいい考えだ。

be sold out (of ~)
（～は）売り切れだ

sellの受動態を使って、be sold outで「売り切れた」、「完売した」という意味になります。

例文 We'**re sold out** for the first time. 初回で完売しました。
Were they **sold out** of winter coats? 冬用コートは完売したのですか？

make a deal
取引する

make a deal withは、「～と取引する」という意味。makeの代わりにdo、strike、cutなどの動詞も使えます。ただし、close a dealは、取引を終えるのではなく、「取引を成功的に終える」という意味。

例文 I'll **make a deal with** you.　僕は君と取引するよ。
Let's **make a deal**.　取引をしよう。

be no big deal
大したことではない、重要なことではない

be dealは､大きな取引という意味。比喩的に「大きなこと」を意味する。否定形のbe no big dealは、「大したことではない」、「気にしなくてもいい」という意味の表現になります。

例文 That'**s no big deal**.　それは大したことじゃないよ。
What'**s the big deal**?　それがどうしたんだい？
Don't worry! It'**s no big deal**.　気にしないで！大したことじゃないんだ。

can('t) afford＋名詞［動詞］
（ものを買う、～する）余裕がある（ない）

経済的に買う余裕がある、ないと言う時に必ず使う表現。必ずcanやbe able toと一緒に使われます。名詞の所にはお金で買えるものだけでなく、時間など他の名詞、またはto＋動詞も使えます。

例文 We just **can't afford it** right now.　僕らには今すぐそれを買う余裕がないんだ。
I **can't afford to buy** you a house.　君に家を買う余裕はないよ。

belong to ~
～に属している

toの次には*someone*［*something*］が来ます。意味は「～に属する」、「～のものだ」という意味。

例文 You **belong to** me. You're mine　あなたは私のものです。君は僕のものだよ。

apologize/ excuse/thank/appreciate
謝る／許す／感謝する／ありがたく思う

apologize to *someone* (for ~)
（人）に（～のことで）謝る

謝罪する対象はto *someone*で、謝罪する内容はfor *something*、またはfor -ingを使います。

例文 I came to apologize to you.　僕は君に謝りに来たんだ。
I apologize for that.　そのことを謝るよ。
I just want to apologize for that.　僕はただそのことで謝りたいだけなんだ。

accept apologies
謝罪を受け入れる、聞き入れて許す

相手の謝罪を受け入れると言う時は、apologyの複数形であるapologiesを使います。

例文 Please accept my apologies.　どうかわたしを許してください。
Will you accept my apologies?　許してくれますか？

excuse *someone* for ~
～のことで（人）を許す

excuseはforgiveのように「許す」という意味ですが、失礼なことや不注意なことなど、深刻な過ちではない場合に使います。

例文 Please excuse me for being late.　遅刻してすみません。
Excuse me for being so selfish.　わがまま言ってすみません。

excuse *someone*
（人）に退出を許可する

しばらく席を外す時、または相手に席を外して欲しいと頼む時に使えます。

例文 May I be excused for a moment?　ちょっと席を外してもいいですか？
Could you excuse us for a second?　少しの間、出てもよろしいでしょうか？
You're excused now.　もう帰っていいですよ。
If you'll excuse me, I'm going to go back to the office.
すみませんが、事務所に戻ります。

make an [*one's*] excuse for ~
～のことで言い訳をする

have no excuseで、言い訳のしようがないという意味です。forの次に*something*や-ingを使って、言い訳をする内容を言います。

例文 Jamie made an excuse for being late. ジェイミーは遅刻のことで言い訳をした。
I have no excuse for not coming home yesterday.
僕は昨日家に帰らなかったことについて弁解のしようがないんだ。

say thank you (to *someone*)
(人)にありがとうと言う

thankを名詞として使います。次にto *someone*をつけると、「～に感謝すると言う」という意味になります。not know how to thank youは、「なんとお礼を言ったらいいのかわからない」、「言葉に出来ないほど感謝する」という表現。

例文 I just wanted to say thank you. 僕はただ君にありがとうと言いたかっただけなんだ。
I just stopped by to say thank you.
私はあなたにありがとうと言いに立ち寄っただけなのよ。

appreciate it [that]
それ[そのこと]をありがたく思う

thankより丁寧に感謝の気持ちを伝える時に使える表現。appreciateの次に具体的な名詞(support、help)を使うこともでき、目的語がありがたい行為をしてくれた人を表す時は、appreciate *someone* -ingの形になります。

例文 I really appreciate this. これを本当にありがたく思うよ。
This is great. I really appreciate it. これは素晴らしいよ。本当にありがとう。
I appreciate you giving me a hand. 手伝ってくれてありがたいよ。

I'd appreciate it if you ~
あなたが～してくれたらありがたいのですが

手紙やemailの結びの句として使われる表現で仮定法になっています。そのため、ifの次の動詞はwould [could] +動詞、または過去形になります。感謝の表現というより、「頼む」表現に近いです。

例文 I would really appreciate it if you didn't tell Dad about this.
君がこのことをお父さんに言わないでおいてくれたら本当にありがたいんだけど。

change/remain

変える／～のままである、とどまる

change *something*
（もの）を変える

「既存のものを新しいものに変える」という意味。change the babyは「赤ちゃんを変える」ではなくて、「赤ちゃんのおむつを替える」という意味です。

例文 I recently **changed jobs**. 最近、転職したんだ。
Could we **change the subject**, please? 議題を変えていただけますか？

change A (to B)
Aを（Bに）変える

既存のものを他のものに変えるという表現。場合によって、toの代わりにintoも使えます。また、何かをAからBに変えると言う時は、change *something* from A to Bとなります。

例文 I have to **change my ticket from** economy **to** business class.
僕は航空券をエコノミークラスからビジネスクラスに変えなければならないんだ。

change *one's* mind
（～について）（人）の気が変わる

すでに決まったことや計画などを覆すために心変わりするという意味。その対象を言う時は、change *one's* mindの次にabout *something*を続けます。

例文 I guess she's **changed her mind**. 彼女は気が変わったんだと思うよ。
Why did you **change your mind**? なぜあなたは気が変わったのですか？
I've had a **change of heart**. I don't want to see you anymore.
私は気が変わったの。もうあなたに会いたくないわ。
Why the sudden **change of heart**? なぜ突然気が変わるの？

make change
小銭に崩す

changeには小銭という意味があります。make changeは、小銭に変えることで、make change forの次には人やお金が来ます。make a change「変更を加える」と混乱しないようにしましょう。

例文 Do you have enough money to make change for a 100 dollar bill?
あなたは100ドルを小銭に崩すのに十分なお金を持っていますか？
Here is your change and receipt.　これがあなたのお釣りと領収書です。

remain＋形容詞
～のままである

「変わらないままずっと形容詞の状態にある」という意味。

例文 Please remain calm.　落ち着いていてください。
Remain where you are.　君がいる場所から動かないで。
The donor asked to remain anonymous.
ドナーは匿名のままにするように頼んだ。

The question remains.
問題は未解決のままだ

いろいろな問題を処理したが、まだ「～が残っている」、「まだ～することが残っている」という意味。

例文 The question remains. Is she going to get married?
問題は残っているよ。彼女は結婚するの？

remain at [by, behind] ~
～に残る

remainの次に具体的な場所が来て、「～が…（場所）に留まる、残る」という意味。remain at home、remain in Japanなどがあります。

例文 Bob has chosen to remain at home.　ボブは家に残ることにした。
My wife decided to remain by my side.　僕の妻は僕のそばに残ることにした。

lend/borrow/owe

貸す／借りる／負う

lend *someone something*

（人）に（もの）を貸す

個人や機関が「〜に貸す」という表現で、borrowと反対の意味。貸すものはお金だけでなく、本や椅子など他のものを続けることもできます。

例文 If you want, I can **lend you some money**.
君が望むなら、いくらかお金を貸してもいいよ。
Lending friends money is always a mistake.
友達にお金を貸すのは、いつだって間違いだ。
Could you **lend me forty bucks**? 40ドル貸してくれませんか？

lend a hand

手を貸す、手伝う

lendは貸すという意味で、相手に助けなどを「提供する」という意味もあります。lend a handだけでなく、lend *one's* supportも一緒に覚えておきましょう。

例文 Can you **lend** me **a hand**? 私に手を貸してくれませんか？
She asked me if I could **lend a hand**. 彼女は僕に手伝えるかどうか尋ねた。

borrow *something* from *someone*

（人）から（もの）を借りる

borrowはlendと反対に、他人から「〜を借りる」という意味。同じく、借りるものはお金に限らず、様々な名詞を取ることができます。しかし、lendとは違って、borrowはborrow *someone something*とは言えません。

例文 I need to **borrow some money**. 僕はお金を借りる必要があるんだ。
I'll never **borrow a dress from you** again. 私は二度とあなたから服を借りないわ。

owe *someone*
（人）に借りがある

物やサービスを受けて、それに対する対価を支払う、または「～に…のお金を借りている」と言う時に使う表現。

例文 How much do I owe you?　いくら君に借りているっけ？
Now, you owe me fifteen bucks.　今、君は僕に15ドル借りているよ。

owe *someone something*
（人）に（もの）を借りている

具体的に物を買ったり、お金を借りることではなく、相手の好意や助けなどを受けて、お世話になっているという意味で使われる表現。*something* が、お世話になっている内容です。

例文 You didn't owe me anything.
あなたは私に何の借りもない。

owe *someone* an apology
（人）に謝らなければならない

owe *someone something* の *something* の所に apology、explanation、truth などが来て、謝罪、説明、真実などに借りがあるという意味です。言い換えると、「まだ言っていない謝罪、説明、真実などを言う」という意味。

例文 You owe me an apology.　あなたは私に謝らなければなりません。
I owe you an apology.　僕は君に謝らなくてはならないんだ。
Do I owe her an apology?　僕は彼女に謝らないといけないかな？

I owe you one.
恩に着るよ

慣用表現として非常によく使われます。「ありがとう」「借りができた」という意味にもなります。

例文 It was a great idea. I really owe you one.　いい考えだったな。本当に恩に着るよ。
Thanks for coming over. I owe you one.　立ち寄ってくれてありがとう。恩に着るよ。
You guys owe me big time.　君たちは僕に大いに感謝しなよ。
She says you owe her big time.　彼女は君が彼女に大いに借りがあると言っているよ。

owe it to *someone* (to do)
（人）に対して（～する）義理がある

よく聞く表現に owe my life to his bravery「彼の勇気に救われた」、owe my life to her「彼女が命の恩人だ」などがあります。

例文 I owe it to my colleagues.　僕は同僚に対して義理があるんだ。
I felt like I owed it to him.　僕は彼に対して義理があるような気がするよ。

fill/file/fit/fix

満たす／申請する／適合する／固定する

fill in/out
埋める、書き込む／記入する

紙の書類に「必要な項目を書く」ことをfill in/outで表します。fill *someone* in onは、遠くにいる人に最近の「進行状況を伝える」という意味でも使われます。

例文 You can **fill in** all the information on the form.
用紙の全ての情報を埋めてください。
Whatever you've got going on, **fill me in**.
君が進めてきたどんなことも、私に詳しく教えてください。

fill up
埋める、満タンにする

fill upは、車に「注油する」ことで、特に、fill it upの表現がよく使われます。また、fillは車の他にも何かを満たすことを意味して、「空腹を満たす」（eat *one's* fill / fill *one's* stomach）などにも使われます。

例文 I ran out of gas. Where can we **fill up**?
ガソリンを使い果たしたよ。どこで満タンにできるかな？

fit (*someone*) + (well, perfectly)
（人）に（良く、完璧に）合う、フィットする

fitは動詞として服のサイズが「～によく合う」と言う時に使われます。自動詞で*something* fit、他動詞でfit *someone* wellとなります。

例文 It **fits me perfectly**.　それは僕に完璧に合っているよ。
I bought some clothes that actually **fit**.　私は本当にぴったりの服を何着か買った。

get fixed
修理される、解決される

自分が修理できず他人に任せて修理する時は、get *something* fixedが使われます。

例文 That's how it **got fixed**!　それはそうやって修理されたんだ！
I never did **get** my shoes **fixed**.　僕は一度も靴を修理してもらったことがないよ。

fix *one's* hair [make-up]
髪を整える、メイクを直す

fixの次に髪や化粧(make up)という単語が来ると、「髪の手入れをする、化粧する」という意味になります。

例文 Sally is fixing her hair in her room. サリーは自分の部屋で髪を整えているよ。
My sister is just fixing her makeup. 僕の妹はメイクを直しているところだよ。

fix
用意する、準備する

fixの次にlunch、dinnerや、drinkなどの飲み物の名詞が来る場合、「食べ物を準備する」(prepare)という意味になります。

例文 She is fixing lunch in the kitchen. 彼女はキッチンで昼食を準備している。
I'm going to fix you a drink. 君に飲み物を用意するよ。

fix up
整える、手入れする、修理する、手配する

fix upは、会議や行事の「日程を決める」、部屋などを「修理する」という二つの重要な意味を持ちます。

例文 The landlord's, trying to fix up the place for the new tenant.
家主は新しい借主のためにその場所を修理しているところだ。

fix up with ~
～との仲をとりもつ、デートの段取りをする

基本的な意味は何かを準備するという意味ですが、withの次に物事が来ると「…に～を提供する」、withの次に人が来ると「…に～を紹介する」という意味になります。

例文 Yesterday he asked me to fix him up with somebody.
昨日、彼はある人とのデートの段取りをするように僕に頼んだ。

lie/lay

横になる、嘘をつく／横たえる

lie on [in] ~
～に横たわる

lieは自動詞で「横になる」という意味。どこにどのように横になるかによって、後ろに前置詞や副詞が来ます。動詞の変化形はlie-lay-lain。

例文 Tony is lying on the couch watching TV.
トニーはテレビを見ながらソファに横になっている。
She lay back with her eyes closed.　彼女は眼を閉じてリラックスしていた。

lie in ~
～にある

これは、人が横になるのではなく、ある問題や責任などがどこかに「置かれている」という表現。主に、主語にblame、responsibilityなどの単語が来ます。

例文 My happiness lies in being with my family.
僕の幸せは家族と一緒にいることにある。

lie to [about] ~
～に[～のことで] 嘘をつく

「横になる」lieと形も発音も同じだが、動詞の変化形が異なる（lie-lied-lied）動詞で、使い方はlie to *someone*、lie about *something*だけ覚えておけばよいでしょう。

例文 You lied to me!　僕に嘘をついたな！
I'm sorry that I lied to you before.　以前、君に嘘をついてごめんね。
Everybody lies on their resume.　みんな履歴書で嘘をついている。

tell a lie (to) ~
（～に）嘘をつく

「嘘をつく」という意味のlieは、名詞としても使われます。tell a lieが最も多く使われて、後ろに人が来る場合はtoを、物事が来る場合はabout *something*を使います。

例文 You shouldn't tell a lie to a client.　君は依頼人に嘘をつくべきじゃないよ。

lay the groundwork
土台を作る

これは、何かが成功するために「基礎を作る」、「固める」という意味。layの次にgroundworkやfoundationが来ます。成功させるものはforのあとに続けます。

例文 This report will lay the groundwork for the new rules.
この報告書は新しいルールを作る土台になるだろう。

lay emphasis [stress] on ~
～に重点を置く

layの次に目的語として抽象名詞のemphasisやstressが来て、lay emphasis [stress]と言うと、「強調する」という意味になります。強調したい内容は、on ～以下になります。

例文 My boss lays a lot of stress on completing projects.
私の上司はプロジェクトを完成させることに重きを置いている。

lay down
～を横たえる、制定する

単純に物を置く、またはrulesやstandardsなどの名詞と一緒に使い「規定する」などの意味になります。

例文 I just want to lay down a couple of ground rules.
僕はただ基本原則を定めたいだけなんだ。

lay off
一時解雇する、そっとしておく

基本的に、不景気などの外部要因で「解雇する」という意味。また、何かやっていたことを「中断する」という意味としても使われる表現。

例文 We're going to be laying off people in every department.
我々は各部署の職員を一時解雇する予定です。
Could you lay off, please?　そっとしておいてくれないか？

lay out
配置する、陳列する

lay outは、外に置くという意味から「～をうまく広げる」という意味を持ちます。その他に、「お金をたくさん使う」、「詳しく説明する」など様々な意味で使われます。

例文 I have laid out clean towels on the floor of the bathroom.
僕は浴室の床にあるきれいなタオルをきちんと並べた。

pull/draw

引く、引っ張る／引く、描く

pull *oneself* together

立ち直る、自分を取り戻す

pullは、「引く」という意味。したがって、pull *oneself* togetherは「衝撃と怒りでバラバラになった感情を一つに引き寄せる」という意味で、「精神を整える」という意味の表現。

例文 Pull yourself together! Have some pride.　しっかりしろ！　プライドを持つんだ。
It's going to work! Pull yourself together.
きっとうまくいくよ！　しっかりするんだ！

pull *someone*'s leg

（人）をからかう

他人の足を引っ張るという意味で、相手に冗談で（for a joke）話にならないことを言ってからかうという意味。

例文 You're pulling my leg.　僕をからかっているのか？
I thought he was pulling my leg.　彼は僕をからかっていると思っていたよ。

pull over

（車を）停止させる、路肩に寄せる

誰かを降ろす、または警察の指示通りに車を道の片側に寄せる時に使う表現がpull over。pull upも「車を止める」という意味があります。

例文 We're here. Pull over.　さあ着いたよ。車を止めて。
Pull over to the side of the road.　路肩に車を止めてくれ。
Tim pulled up in front of Jane's house.　ティムはジェーンの家の前に車を止めた。

pull off

成功させる、うまくやり通す

何か難しいことを成し遂げるという意味で、pull it offも使われます。その他に、「車を片側に寄せる」、または「服を引っ張って脱ぐ」という意味もあります。

例文 The thieves pulled off a bank robbery.　泥棒たちは銀行強盗をやってのけた。
I don't think you will be able to pull it off.
僕には君がそれをうまくやり通せるとは思えないよ。

pull out
引き抜く、全力を尽くす

基本的に、既存の状態から引き出すという意味。会社が実績の良くない部門を中断する、会社の破産寸前に抜け出して転職する、車線から出るという意味もあります。

例文 We're **pulling out** all the stops. 我々は最大限の努力をしています。
Have you had your wisdom teeth **pulled out**? 君は親知らずを抜いたの？

draw (*someone*'s) attention to ~
〜に（人）の注意を向ける、注目する

「引く、引っ張る」というdrawの意味でわかるように、draw *someone*'s attentionは「〜の注意を引く」。そして、draw a conclusionは「結論に至る」という意味の表現。drawはattractという意味としても使われます。

例文 The guide **drew our attention to** the famous painting.
ガイドは僕らの注意を有名な絵画に引きつけた。

draw near [closer]
だんだん近づく

drawは元々「引き込む」という意味で、draw near [closer] は、「時間や空間上近づく」ことを意味します。

例文 She was shy at first, but she **drew near** later on.
彼女は最初恥ずかしがっていたが、次第に近づいてきた。

draw back
引き返す

draw backは、「驚いて後ろに下がる」という意味で、比喩的に「何かをしないと決める」ことを意味します。

例文 The group **drew back** from the volcano. そのグループは火山から遠ざかった。

draw out
下ろす、引き抜く、引き出す

「外に引っ張る」という言葉で、「物理的に何かを引き出す、または銀行からお金を引き出す」（withdraw）という意味で使われます。

例文 She will **draw out** money to pay you back.
彼女はあなたに返すためにお金を下ろすつもりだ。

ruin/risk/hurt

破壊する／危険にさらす／傷つける

ruin *something*

（もの）を台無しにする

ruinは「破滅させる、破壊する」という意味で知られていますが、日常生活では夕方の時間を台無しにする時や、週末を無駄にする時に使われる表現です。単純にruin itだけでもよく使われます。

例文 You've ruined it! 君が台無しにしたんだ！
I hate you! You ruined my life! 君なんて大嫌いだ！ 君は僕の人生を台無しにしたんだ！
You ruined my weekend with Julie.
君がジュリーと一緒にいられる僕の週末を台無しにしたんだ。

be [get] ruined

損なわれる、台無しになる

ruinが受動態として使われる場合は、主語に滅ぼすものが来て、次にbe ruined、またはget ruinedとなります。

例文 So nothing got ruined? じゃあ何も壊れなかったんだね？
Everything's ruined. 全てがむちゃくちゃだよ。

risk *something*

（もの）を危険にさらす、賭ける、あえてやってみる

risk *something*は、「～を危うくする」という意味で、risk *someone* -ingは、「…が～する危険に晒す」という意味になります。

例文 I can't believe I'm risking this again. またリスクを負うなんて信じられないよ。
What's the big deal? Let's risk it. だから何だっていうんだ？ 賭けてみようよ。

risk -ing

あえて～する

riskは危険を冒すという意味で、risk -ingは「～する危険に陥る」。または、文脈によって、よくない結果が出ることを予想しながらも「～をする」という意味で使われます。

例文 Did you risk slapping his face? あなたはあえて彼の顔を叩いたの？

take [run] risk
危険を冒す

riskを名詞として使う熟語です。take、またはrun a riskは「(知りながらも)危険を冒す」という意味になります。

例文 She wouldn't be afraid of taking a little risk.
彼女だったらちょっとしたリスクを冒すことを恐れないだろう。

(*someone*) hurt *someone*
(人が)(人)を傷つける

体の痛みだけでなく、精神的な痛みにも使います。主語及びhurtの目的語に人が来るのが特徴的。

例文 You're hurting me. あなたは私を傷つけているわ。
He's not going to hurt you! 彼はきっと君を傷つけないよ！
Did I hurt you in some way? 僕は何らかの形で君を傷つけたかい？
Listen, I don't want to hurt her. いいかい、僕は彼女を傷つけたくはないんだ。

Someone is hurt.
(人)がけがをしている

hurtが受動態で使われて、「主語が痛い」という意味。*someone* is hurting.は、hurtが自動詞で使われて、「主語に不幸なことがあって心が痛い」という意味。

例文 You're angry. You're hurting. 君は怒っているね。傷ついているんだ。
I'm not sure she's hurting. 僕には彼女が傷ついている確信がないよ。

It [This, That] hurts.
痛かったよ

主語にIt [This, That] など代名詞が来て、目的語なしで使われる表現です。～hurt *someone*の形態で「～を痛める」という意味で使われる場合。

例文 It hurts (like hell). (とても)痛いよ。
That had to hurt! 痛かったに違いないね。
Does it still hurt? まだ痛むかい？
It hurt her so much when he left. 彼が去った時、彼女はとても傷ついた。

expect

期待する、待つ

expect to do
～することを期待する、～するつもりである

expectは、予想・計画したものがうまく行くことを期待するという意味で、to＋動詞、またはthat主語＋動詞で期待する内容を示します。

例文 I didn't **expect to** see you here. 君にここで会えるなんて思ってもいなかったよ。
Clair is not the one who I **expected to** fall in love with.
クレアは私が期待していたような恋の相手ではありません。
I **expect that** she will make a recovery. 彼女がよくなることを期待してるよ。
I never **expected** they weren't going to show up.
彼らが現れないとは思ってもいなかった。

expect *someone* to ~
(人)が～するのを期待する

主語が自ら何かをすることを期待するのではなく、他人がto＋動詞することを期待するという意味の表現。

例文 Do you **expect me to** believe that? 君は僕にそれを信じてもらいたいのかい？
You're kidding me! You **expect her to** dump me?
冗談だろ！君は彼女が僕を捨てることを期待しているのか？

expect company
来客の予定がある

ここでのcompanyは、会社ではなく同行者、来客という意味。have companyは、「同行者がいる」、「客がいる」という意味。

例文 I'm **expecting somebody.** 僕はある人を待っているんだ。
I'm **expecting company.** 僕には来客の予定があるんだ。
I've been **expecting you.** 君が来るのをずっと待っていたんだ。

expect (a child)
妊娠する

進行形はbe expecting (a baby、またはa child) で、「妊娠する」という意味。つまり、「もうすぐ赤ちゃんを産む」(have a baby) ということ。

例文 I heard Eva **is expecting**. エヴァが妊娠していると聞いたよ。
Are you **expecting** (a child)? あなたは妊娠しているのですか?

expect *someone* back
(人) が戻ってくると思う

探している人がいなくて、いつ帰って来るかを話す時に必ず使う表現がexpect *someone* back。特に、電話をかけたが外出中だと言われる時に有効に使えます。

例文 When do you **expect him back**? いつ彼が戻ってくると思う?
I didn't **expect her back** for at least two more days.
彼女は少なくともあと2日は戻ってこないと思った。

be expected to do
~するはずである、~すると期待されている

expectが受動態で使われて、be expected to+動詞になると、主語がto+動詞をすると予想されるという希望的な意味になります。

例文 She **was expected to** attend the meeting. 彼女は会議に参加するはずだった。
His parents **expected him to** do well at college.
彼の両親は彼が学校でいい成績を取ることを期待していた。

What do you expect to ~?
何を~するつもりですか?

expectを応用した表現で、What do you expect to ~?は、相手に「何を期待している?」、What do you expect *someone* to ~?は、「誰かに何を期待している?」という意味になります。

例文 **What do you expect to** see there? そこで何を見るつもりなの?
What do you expect me **to** do? 僕に何をしてほしいの?

~than I expected
思っていた以上に~

何かが予想を超えているという時は、~ than I expectedを使います。また、予想通りになったと言う時は、as expectedを使います。

例文 He's taller **than I expected**. 彼は思っていた以上に背が高い。
She's more cute **than I expected**. 彼女は思っていたよりかわいい。

INDEX

T

英会話のための基本動詞完全マスター

2023年 7 月 6 日　第1刷発行
2023年11月 4 日　第2刷発行

著　者　E&C (English & Communications)

発行者　浦　晋亮

発行所　IBCパブリッシング株式会社
〒162-0804 東京都新宿区中里町29番3号 菱秀神楽坂ビル
Tel. 03-3513-4511　Fax. 03-3513-4512
www.ibcpub.co.jp

印刷所　株式会社シナノパブリッシングプレス

ISBN978-4-7946-0764-5